领导梯队建设

THE PERFORMANCE PIPELINE

GETTING THE RIGHT PERFORMANCE AT EVERY LEVEL OF LEADERSHIP

业绩梯队

让各层级领导者做出正确的业绩

[美] 斯蒂芬·德罗特（Stephen Drotter） 著

孙贺影 刘景梅 欧阳凌翔 周宇 ◎ 译

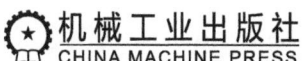

Stephen Drotter. The Performance Pipeline: Getting the Right Performance at Every Level of Leadership.

Copyright © 2011 by John Wiley & Sons, Inc.

This translation published under license. Simplified Chinese translation copyright © 2012 by China Machine Press.

No part of this book may be reproduced or transmitted in any form or by any means, electronic or mechanical, including photocopying, recording or any information storage and retrieval system, without permission, in writing, from the publisher.

All rights reserved.

本书中文简体字版由 John Wiley & Sons 公司授权机械工业出版社在全球独家出版发行。

未经出版者书面许可，不得以任何方式抄袭、复制或节录本书中的任何部分。

本书封底贴有 John Wiley & Sons 公司防伪标签，无标签者不得销售。

封底无防伪标均为盗版
版权所有，侵权必究

北京市版权局著作权合同登记　图字：01-2012-0587 号。

图书在版编目（CIP）数据

业绩梯队：让各层级领导者做出正确的业绩/（美）德罗特（Drotter, S.）著；孙贺影等译 . —北京：机械工业出版社，2012.10（2023.11 重印）

（领导梯队建设）

ISBN 978-7-111-39926-1

Ⅰ. 业… Ⅱ.①德… ②孙… Ⅲ. 企业领导学 Ⅳ. F272.91

中国版本图书馆 CIP 数据核字（2012）第 232133 号

机械工业出版社（北京市西城区百万庄大街 22 号　邮政编码 100037）
责任编辑：程　琨　　　　版式设计：刘永青
北京建宏印刷有限公司印刷
2023 年 11 月第 1 版第 18 次印刷
170mm×242mm · 17.5 印张
标准书号：ISBN 978-7-111-39926-1
定价：79.00 元

客服电话：(010) 88361066　68326294

献给林恩、斯蒂芬妮和埃里克

家庭就是一切!

目录

The Performance Pipeline

推荐序一（孙贺影）
推荐序二（徐中）
前　言

001　第一部分
业绩梯队的概念

导　　论　如何处理普遍不确定性　/002
第 1 章　定义企业特有的业绩梯队　/019

041　第二部分
每一层级领导者的预期业绩

第 2 章　首席执行官：谋基业长存之道　/042
第 3 章　集团高管：选择正确的业务组合　/066
第 4 章　事业部总经理：实现企业短期与长期盈利　/087
第 5 章　事业部副总经理：打造企业竞争优势　/105
第 6 章　部门总监：提高企业的运营效率　/120
第 7 章　一线经理：促成业绩的实现　/136
第 8 章　个人贡献者：交付产品和服务　/160

183 第三部分
如何成功实施业绩梯队

第 9 章　建立实现业绩梯队的大环境　/184

第 10 章　促进业绩梯队层级间的过渡　/206

第 11 章　实施业绩梯队　/226

241 附　录
工　具

工具 1　E 公司的业绩梯队实践　/242

工具 2　访谈问题　/258

致　谢 /261

作者简介 /263

推荐序一 | The Performance Pipeline

通过战略性业绩管理打造企业的业绩梯队

当今企业业绩管理和领导力发展方面的挑战

在为客户提供业绩管理咨询和领导力发展咨询时，在业绩管理和领导力发展方面我们会经常听到以下比较典型的困惑：在当今中国经济发展的形势下，企业越来越感受到实现业绩目标对企业的生存越来越重要，但同时他们也感到前所未有的挑战。虽然企业已经通过各种不同的方式尝试对企业进行业绩管理，但结果还是不够理想；企业知道要实现业绩目标必须要有优秀的领导人才，企业也尝试建立领导力模型和胜任力素质模型，并依此设计各种各样的领导力测评和领导力发展项目，也制定了继任者计划，组织的能力并没有多大的提升，可是一旦有新业务发展或有业务变化，企业组织的反应能力还是跟不上业务发展的需求，缺少优秀的领导人才和合格的管理人才。

建立和实施业绩梯队是应对上述挑战的关键

造成上述问题的原因，从宏观上讲，通常是由于企业过度重视销售和盈利增长，忽视战略规划、人才发展计划以及各层级组织建设所造成的。从微观角度讲，组织在业绩管理上缺少对每一层级领导者要完成的整体业绩结果进行清楚的定义和有针对性的发展。通常，企业对各层级领导业绩结果的期望主要着眼于关注当期业务目标的实现，如销售收入增长、市场占有率等，缺少对这一层级要达成上述结果的其他业绩进行定义，即本书所提出的业绩梯队的概念，例如对某一层级要实现的领导业绩是什么、管理业绩是什么、客户业绩是什么、关系业绩是什么、创新业绩是什么的要求。由于缺乏对领导层级的业绩梯队要求的清楚定义，导致领导者在该层级只是部分地发挥其应有作用，没有创造出该层级领导应当达到的整体业绩结果。同样，在领导力发展中，由于没有统一地以该层级的整体业绩结果为指导，单纯地从能力模型出发进行领导力项目的设计和发展，会对组织能力建设和各层级领导力的发展产生不利的影响，这也是上述困扰一直存在的原因。各层级的领导只有在清楚了解自己所在层级业绩要求的前提下，才能在达成业绩的过程中得到最好的发展。也只有这样，企业取得成功的可能性才会更大，所以充分定义不同层级所期望的业绩梯队要求是组织发展和领导力发展取得成功的前提，因此也就有可能创造出基业长青的企业。

运用和实施业绩梯队会给企业带来哪些价值

企业通过运用业绩梯队，不同层级所期望的业绩可以清楚地得以区分，能够使各层级的领导对其工作更加清晰和聚焦，从而取得更好的业绩；可以降低对领导数量的要求；可以衡量该层级领导所有必须要实现的业绩；明确各个层级的工作任务有助于实现企业管理的透明化；关于用人的决策能力将大幅提升。使用业绩梯队模型，可以使对岗位的要求和对业绩的要求更加具体与清晰，遴选的决策也会更客观和更可靠；有助于领导更合理地分配时间，各层级的领导只有清楚地了解了必须要实现的业绩，才能在正确的层级上工作。以往那种拿着高工资干"擦玻璃"活儿的现象再也不会出现了。领导职位的管控范围也会得以扩大，而不需要增加任何成本；员工发展与辅导目标会以业绩作为基础，更加清晰；它还能将人力资源发展项目与整个事业部门和职能部门的业绩考核的连续性有机地结合起来。

阅读此书会有哪些收获

本书适合于任何想提高企业业绩和和领导管理水平的有识之士阅读，也适合人力资源从业人员阅读。阅读此书您会有以下收获：学会如何为了提升企业的业绩去定义组织内每一层级独特和有针对性的整体业绩结果标准；学会如何使各层级领导帮助下一层级领导者取得成功的方法，帮助领导者顺利地过渡到新的领导层级，帮助他们消除在新层级上所遇到的业绩障碍，使其在新的领导层级实现业绩，获得成功。《业绩梯队》作为《领导梯队》一书的姊妹篇，这两个概念相辅相成、相得益彰。建议在阅读此书和应用业绩梯队概念时和《领导梯队》的内容相结合，这样会产生更好的效果。

为什么要向中国读者推荐此书

作为美国领导管理发展中心（LMI）领导力发展资深教练和前美世咨询（Mercer）大中华区合伙人，我一直关注和致力于企业业绩提升和领导力培养与发展项目。在和各个行业的管理者接触的过程中，我深刻地感受到他们对业绩提升和领导力发展培养的努力。现在中国正朝着现代化强国迈进，此书的出版对中国读者有着更加深远的意义，它可以帮助我们更加切实地思考如何找到适合中国企业发展的业绩管理和领导梯队建设。"它山之石，可以攻玉。"作为关注企业业绩提升和领导力发展的从业者，我自觉有一份义不容辞的责任让更多的人看到这本书传递的价值和理念。这本书非常易读、实用，而且很有启发性，是人力资源专业人士值得信赖的参考书。

本书由孙贺影主持翻译，美国领导管理发展中心（LMI）领导力发展资深教练刘景梅、美世咨询顾问欧阳凌翔参与了具体章节的翻译。在本书的翻译和校对过程中，译者得到了多方的支持，在此，我们感谢前美世顾问姚兰女士和周宇先生以及北京外国语大学高级翻译闫洁与加拿大多伦多大学的张艾雪的支持。

尽管在翻译过程中，我们常常渴望多一份圆满，少几许缺憾，然而由占有率等，缺少对这一层级要达成上述结果的其他业绩进行定义，即本书所提出的业绩梯队的概念，例如对某一层级要实现的领导业绩是什么、管理业绩是什么、客户业绩是什么、关系业绩是什么、创新业绩是什么的要求。由于缺乏对领导层级的业绩梯队要求的清楚定义，导致领导者在该层级只是部分地发挥其应有作用，没有创造出该层级领导应当达到的整体业绩结果。同样，在领导力发展中，由于没有统一地以该层级的整体业绩结果为指导，单纯地从能力模型出发进行领导力项目的设计和发展，会对组织能力建设和各层级领导力的发展产生不利的影响，这也是上述困扰一直存在的原因。各层级的领导只有在清楚了解自己所在层级业绩要求的前提下，才能在达成业绩的过程中得到最好的发展。也只有这样，企业取得成功的可能性才会更大，所以充分定义不同层级所期望的业绩梯队要求是组织发展和领导力发展取得成功的前提，因此也就有可能创造出基业长青的企业。

运用和实施业绩梯队会给企业带来哪些价值

企业通过运用业绩梯队，不同层级所期望的业绩可以清楚地得以区分，能够使各层级的领导对其工作更加清晰和聚焦，从而取得更好的业绩；可以降低对领导数量的要求；可以衡量该层级领导所有必须要实现的业绩；明确各个层级的工作任务有助于实现企业管理的透明化；关于用人的决策能力将大幅提升。使用业绩梯队模型，可以使对岗位的要求和对业绩的要求更加具体与清晰，遴选的决策也会更客观和更可靠；有助于领导更合理地分配时间，各层级的领导只有清楚地了解了必须要实现的业绩，才能在正确的层级上工作。以往那种拿着高工资干"擦玻璃"活儿的现象再也不会出现了。领导职位的管控范围也会得以扩大，而不需要增加任何成本；员工发展与辅导目标会以业绩作为基础，更加清晰；它还能将人力资源发展项目与整个事业部门和职能部门的业绩考核的连续性有机地结合起来。

阅读此书会有哪些收获

本书适合于任何想提高企业业绩和和领导管理水平的有识之士阅读，也适合人力资源从业人员阅读。阅读此书您会有以下收获：学会如何为了提升企业的业绩去定义组织内每一层级独特和有针对性的整体业绩结果标准；学会如何使各层级领导帮助下一层级领导者取得成功的方法，帮助领导者顺利地过渡到新的领导层级，帮助他们消除在新层级上所遇到的业绩障碍，使其在新的领导层级实现业绩，获得成功。《业绩梯队》作为《领导梯队》一书的姊妹篇，这两个概念相辅相成、相得益彰。建议在阅读此书和应用业绩梯队概念时和《领导梯队》的内容相结合，这样会产生更好的效果。

为什么要向中国读者推荐此书

作为美国领导管理发展中心（LMI）领导力发展资深教练和前美世咨询（Mercer）大中华区合伙人，我一直关注和致力于企业业绩提升和领导力培养与发展项目。在和各个行业的管理者接触的过程中，我深刻地感受到他们对业绩提升和领导力发展培养的努力。现在中国正朝着现代化强国迈进，此书的出版对中国读者有着更加深远的意义，它可以帮助我们更加切实地思考如何找到适合中国企业发展的业绩管理和领导梯队建设。"它山之石，可以攻玉。"作为关注企业业绩提升和领导力发展的从业者，我自觉有一份义不容辞的责任让更多的人看到这本书传递的价值和理念。这本书非常易读、实用，而且很有启发性，是人力资源专业人士值得信赖的参考书。

本书由孙贺影主持翻译，美国领导管理发展中心（LMI）领导力发展资深教练刘景梅、美世咨询顾问欧阳凌翔参与了具体章节的翻译。在本书的翻译和校对过程中，译者得到了多方的支持，在此，我们感谢前美世顾问姚兰女士和周宇先生以及北京外国语大学高级翻译闫洁与加拿大多伦多大学的张艾雪的支持。

尽管在翻译过程中，我们常常渴望多一份圆满，少几许缺憾，然而由于时间仓促、水平所限，疏漏之处在所难免，恳请读者指正！如有建议或意见，欢迎与我们联系。联系方式为：E-mail：wwxxyycn@gmail.com。

孙贺影
美国领导管理发展中心（LMI）资深教练

推荐序二

The Performance Pipeline

指导各级领导者业绩提升的国际标准

企业家最关心的问题之一是：如何让各级领导者清楚自己的角色职责、能力模型和业绩标准，从而达成组织业绩目标。就像一支足球队，只有每位队员清楚自己的位置、能力和考核指标，才有可能全力以赴、有效协同，实现 $1+1=11$。否则，将形成各自为政、相互掣肘的格局，造成各级领导者缺乏责任心、上进心和事业心，从而导致组织效率低下。

《领导梯队》（中文版）一书自2011年7月出版以来，长期名列亚马逊中国网领导力书籍销量第一名，受到读者广泛好评。很多企业家要求各级管理人员人手一本，各自对照六个层级中的相应岗位，看看自己在**领导技能**、**工作理念**和**时间管理**三个方面是否达到了相应岗位的要求。例如，一家央企提拔了9名子公司负责人，要求他们认真研读《领导梯队》的第四个层级的要求，并延请专家指导学习，帮助他们尽快实现角色转型；一家名列行业前三名的民营企业要求各层级管理者学习《领导梯队》，分层级对标和培训，以使所有管理者能力达到岗位要求。

然而，每一本书都有自己的重点，《领导梯队》源于美国通用电气公司40多年的领导人才培养和领导力开发模型的实践，并在强生、万豪国际酒店、IBM、微软、盖普服装零售商、纽蒙特矿业公司、花旗集团、英美烟草公司等100多家全球500强企业中运用。领导梯队模型强调的重点是**领导力转型**，能够帮助各级领导者清楚认识自己的角色、能力标准和职业发展路径。

《业绩梯队》可以看做《领导梯队》的姊妹篇，**后者的重点是领导者**

的能力，前者的重点是领导者的业绩，让人们关注每一层级的结果和各层级之间的关系。帮助各级领导者明确自己需要达成的业绩标准，将概念转化为实用的工具。业绩梯队模型能够帮助我们呈现一幅完整的业绩画面，显示企业在运营中如何才能实现高效率和高效能。业绩梯队模型完全对应领导梯队模型的六个层级，设计出了六个层级领导者的业绩标准。

首席执行官的使命是使组织基业长青，确保企业持续成功。他们负责制定公司的远景规划和设计相应的组织架构，以及包含其中的企业愿景、使命和价值观。

集团高管的使命是设计恰当的业务组合，选择正确的业务方向，剥离不良业务。他们基于"企业战略框架"，负责评估企业的当前业务和可能拓展的新业务，确定新的业务是否符合公司长期发展规划，在此基础上制定投资组合计划，再通过落实投资计划和继任者计划得以实施。

事业部总经理的使命是获取利润，确保业务在现在和未来盈利。他以投资组合计划和资金计划为基础，负责制定业务战略，领导企业实现短期和长期盈利。同时，负责建设企业不同的职能团队，并保证不同团队间能够互相协作。

事业部副总经理的使命是创造竞争优势，比他人做得更好，或者具有独特的竞争优势。他以业务战略为指导，决定如何通过职能部门的努力创造企业的竞争优势。要实现上述这一点，他们需要打造职能部门的能力、员工的能力、运营能力和建立合作伙伴关系的能力等。

部门总监的使命是提高生产效率，有效整合各方面要素。他要打造部门能力，确保生产率，发展和保留优秀管理人才，及时沟通企业信息，使每一位员工的工作业绩得以实现，实现企业特有的竞争优势。要对企业的运营计划负责，在运营计划中需要包括各项具体实施方案。

一线经理的使命是赋能。他要在公司运营计划指导下，明确员工的工作角色和职责，对员工进行培训、反馈和教练辅导，确保企业经营目标的实现。

在业绩梯队的最底层，**个人贡献者**的使命是交付结果。他要根据领导设定的时间表和标准，负责企业的产品设计、生产、销售、分配、服务提供以及后勤保障工作。

本书提出的业绩梯队模型具有系统性、完整性和阶梯性的特点，无论对于各层级领导者明确自己的工作使命、业绩标准，还是确定自己的职业发展路径、教练辅导下属，都具有非常强的实用价值。此外，本书选用的大量跨国公司真实案例增强了阅读的情景感，大量的实用工具提高了运用的可操作性。

当前，中国企业正处在从"**规模经营**"向"**能力经营**"转型的关键时期。2012年3月，国务院国有资产监督管理委员会（以下简称国资委）领导提出，中央企业"十二五"改革发展的核心目标就是"做强做优、世界一流"，国资委决定在中央企业开展为期两年的管理提升活动。国资委从管理方面对中央企业与世界一流企业进行了对标研究。总的来看，中央企业存在的差距是相当大的，突出表现在基础管理、管理创新、投资并购、管理信息化、国际化经营管理等五大方面，其中，基础管理表现在总部高效管控能力薄弱，流程不顺、标准不一、信息不畅、集而不团、管而不控的现象在一些企业普遍存在，基础管理还有较大的提升空间。

如果中国的企业都能够居安思危、精益求精，"从优秀到卓越"将可以期待。希望《业绩梯队》一书能够对中国企业的基础管理提升带来些许启示和指导。

徐中　博士
北京智学明德教育科技有限公司首席顾问
《领导梯队》首席译者
于清华大学科技园创新大厦

The Performance Pipeline 前言

我可以非常明确和极为肯定地说：不论是什么组织或企业的领导，都会犯一个同样巨大的错误，那就是权力使用不当，越俎代庖。换句话说，他们事必躬亲，本该是由下级负责的事情，他却要亲自来处理。在现今世界范围内，几乎在每一个大型行业领域内，都会发现有领导犯这样的错误。我见到最多的是，领导常常花费大量的时间来亲自处理当下所面临的问题，而不肯花足够的时间对企业的未来发展情况进行预测和规划，也不愿花时间在自己员工的发展和培养上。由于企业领导没有做好应对不可避免的新挑战，企业往往会因此付出沉重的代价。针对这一问题，本书通过明确组织内部各个领导层级存在的目的和应该达成的具体业绩，解决了这一根深蒂固、长期存在的问题，保证了企业长期和短期经营的成功。更进一步来讲，为了使下级领导及员工有所建树，上级领导需要放手，向下传递工作，向下转移下级所需要的权力和资源，以使他们获得成功。本书对这一点进行了详细的说明。

本书揭示了在企业中，工作是如何从最高层级传递到最低层级的，定义了不同层级应当达成的业绩，讨论了每一层级必须要向下一层级传递什么才能保证他们的下级成功。在过去40年时间里，我曾为全球100多家公司服务过，服务时间至少为一周，或者更长，对1 400位领导的工作进行过评估，完成了40多位企业首席执行官的继任者计划，做过几百个访谈（访谈的目的是了解企业各级领导的实际工作）。因此，本书的内容是基于我的所见、所学以及所做。本书以我的个人工作经验为前提向各位说明，各层级的领导只有在清楚了解自己所在层级业绩要求的前提下，才能在达成业绩的过程中得到最好的发展。也只有这样，企业取得成功的可能性才会更大。在这方面，我发现与其他学派相比，注重培养新行为去发展领导力虽然有一定的价值，但不会带来真正的发展结果，因为新的行为往往会被用在错误的工作上。

10年前，我所参与合著的《领导梯队》一书出版发行。该书在讨论领导力发展时采用了新的语言，引入了新的框架，进而改变了领导力发展与继任者计划的对话方式。如今，《领导梯队》所倡导的理念已经被全世界所接受，该书所提出的"领导梯队"这一重要理念，对领导层级间的转变具有特别的意义，即领导层级间的过渡需要在工作技能、工作价值观以及工作时间方面做相应转变。说到这一点，常常会有不同级别的领导找我帮忙，希望我能帮助他们完成在不同领导层级之间的转变。在《业绩梯队》一书中，基于10年学习研究以及参与管理层级转变管理的实践基础，我对这一问题进行了阐述，提出了应对在领导层级之间转变所面临挑战的办法。我认为，明确企业每一领导层级所应该实现的业绩，能够帮助我们更清楚地理解：领导在不同层级之间过渡对企业来说究竟意味着什么，对领导自己来说又意味着什么。

本书主要强调了以下三种至关重要的业务需求：

1. **如何通过定义组织内每一层级独特的存在目的和设定清晰的有针对性的业绩标准来提升企业的业绩。**
2. **如何使各层级领导向下一层级成功传递后者所需要的资源，从而使各层级领导都能成功。**
3. **如何帮助领导者顺利地过渡到新的领导层级，帮助他们消除在新层级上所遇到的业绩障碍，使其在新的领导层级实现业绩，获得成功。**

写作此书的中心目标是：在当今极其多变的企业环境中，帮助不同层级的领导实现他们各自的业绩。达成这一目标的关键，是要将各层级领导的工作看做企业所期望实现的结果，该结果是可以用财务/运营指标、领导力水平、管理效率、关系程度和创新水平衡量的业绩标准，而非一套行为标准。同时，如前文所说，针对领导权力在不同层级间使用不当这一普遍存在的问题提出解决的方法，也是本书的一大主要目标。

当今，对于任何企业来说，实现经营目标对企业的生存越来越重要，但同时也越来越困难，因此，我真诚地希望本人的这部拙作能够来得及时、来得有用。

斯蒂芬·德罗特
2011 年 7 月于加利福尼亚

第一部分
业绩梯队的概念

导　论
如何处理普遍不确定性

业绩梯队的概念如果在数年前就提出来，必定会对企业组织的运作产生很大的帮助，然而，观察今天的行业发展与世界潮流，此时提出业绩梯队的概念，其意义变得更为重要。首先，我们的讨论从这里开始，即一个充满不确定性、快速发展变化的环境是如何促使企业采取业绩梯队的运营模式的。

对于企业和企业领导者来说，当今世界正处在一个混乱而又易变的发展时期。企业的各层级领导需要应对各种困难，需要在不断变化的环境中求得生存，才能实现企业的发展目标。但是，在这样的大环境中，我们面临着诸多的不确定因素，其中包括：

- 全球经济从金融危机中恢复的速度和所面临的现实情况；
- 客户与主要供应商的生存前景；
- 经济实力的转移和如何达成新的平衡；
- 消费者消费水平的变化；
- 投资的最佳时间和最佳方式；
- 在现有的劳动力群体中挖掘所需要的专业人才；

- 政府的税率和税收制度所产生的后果；
- 商品以及稀缺资源的价格。

面对以上所有不确定性以及其他的外部不确定因素，今天的企业各层级领导都处在极大的压力之下，而且每家企业也都处在高风险情况下。

同时，企业的内部也存在诸多不确定因素，比如组织能力的构建，领导力的水平，业务活动是否围绕主要目标展开，优先的事项是否协同一致，是否具有完成所有任务的能力，在法律上是否合规以及类似的问题。虽然说从过去到现在，企业始终面临这些不确定因素，但是，随着当今社会经济挑战越来越大，这些不确定因素就越来越不能被容忍。我们无法再接受以下这样的领导：不能明确企业未来发展方向，不能给企业带来发展愿景的领导，不能与企业内其他环节协作共事的领导，不了解自己的员工每天在做什么的领导，不重视员工培养和发展的领导以及甚至不了解自己的领导。在一个外部环境充满高度不确定性的社会中，我们需要付出更多的努力，想方设法在企业内部构建更多的确定性因素，比如构建企业要达成业绩所需要的组织能力。正如一位小提琴家熟知自己的弹奏方式会带来什么样的琴弦变化一样（比如弹奏速度变快变慢、弹奏力度变大变小都会演奏出不同的旋律），我们也应该明确：在企业战略变化、企业运行环境变化或是消费者需求变化时，我们的组织知道应当如何做才能应对。我们还需要知道，我们的领导是有能力应付所有新的挑战的。但是，如果企业没有一个清晰的业绩结构，来明确每个层级上的每个领导究竟应该做什么、实现什么样的预期目标，那么上述这些改变和不确定因素就会使企业在毫无征兆的情况下陷入困境。这就是为什么我说业绩梯队是一个非常及时的工具。

世界经济形势的骤变使一切变得愈发糟糕

在经济形势较好的年头，大环境是允许企业偶尔犯错误或者以低效率运行的，因为在这种环境中，虽然企业存在问题和短板，但还是能够盈利的。中国、印度以及其他发展中国家经济的崛起以及发达国家持续高涨的消费需求，催生了前所未有的消费热潮，世界经济随之一片欣欣向荣，到处都是经济的赢家。在这种情况下，企业内部运作结构上即使存在问题，也会被丰厚的盈利性增长所掩盖。然后，突然间，一切都结束了，世界经济崩溃了。在全球金融危机的阴影中，没有任何企业可以躲过这一劫。企业缩小规模、开展业务外包，甚至在有些情况下企业破产成为全世界范围内企业新的生存法则。在这种情况下，企业领导就需要果断行动，甚至做出一些痛苦的决策。因此，生存问题无论是过去还是现在，仍然都是驱动领导者前行的最基本动力。

随着世界逐渐走出金融危机的阴影，我们又开始面临许多关键性的问题，而我们所面临的不确定因素之多之大，似乎胜过以往。全球经济复苏的脚步会有多快？在不确定性面前，我们到底应该如何改变企业战略，以什么样的速度补充库存呢？我们要什么时候开始招聘，招聘多少人呢？我们从哪里获得所需的投资资本，又往何处投资，什么时候开始投资？公共医疗和税收领域会发生什么样的变化，针对这些变化我们又该如何应对？

以上这些问题中的不确定性所带来的直接结果就是，每位领导的工作难度变得越来越大。在这种压力下，不论是什么层级的领导，他们都只关注短期目标的实现，只有当他们需要抬头看路和规划未来时，他们才会采取相应的行动。

当领导们试图去解决这些来自外部的挑战时，他们需要在公司内部设计新的解决措施，需要紧密围绕解决措施去行动，行动时还要有足够的灵活性，以确保他们能够有效地进行回应。如果继续沿用以往的实践经验去应对新的挑战，那是毫无意义的。在新形势下，各级领导的思路需要更加宽广，需要积极寻找新的应对措施，需要更加清楚地指明方向，要使各项措施更为聚焦。上述这些做法应当成为企业各层级领导行动的指导思想。在正确的时间、用正确的方式达成正确的业绩是首要目的，为实现这一首要目的，就需要采用新的工具和采取新的措施。在当今这样充满不确定性的环境中，我们要获得成功，就必须根本改变以往最基础的管理实践。而在本书的后续章节中，我们将看到，业绩梯队模型是如何让这一变化成为现实的。

四项紧迫要求

在当今的商业环境下，有四项紧迫要求需要提醒各位注意。这四项紧迫要求和企业的组织变革密不可分，而业绩梯队模型的出现，能够更加强调四项紧迫要求的重要性。我们先来看这四项紧迫要求到底是什么以及为什么要强调这四项紧迫要求。

1. 多思考、勤学习

对企业当前业绩、未来业务发展方向和组织的功能设置需要思考以下几个方面：世界主流经济趋势、世界政治格局、货币波动情况、新出现的竞争者、全球企业的最佳实践、改变我们以往工作方式的新科技以及不同国家的消费者偏好等。还有一些与产品、顾客、供应商、竞争者、市场的新进入者和劳动力相关的特殊需求也会改变你看待这个世界的视角，实际情况也是如此。作为领导者，我们都需要综合考虑这些可变因素，每一个领导每天必须花时间去了解这个世界的各种变化。

幸运的是，在我们生存的世界里，电脑和网络能够帮助我们传送和获取信息。虽然我们不能完全相信和依赖网络信息，但不可否认，当今是一个网络信息爆炸的时代，网上信息涉及面非常广。但是，在参考这些信息做出决策之前，我们必须通过自身直接的经验、个人的观察以及来自可靠资源的建议验证这些信息的有效性，同时我们还要仔细思考，这样的信息在当前对我们来说意味着什么，信息虽然有效，但内外部环境已经发生了变化。

然而，思考是需要时间的，因为需要考虑的可变因素越多，我们就需要花费越多的时间进行思考。可是目前的情况是：领导们没时间进行思考，从早到晚的会议、每天至少100封电子邮件、各种语音留言、家庭事务以及各处奔波都是他们每天的常规工作。在这样的情况下，要求领导们每天进行深刻的思考和反思是非常困难的事情。也就是说，我们都陷入了一种"以日常活动导向的陷阱"中，无法抽身，几乎没有多余时间用来思考和学习。

第一项紧迫要求：每一位领导每天都应该抽出至少30分钟到1个小时的时间，不受任何干扰，专门用于思考。

2. 尝试用新方法去完成每件事情

我们毫不夸张地说，在当前的形势下，大多数企业都需要用新的办法来完成他们的所有工作，这是快速变化的环境提出的要求。现实的情况却是，大多数企业不是鼓励新想法，而是压制新想法的出现。回忆一下最近一次你提出新想法时的情境，它离现在有多久了？你的提议是被接受了，还是被遗忘了，甚或被否决了呢？下次你还会考虑再提出一个新的想法吗？

在企业还存在各种各样混乱的情况下，新的想法常常不会被关注。往往强势的一方试图用更强有力的声音为战略和预算规划现状进行辩解，处于下风的通常是提出新想法的一方。企业没有足够的时间来进行创新性思考，即使有足够的时间，企业的现有文化和领导层也会避开由于"新"思想带来的潜在风险。因此，我们只好重复以往同样的方法和措施，或许会比以往成本低一些、速度快一点。对企业来说，今天重复昨天的做法会容易很多。

第二项紧迫要求：每个人都要自然而然地将创新作为日常工作必不可缺少的一部分。

3. 明确自己的角色和任务

人们在工作岗位上，他们应该清楚自己的工作任务、时限要求、完成工作所需要的成本和具体的衡量标准。每个人都想知道这些具体内容。但是，企业通常所采用的管理做法并不能明确每个人的具体工作角色和任务。事实上，企业现行的许多做法不但不能明确员工的角色和任务，甚至有时会起到反作用。

尽管平衡计分卡是指导和衡量团队或企业绩效非常有用的框架，但在个人层次，平衡计分卡并不会告诉我们具体应该做什么，领导者们也常常忽视平衡计分卡在个体层次的应用。对于企业来说，战略是至关重要的，但是许多企业的战略一般不会深入企业的基层。按理来说，企业的经营战略应该自上而下一层一层地解读和传达下去，但事实是，企业很少会这样做。相反，企业的基层需要绞尽脑汁，弄明白自己的工作职责是什么、应该实现什么样的工作目标。最近，有关这方面的几项研究表明，企业的基层员工往往会重复他们一直以来所做的事情，但是这样的做法并不符合企业的发展战略。企业所制定的发展目标和关键绩效指标（KPI）往往都是以运营为中心和以财务为导向的，领导者非常关注这些目标的制定，但对人员相关的目标制定却缺少关注。

企业给领导者所设计的培养项目通常具有普适性，侧重的是公司意识的培养，但这类项目对明确个人工作角色和工作目的帮助不大，也很少会教你如何去做具体工作。

第三项紧迫要求：企业领导者应该对每一位员工真正的角色和工作目的予以澄清。

4. 注重价值的实现

那些整天会议缠身的领导、那些把大部分时间花在"做事"上的领导，以及那些为自己以往的职位甚至是更低层级职位忙碌的领导（他们仍然为曾经的职位工作，而不是为现任的职位工作），并不能为企业发展带来应有的价值。这样的领导一般不能与自己的员工良好相处，结果是：他所领导的员工往往不清楚工作中的关键任务是什么，或者对他们来说，工作中就不存在关键任务。因此，在合适的时间、以合适的方式实现正确的工作目标所需要的工作重心就缺失了。根本无关或者单纯紧急的事情往往会凌驾于重要工作之上，而那些有抱负、有动力的员工会去做他们认为所谓正确的事情，但是他们的所作所为往往与真正会增加价值的行为相差甚远或者毫不相关。

当今社会，电子通信工具，如电子邮件、语音信箱、即时消息以及类似的工具，都会提高信息交流的速度，但同时也会分散我们的注意力。我们的工作和生活都会为日益泛滥的信息所干扰，任何电子信息或者个人电话变得都要比我们面对面的交流或是比我们当下正在做的任何事情更为重要。要想专注于一件事而不被打扰，已变得前所未有的困难。同时，似乎还出现这样一种情况，即领导和下属之间的交流出现了前所未有的危机。

事实上，一些声誉很高的管理工具和人力资源项目是将关注点聚焦在过程上，而非结果上。我们知道，能力模型（competency models）正在被广泛使用，也被广泛接受。该模型的初衷是详细说明特定的工作族群是如何在特定环境中实现特定结果的。现在，虽然能力模型已经被广泛应用到所有的工作族群中，但是却与特定环境中要实现的业绩完全脱离了。

第四项紧迫要求：企业领导必须创造一个使员工可以有足够时间专注于某一事项的环境。

业绩梯队的概念

为回应上述四项紧迫要求，你不需要在公司中开展一个昂贵的"变革管理"项目，或是任命一位新的首席执行官，你只需要建立一个自上而下、按层级分配权责的业绩梯队，确定如何让实现业绩的关键工作流向所需要的层级。建立这一梯队的目的在于帮助领导者有更多的时间思考、鼓励创新、提供清晰明确的工作角色和创造员工能够专注的环境。

业绩梯队的概念提出是基于以下想法：

- 每个层级的设置都具有其独特的目的；
- 每个层级都要达成特定的业绩；
- 每个层级都要为下一层级的成功做出贡献；
- 层级间都是紧密相连的，彼此间不存在漏接或重叠。

如果用图的形式来表示业绩梯队，大型公司的业绩梯队模型如图0-1所示。

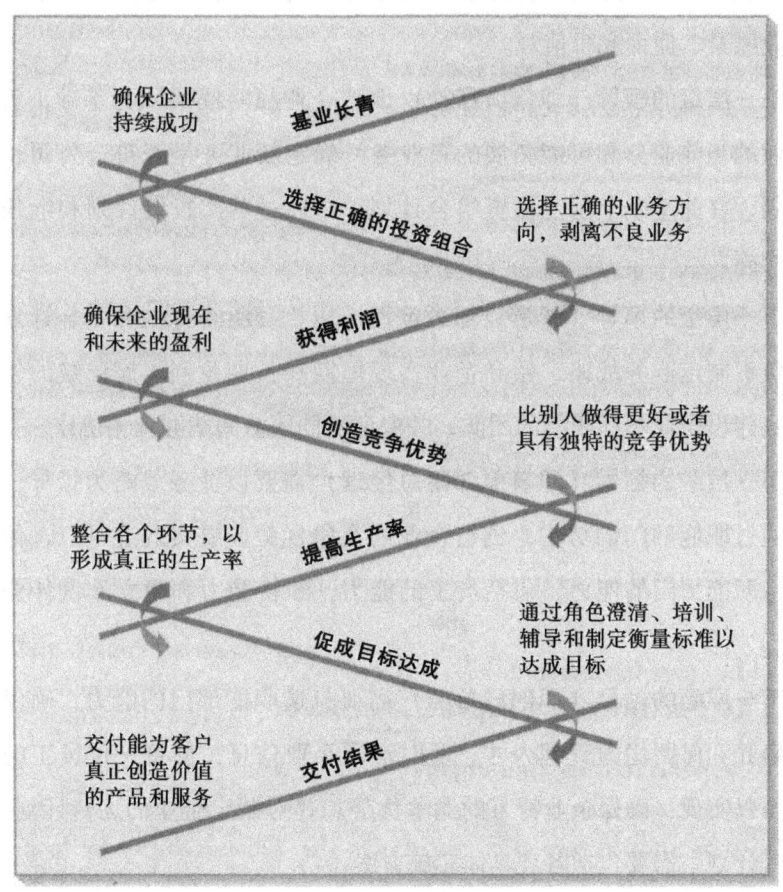

图0-1 业绩梯队模型

现在让我们来审视业绩梯队中的每一个"拐点"。下列几点似乎显而易见：**我们需要牢记，业绩梯队的价值在于如何使人们关注每一层级的结果**

和各层级之间的关系。该业绩梯队能够提供给我们一个完整的画面,显示企业在运营中如何才能实现高效率、高效能。下面简要介绍一下每一个层级,然后我们就可以更好地讨论业绩梯队对组织的价值,并且了解业绩梯队是如何运作的。

顶层领导(即首席执行官) 负责公司的远景规划。他从大型客户群、外部合作伙伴、协作单位及政府那里获取信息,基于对未来世界形势的判断、对市场和行情的预测,他会对未来的要求做出决策,并规划与之相匹配的组织架构。上述决策都是公司战略框架的一部分,在战略框架中还包括企业愿景、使命和价值观。

下一层级的领导(即集团高管) 以"企业战略框架"为基础,负责评估企业的当前业务和可能拓展的新业务,确定新业务是否符合公司长期发展规划,在此基础上制定投资组合计划,再通过落实投资计划和继任者计划来实施。

下一层级的领导(即事业部总经理) 以投资组合计划和资金计划为基础,负责制定业务战略,领导企业实现短期和长期盈利。该层级的领导还要负责建设企业不同职能的团队,并保证不同团队间能够互相协作。

下一层级的领导(即事业部副总经理) 需要以业务战略为指导,决定如何通过职能部门的努力,创造企业的竞争优势。要实现这一点,他们需要打造职能部门的能力,包括员工的能力、经营能力和建立作伙伴关系能力等。

下一层级的领导(即部门总监) 需要打造职能部门的能力,确保生产率、培养和保留优秀管理人才、及时沟通企业信息,使每一位员工的工作业绩得以实现,确保企业特有的竞争优势。要对制定企业的运营计划负责,在运营计划中需要包括各项具体实施方案。

下一层级的领导(即一线经理) 就需要在公司运营计划的指导下,明确员工的工作角色和职责,对员工进行培训、反馈和辅导,以确保企业经营目标的实现。

在业绩梯队的最底层，**个人贡献者**则根据领导设定的时间表和标准，负责企业的产品设计、生产、销售、分配、服务提供以及后勤保障工作。

在理解上述最基本的概念之后，你可以重新思考企业各个层级之间工作是否能够紧密结合，换句话说，业绩梯队是否能够将企业战略转化为不同层级独特的工作角色和职责？此外，还要思考该业绩梯队是否能够协调工作和所要实现结果之间的关系，尽可能减少层级间的工作重叠和差距。

领导梯队模式如何催生业绩梯队模式

现在许多公司都在采用领导梯队这一模式（见图0-2），包括美国的强生、万豪国际酒店、IBM、微软、盖普服装零售商、纽蒙特矿业公司以及花旗集团；欧洲的英美烟草公司、阿克工程集团公司、希腊可口可乐公司；澳大利亚的西太平洋银行公司、必和必拓采矿公司和昆士兰铁路货运公司；南非的钻石开采公司戴比尔斯、石化巨头萨索尔公司和Murray & Roberts公司。领导梯队模型能够帮助我们了解领导者的工作以及职业发展。从该模型可以看出，在每一领导层级之间的过渡都会要求领导在工作技能、时间分配和工作价值观方面做出重大的改变，这是因为目标业绩发生了变化，领导者需要把更多的时间投入在未来的工作上。

我之前在许多企业都工作过，这些工作经历不仅帮助我深化了对领导梯队这个概念的理解，而且还让我认识到，有必要建立与领导梯队模式相配套的业绩梯队模式，来帮助企业明确每一层级应该达成的业绩，这样有利于将概念转化为实用的工具。领导梯队模型按层级确定目标业绩，既实用又有意义。一旦确定了目标业绩，职业规划、发展计划、继任者计划以及相关工作都会具有更深远的意义。领导梯队与业绩梯队这两个概念相辅相成、相得益彰。通过确定目标业绩将实现业绩的要求向下传递（即业绩梯队）和领导职业生涯的向上发展（即领导梯队），组织的重要业务需求才能得以实现和发展。

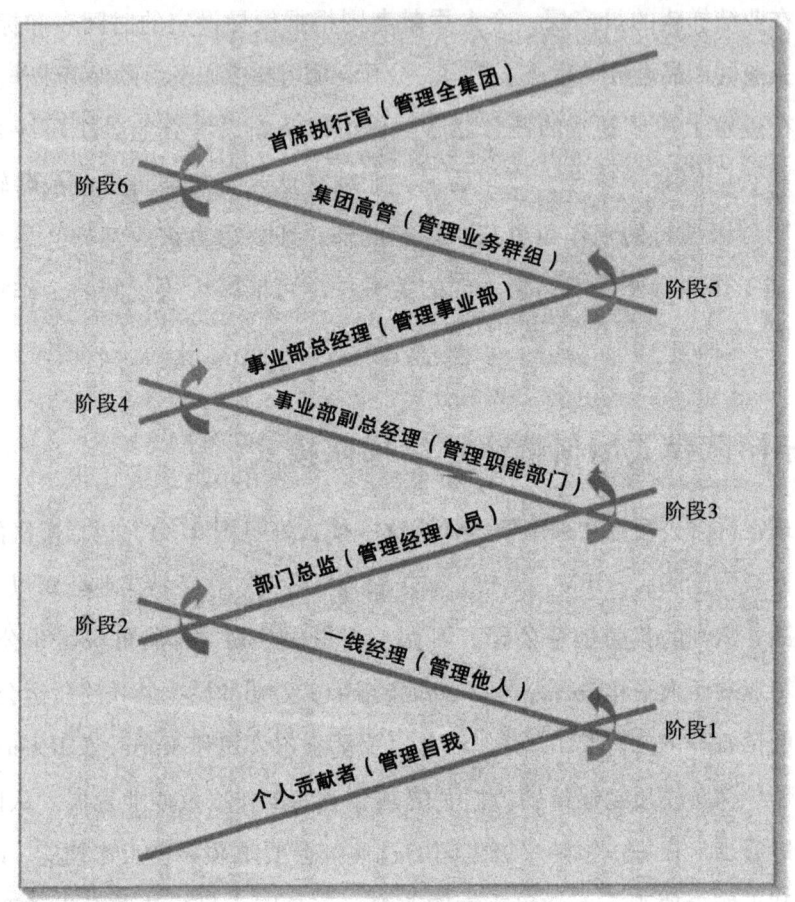

图 0-2 领导梯队模型

在表 0-1 中，我们将领导梯队和业绩梯队模型结合了起来。此后的讨论中，我都会使用领导梯队模型中的术语来表示每个层级，请参考图 0-2 和表 0-1 中的表述方法，你很快就会熟悉这些术语。

表 0-1 领导梯队和业绩梯队模型

领导梯队：通道	业绩梯队：业务目的/贡献	工作重心
首席执行官	基业长青（企业战略框架）	20 年后，或者更远的 50 年后，企业的发展会是什么样？那时我们如何获取所需要的资源
集团高管	选择正确的投资组合（投资组合战略），业务投资战略的战略差异，事业部总经理继任人选	企业的业务组合是否正确？需要新增加什么业务，需要关闭什么业务？我们的人才培养计划是否能满足企业今天发展与未来发展的需要

（续）

领导梯队：通道	业绩梯队：业务目的/贡献	工作重心
事业部总经理	企业短期和长期盈利，企业的战略（包括产品、市场和客户）等	我们的产品或者服务是否能为顾客、股东或者员工带来一定的价值？如果我们想要达成企业的投资组合目标并增加更多的价值，那么企业的战略又该如何调整
事业部副总经理	竞争优势（职能部门卓越）	我们如何建立企业的竞争优势，超过竞争者？我们的事业部是否有这样的能力
部门总监	生产率（整合和聚焦，胜任的管理者）	我们是否有胜任的领导和最佳的业务流程？他们能够相互合作吗
一线经理	保证并实现成果交付（明确任务，给予辅导）	我们的员工接受过良好的培训吗？他们是否有积极性为顾客增加更多的价值？我们的人才组合和配置是否合理
个人贡献者	成果交付（客户满意）	我们是否正在全力以赴地交付合格的产品和提供优质的服务？我是否算得上一名称职的员工

业绩梯队模型案例

每当一个新的业绩梯队模型制定出来，往往会遇到同样的问题，那就是该模型是否值得实施、是否有意义。因为要熟悉和理解一个新的模型，总会需要经历一个学习阶段，还要去说服很多抱有怀疑态度的人。从世界各地实施过业绩梯队模型的组织中可以发现，采用业绩梯队方式所产生的影响非常巨大，已经不只是值得与否的问题了。该模型所产生的效果和意义不仅仅局限于某一个领域。根据我以往工作中的观察以及后来从企业领导那里所了解到的情况，按不同层级区分设定的业绩和业绩衡量标准，会带来如下好处：

1. 不同层级所期望的业绩可以清楚地区分，**能够使各层级的领导对其工作更加清晰和聚焦，从而取得更好的业绩**。每一位员工也都能明白其所在层级需要完成什么样的工作。组织设计要达到的最好目标是实现上述理想状况，事实上，大部分组织设计往往都花费在设计企业的横向架构上了。而我在企业中的实践可以非常有力地证明，企业的大部分问题都是纵向架构上的问题。明确组织中各个层级存在的具体目的,可以帮助企业克服日常工作中纵向架构上所存在的各种问题。

2. **可以降低对领导数量的要求**。现在可能实现任用较少数量但较高水平的领导,这是因为,如果各层级的领导都能够明白其所在层级存在的目的,能够在正确的层级做应该做的工作,并且不再做他们以前所在层级的工作,那么领导的管控范围就会比以前更大。

3. 可以衡量所有必须要实现的业绩,而不仅限于衡量财务结果,从而促使企业更好地实现经营业绩,**由工作内容驱动业务发展**。在衡量时,既要考核客观目标,也要考核主观目标,二者对应的工作也要做相应考核。

4. 明确各个层级的工作任务**有助于实现企业管理的透明化**。比如说,即使企业的首席执行官身在雅典,他也能对远在莫斯科工作的一线经理的工作情况了如指掌。他只需要问几个简单的问题,就能了解到有关情况或指出需要解决的问题。

5. **关于用人的决策能力将大幅提升**。使用业绩梯队模型,可以使对岗位和对业绩的要求更加具体与清晰,遴选的决策也会更客观和更可靠。通过使用一整套的衡量标准,很容易判断出谁应该升职,谁不应该升职。决策标准的连续性,能够提高整个企业各层级之间工作上的连贯性。

6. **有助于领导更合理地分配时间**。因为各层级的领导只有清楚地了解了必须要实现的业绩,他们才能在正确的层级上工作。例如,那些收入丰厚的企业高级管理者往往需要对其更为复杂的工作进行考核,大多数企业的产品交付和服务提供则是由级别较低、薪酬也相对较低的员工来完成。以往那种拿着高工资干"擦玻璃"活儿的现象再也不会出现了。领导职位的管控范围也会得以扩大,而不需要增加任何成本。

7. **员工培养与辅导目标会以业绩作为基础,更加清晰**。这样,不论是所投入的金钱还是时间,都会产生比以往更好的经营业绩。对员工的辅导更有目的性,员工的成长结果也可以进行衡量了。

业绩梯队模型除了具有以上七点好处之外,还能将人力资源发展项目与整个事业部门和职能部门业绩考核的连续性有机地结合起来。在这里，我并不想一一列举所有的好处，但是，我只要求简单记住下面这一点：业绩梯队模型改变了业务管理中有关人员管理方面的"源代码"，**它使企业将关注点从行为科学或者具体活动转移到区分不同层级的业绩上。**简言之，业绩梯队模型是以业绩来定义领导和管理者的。

领导力发展中的挫折和解决方案

很多企业已经通过各种不同的方式，以业绩梯队模型中获益，因此，在本书中，我将和大家一起分享这些企业的故事。在这里，我想以一种特别又很重要的方式着重介绍业绩梯队模型是如何帮助组织发展的，也就是如何用于领导力发展的。领导力发展对于建立和打造一个能够可持续发展的企业而言是至关重要的，这也是使许多领导集体彻夜难眠、整天处于压力之下的关键问题。

你不妨问问自己为什么自己的企业里没有足够多的优秀领导人才。你所雇用的人才都是"顶尖人才"，同时你也设计了多种多样的领导发展项目，每个员工都认同你们的能力模型，在公司或业务部门内部，都有教练在指导工作，而且公司也制定了谨慎的继任者计划，可是为什么就是缺乏优秀的领导人才呢？

每年我都会接到许多电话咨询这方面的问题，给我打电话的人都坚持说他们所做的领导力发展的事情是正确的，但结果和期望却大相径庭。下面，我向大家列举三类最典型的案例，从业绩梯队模型的角度阐述领导力发展需要在哪些方面做出改变。

案例

"虽然我们有全方位的领导力发展项目，但还是不能培养出能够负责某一国家业务的经理。我们仍然需要经常从外部寻找人才。"

我认为上述这种情况是由于企业过度重视销售和盈利增长，忽视战略规划、人才发展计划以及各层级组织建设所造成的。企业内部对员工工作的定义过于简单,对负责某一国家业务的经理以及其直接下属都使用类似销售人员的考核方法。

案例

"我们有一系列各种各样的领导力发展项目,在全世界范围内广泛实施。曾经还有一家杂志为我们颁发了领导力发展实践的最优秀奖。我们拥有一大批专家专门从事管理者发展工作,但我们付出的努力还不能达到我们所期望的效果,也就是说,我们付出了五年的努力,但我们所获得的进步却很小,与所付出的努力远不相称。"

我认为上述情况的出现是由于在领导力发展项目的设计中,缺乏对不同的参加者进行有针对性的设计,也就是说,在发展项目中,不同层级的员工往往在同一时间内被要求参加同样的发展项目。这些项目往往鼓励不同层级的领导做同样的事情,而不是有区别的事情。同样,往往也会因为该项目的负责人发生变动而改变。这样一来,没有具体的业绩目标作为指导,每位领导发展项目的负责人都会根据自己理解随意改变发展内容的设置。

案例

"我们已经成立一个专门小组,有针对性地解决企业即将面临的领导层人员大批流失问题。我们制定了继任者计划,开展了许多领导者发展项目;我们也请外部教练每天对员工进行辅导,但是我们后备力量的实力还是很薄弱。"

针对这种情况,我认为问题的根源是企业最重要的层级,即部门总监,他们需要发展的最关键项目没有得到重视,即在发展下属或预算管理方面没有对他们提出要求。在企业发展战略的制定过程中,没有要求部门总监参加,这些总监不需要负责发展继任者。因此,他们的实力上看起来"太弱",无法得到提升。

其实,这三家企业在很长时间内都是非常成功的企业,不论在哪一家企业内供职,都是非常值得骄傲的。这些企业里不乏优秀的人才,企业也投入了巨资用于领导力发展。但这些企业都无一例外地在领导力发展方面出现了问题,尤其是在选取正确的起点方面,无论是培养对象的选择还是发展项目的设计,都不能反映领导力发展的真正要求。我们认同完成企业的工作任务和实现企业的经营目标都是最重要的,但由于这些企业都没能做到明确定义各层级的工作,因此,使领导能力能够得以提高的最重要的工具,即工作本身,也成了这些力量发展的障碍,更不用指望发展课程和教练指导能解决这些问题。

通过以上三家企业的案例以及在其他企业的工作实践,我得出了以下两条结论:

1. 充分定义不同层级所期望的业绩是领导力发展项目取得成功的前提。

2. 如果能够明确不同层级所期望的业绩,领导梯队模型用于领导力发展就能发挥更大的价值。

只有企业的每一层级都明确了需要完成的工作,设置了相应的业绩考核标准,领导梯队模型才会产生更为有效的作用。基于此,业绩梯队模型产生了。业绩梯队模型是培养领导力的起点,而且也正因有了业绩梯队模型,才能使企业在合适的时间、以合适的方式完成想要完成的经营目标。

阅读本书,你的收益

业绩梯队的核心思想是:每个组织必须为各层级设立特定的存在目的和可以衡量的结果。在本书的第二部分中,为了定义每个层级的预期业绩,我将首先着重讲解与企业每个层级特定存在目的相关的最重要业绩。所期望业绩也包括一些重要的业绩,即那些能够使企业与众不同,但是却往往被忽视或者误解的结果,此外也有可能包括为更好地实现业绩提供支撑的某些结果。例如,竞争力分析结果会为企业战略的制定提供支撑。对这些结果以及那些必须向下一级传递的结果进行总结和罗列，呈现出一整套不同层级的业绩和期望业绩衡量标准，这是具有现实意义并可操作的。所有这些业绩梯队在很多成功的企业中实践着，一直在使用。为了保护企业的隐私权，企业的具体名称这里暂不透露。为了帮助诊断可能的问题，我指出了各个层级上普遍出现但却被错误实行的结果。

使下一层级获得成功是业绩梯队模型的第二核心思想。 每一层级必须为下一层级贡献一定的关键结果，这样才能帮助下一层级明白该做什么以及如何去做。

本书的第三部分讲述了如何应对业绩梯队模型实施过程中的各种挑战。针对扫除存在于多数公司的阻碍业绩提升的那些不可避免、根深蒂固的障碍，本部分使用了很大篇幅进行阐述，还详细讲述了一种能够帮助员工和领导从企业的一个层级成功过渡到另一层级的新方法。至于其他有助于企业成功的措施（都是依个人实际经验所得）都将在最后一章进行讲述。

阅读本书后，希望你能明白，面对目前这种高度不确定的商业环境和日常工作挑战，企业应该如何去大胆地接受各种不确定因素，而不是惧怕这些不确定性；如何开发新的方式方法，而不是刻意回避；如何提高领导能力，而不是降低领导能力。

也许你会觉得先看一看实际业绩梯队模式究竟是什么样会对你继续阅读有帮助，在本书后面的工具1就是目前正在使用的一种完整的业绩梯队模式。本书会告诉你如何建立一套完整的企业业绩梯队模型以及如何正确地使用业绩梯队模型。

第1章
定义企业特有的业绩梯队

2008~2009年的全球金融危机为企业需要建立业绩梯队模型提供了最强有力的证据,同时也暴露了许多企业在大规模经济危机时缺乏业绩梯队管理思想。现在,请想想在经济萧条时期,你能否回答以下这些问题?然后现在,你又能否回答这些问题:

- 在你供职的企业里,每位领导现在想要努力实现的结果是什么?你能否快速得到这个答案呢?
- 所要实现的关键业绩是否都已经指派下去了?
- 每位领导是否都清楚实现最佳业绩所需的各项要求?
- 每位领导是否都按其被赋予的层级角色进行工作?
- 是否用了正确的方式完成正确的工作?
- 哪些领导约束了其直接下属业绩的发挥?
- 你明白自己的角色吗?

在过去的几年中,尤其是在全球经济陷入低潮的时候,我发现许多领导都回答不出这些问题,而且企业内似乎也没有人知道企业究竟想要取得什么样的结果。在经济快速增长或是经济形势稳定的时候，企业还有可能回避回答这些问题，然而一旦企业遇到任何形式的经济危机或者处于任何变革的重要时期，便不能忽视这些问题。正如本书导论部分所讨论的那样，我们所处的时代是极其反复无常并充满不确定性的；即使企业能够从全球金融危机的阴影中走出，恢复到良好的经营状态，它们还会面临许多类似的挑战。如果企业领导层不能回答以上问题，当他们面临这些挑战时，一定会深陷泥潭、步履维艰。

帮助企业领导尽早找到这些问题的回答，是我近年来的工作使命，也正是这一使命，激励我提出了企业业绩梯队这一模型。

现在，回过头来想想你对这些问题的回答，如果你对其中任何一个问题的答案是否定的，那么你就需要借助业绩梯队模型来帮助你得到肯定的答案。企业只有经营目标和关键绩效指标是不够的，因为只有这两点并不能囊括企业内所有领导的业绩、管理业绩或关系业绩。企业的预算和战略不再是衡量其运营状况的可靠指标，事实上，预算和战略常常被曲解，或者不能用来具体指导企业的工作。一旦意识到这一点，企业就会迸发出强大的动力去实施业绩梯队模型。

那么，如何实施业绩梯队模型呢？乍一看，你可能会觉得定义企业内各个领导层级所要实现的业绩是一项极其艰难的任务，但我可以向你保证，只要你能够遵循实践过的方法流程并汲取先行者的经验，这项工作是完全可以完成的。

建立业绩梯队模型的流程包括以下六个步骤：

- 明确建立业绩梯队的目的：首先要弄清楚你想要实现什么样的业绩；
- 收集数据和信息：找出企业当前需要实现的业绩是什么，以及哪些业绩是应该做但是目前还没有做的；
- 对收集的数据进行整理和分析：用一种有效的方式对收集的数据进行整理；
- 明确各层级要实现的业绩和其衡量标准；

- 确认衡量标准：获得领导的同意；
- 允许业绩梯队模型有一定的灵活性：允许不同的工作团队根据其具体需求调整业绩衡量的标准。

接下来，我将会对以上六个步骤一一讨论，讨论中也会引用本书结尾部分提供的工具1中所涉及的案例，有了这些案例的帮助，我们能够更容易理解并使用这六个步骤中所涉及的内容。同时，我会附上"经验教训"这样的栏目，和大家分享从以往的困难经历中所获得的经验教训——既包括我个人过往的实践经验，也包括上百家使用过业绩梯队模型的企业的实践经验。那么，首先让我们一起来探讨第一个也是最重要的一个"经验教训"。

经验教训

大多数领导层在业绩方面的问题都可以追溯到企业架构的纵向设计。

本章开始部分所讲的几个问题都与组织设计有关，而组织设计也是企业的"黑洞"。虽然领导们在这方面投入了很多精力，但收效甚微。这是因为领导们几乎将所有的精力都投入在组织架构的横向设计，他们争论的焦点是根据客户、职能、地域还是产品对组织架构进行横向设计，组织架构的横向设计一般仅有几种方案可选。虽然企业组织架构的横向设计至关重要，但是，企业架构的真正问题是组织架构的纵向设计。企业管理者的管理不到位，导致的不同层级之间存在管理空当，或是微观管理导致的管理重复，或是承担较高层级角色的人却做较低层级的工作，以及过于狭窄地定义较低层级的工作范围，以上这些问题都会影响许多公司的经营业绩。组织纵向架构的问题不断出现，同时需要企业领导花费更多的精力应对。这些问题不仅阻碍企业经营业绩的实现，而且还会拖企业内部管理的透明化和领导力发展的后腿。

就这点来说，也许你曾怀疑业绩梯队模型是否适用于决定企业内部工作任务分配，即该模型是通过自上而下的方式分配工作任务，将战略转化成较低层级的具体工作任务。为了帮助企业实现最好的经营业绩,企业领导者应该开发企业独特的业绩梯队模型,而不是使用一个通用的模型,也不是从其他企业直接照搬。其实,开发企业自己独特的业绩梯队模型是非常容易的,只需要一个小型团队,其成员能够基本了解公司和业务情况以及日常做的工作,并具备结构化访谈的经验和技巧,便可以在 10 个工作日左右完成这项工作。

如果你想设计一个适合自己企业的业绩梯队,并不需要完全重新开发,可以借鉴我在过去 20 年实践中所使用的方法论,其核心就是前面讨论过的六个步骤。下面,我们将逐一讨论这六个步骤,在阅读的时候,希望你能仔细思考在每一步骤中获得的经验教训,并思考如何将这些经验教训运用到你将来的模型设计中。

明确建立业绩梯队的目的

那些成功开发和使用业绩梯队模型的企业都有一个共同点,那就是一开始它们就很清楚为什么要使用业绩梯队。因此,在开始做任何工作之前,你首先要明确希望通过业绩梯队实现什么样的业务结果或好处——简而言之,业绩梯队模型有助于选择正确的工作任务和设定合适的业绩衡量标准。以我曾经服务过的企业为例,看看这些企业开发业绩梯队模型的目的是什么:

- 根据不同层级的业绩要求,下放与之相匹配的责任和权力(采矿业);
- 加快发展负责某一国家业务的事业部总经理(快速消费品业);
- 实现企业向新地区或国家扩张(软件业、酒店行业);
- 调整领导者的工作重心,明确企业内所有层级领导的预期工作贡献(交通运输业);
- 实施组织变革(生活消费品业);
- 促进企业领导力发展(建筑业、金融业);

- 降低企业经营成本（制药业）。

当然，建立业绩梯队也会有其他的目的，但关键是在进入建立业绩梯队模型的第五个步骤前（即验证并确认衡量标准阶段），一定要明确建立该模型的目的是什么，因为在收集数据和信息阶段你需要访谈许多人，被访者也需要了解建立业绩梯队模型的目的。

在开始建立业绩梯队模型之前，应该多花时间考虑并和大家讨论：为了达成更好的业绩或者获得更大的成功，企业运作方式和/或领导的工作任务需要提出哪些调整或提高。对企业各个层级领导做了什么工作，没做什么工作，既要分开考虑，也要统筹考虑。通过业绩梯队可以实现分配尚未落实的工作任务，加强对有待提升领域的重视，向下转移原属于下属的工作任务，以及对各层级领导的日常工作提出更多挑战，进而帮助领导成长和发展。

为了保证企业各个职能部门高速运转，企业的各个层级需要相互连通，不能出现空当或重复。由于高层级的监督要求和低层级的执行要求，不论是哪一层级发生任何变化，都会立即影响到其上一层级和下一层级，同时各层级被赋予的权责也会发生变化，因此如果你对企业某一层级的工作任务进行调整，就会影响其他所有层级。所以，不要将思考仅局限于某一层级本身，还要思考对其他层级的影响。不过，只要你建立业绩梯队模型的目的很明确，你就会自然而然地全盘规划各个层级，将企业的每一层级与要实现的目的紧密结合起来，避免出现空当和重复。

案例

我曾经被邀请去一家快速消费品公司，帮助他们培养高效的事业部总经理，这家公司的事业部总经理被视为一个孤立的层级。在与几位事业部总经理访谈之后，发现他们的工作能力之所以没有得到很好的发展，主要是因为他们的上级未给予宽泛的工作任务，而且仅通过一套片面的衡量指标（即营业收入和营业量）进行业绩评价。如果将事业部总经理要实现的业绩扩展到人才培养、战略制定和执行以及流程改进，同时我们也要对他们的上级（即集团总经理）的业绩衡量标准和能力要求做出相应的调整，并将任务向下分配到合适的层级。此外，事业部副总经理的工作职责也会相应扩展，一方面为将来接任事业部总经理职位提前做好准备，另一方面也可以接手事业部总经理当前所承担的一部分工作。这样，为了分散平衡工作压力，事业部副总经理的部分工作就会向下移转到部门总监。对任何一个层级的调整，都会影响到企业其他各个层级。

因为这家企业一开始思考过于狭窄，没有对需要解决问题所花费的成本和时间做任何准备。因此，按照我们的方法，一次处理企业某一层级的问题，几乎需要整整一年的时间，所以，在为企业构建业绩梯队模型时，一定要全局考虑，不能低估企业每一层级会受到的影响，这一点至关重要。

收集数据和信息

在收集数据和信息的时候，需要严格遵循访谈规则，因为在业绩梯队模型建立的问题上，必须要考虑所有层级的回答，而不能只考虑某一个层级或者某一个人的意见。企业往往会重视少数人或者某一特定职能部门领导的意见，而不去关注其他人的想法，这一现象很常见，但是作为业绩梯队模型的开发者，需要从全局出发，获得最佳的答案。此外，访谈者必须使用一套标准化的访谈提纲，遵循访谈规则，以同样的方式向所有被访谈者提出相同的问题。

对访谈者的另一个要求是：需要深刻理解何为有效答案。选用一套标准的访谈提纲，能够帮助你从被访谈者那里得到有用的答案，但是访谈者必须能够"翻译"所听到的答案，能够对被访谈者回答的完整性和有效性做出判断，有时还需要追问受访人以便获得完整的回答。

访谈提纲

确定访谈提纲与建立业绩梯队模型的目的是直接相关联的，也直接决定企业是否能够建立一个理想的业绩梯队模型。在建立业绩梯队模型的过程中，需要有一套必选的核心问题，此外，还需要准备一些与建立业绩梯队模型的目的相关的随机问题。核心问题通常是针对被访谈者所从事的工作本身提问的，而随机问题通常会涉及很多方面，例如与建立梯队模型准备工作相关的问题、有可能出现的变化、层级之间的特别关系以及任何你感兴趣的具体问题或者任何机会。

经验教训

企业领导对业绩的阐述不一。

有一大批的企业领导，他们只能说出与财务或预算相关的业绩。当他们被问及企业要实现的业绩时，他们会列举出具体的工作任务；当被问及要实现业绩需要完成哪些工作任务时，他们又开始列举具体的工作活动，或者干脆就说这个问题刚刚已经回答过了。在实现业务结果过程中的与人相关的软性要素，通常被看做是完成工作活动所需要的技能，而不被认为是企业的业绩。例如，许多企业的管理层都认为，建立一个高效率的工作团队是一项以技能为基础的活动，而不是一项可以衡量的业绩，他们一般不会主动说起为了实现某个特定的业绩，团队合作所发挥的作用有多重要。因此，访谈者需要主动向被访谈者提问，才能获得这方面的信息。企业利润的实现是基于许多基本业绩的达成，这些基本业绩包括周全的经营计划和高效率的工作团队。访谈者必须要牢记从了解业绩出发去设计访谈问题。

本书最后所附的工具2中，详细列出了我在访谈时通常使用的一些问题。例如，我的第一个问题是关于被访谈者的工作范围，这个问题有助于了解一名员工是如何看待其工作职责的宽度和深度的，通过员工对这个问题的回答，我们就能够判断出，这名员工是否清楚他在企业内的工作角色，他对自己工作职责的理解是比较宽泛还是比较狭窄，以及在他看来他比较适合在企业内做什么样的工作。第二个问题是有关预期业绩的，被访谈者的回答能够反映出他对预期业绩的倾向和看法。

这些问题的设计，旨在为你提供两类不同的信息：一类是有关被访谈者对自己工作的事实性的回答，另一类是有关被访谈者关于工作的思维方式和观点。只有同时掌握这两类信息，才能为企业确定出最适合的发展路径；仅调整员工所被期望的业绩，而忽略了员工思维方式和观点的转变，是没有什么效果的。例如，访谈一位负责产品销售和分销的企业事业部总经理，他有可能会说：

"我应该实现的预期结果是：
- 实现销售收入目标；
- 控制开支，使其不超过预算；
- 部门的员工数量和上一年年终时候保持一致；
- 保证企业98%的订单都能按时交付。"

尽管这位总经理的上述事实性回答非常重要，但同时也可以看出，他的思维方式是倾向于执行层面的。在他的回答中，没有提到与企业发展紧密相关的结果，也没有强调诸如新客户、人才培养、销售与分销团队合作以及流程优化等问题。当然，这位事业部总经理可能也会去做一些与企业发展相关的工作，但是这些工作都不会被作为他工作职责的一部分。

访谈

理想的情况是，每一位领导都能接受访谈，但是在实际操作中，企业每一层级只要选出一位代表来接受访谈就可以了。但是，企业所有的高层级领导（即首席执行官、集团高管以及事业部总经理）是否均能参与访谈，对业绩梯队模型的最终成果在企业内的认知和接受程度很重要。对于企业的事业部副总经理、部门总监、一线经理的访谈可以采用抽样的方法，具体接受访谈的人数取决于企业或者业务规模的大小，但是一般来说，每一层级选取5~10人就足够了。

在选择被访谈者时一定要慎重。一般来说，企业高绩效的员工会讲出他们当前工作中那些做得最好的方面，也会说明这么做的理由；而企业内的专家型领导则倾向提出最具深度的见解，比如企业还需要做什么，才能产生最好的效益，实现长期目标；在一些情况下，刚刚接手一项新工作的员工或者刚进企业的新员工也能够提出新颖的见解，但大多数情况下，由于他们对业务的背景了解不深，他们所提供的信息不会像你期望的那么有帮助；而那些低绩效的员工也往往无法提供有价值的信息。

建议你按层级将企业内高绩效的员工名字列成一张表，其中也包括所有高管，然后安排访谈时间，每个访谈计划90分钟，但实际上60分钟就可能结束。在访谈中，我发现大家真的非常愿意谈论他们的工作，事实上，你很可能是员工长久以来遇到的第一位真正想倾听他们每天工作做什么，又是怎样做的人。尽量"拖长"访谈的时间，这样你才能充分挖掘，获得丰富的信息，然后通过这些信息，你就能够了解到这些员工是如何完成工作目标的，同时，也能够得知他们为什么有时候不能完成工作目标，是什么因素阻碍了他们的工作。

在访谈这一点上，最大的挑战就是如何让被访谈者在整个过程中都保持舒适的感觉。他们在回答问题时，会非常关切自己的回答会产生什么样的后果。这时候，你应该告诉他们，你不会根据他们的回答来判断和评定他们的工作，做这个访谈的目的只是为了了解他们工作的本质；此外，每个人的回答最后都会被汇总到一起来考虑，而不会单独就某一个人的答案进行分析。除了参与访谈的人名字可以公开，其他任何有关个人回答的信息都会严格保密。

因此，在访谈之前，可以先发布一份公开声明。下面是一家规模很大的零售商所发布的声明：

我们的目的是：借助企业快速增长的发展机遇，提高企业的整体经营业绩，将企业内合适的人才，在合适的时间，放在在合适的工作岗位上。

我们正在尝试通过一种更可靠和精确的方式，了解和描述和您一样的领导们的工作内容，通过制定和整合对企业有帮助的发展项目、测评方法、人才甄选和辅导工具，将企业发展融入企业文化之中。

因此，我们需要您以及其他几位各层级领导的帮助，希望您能尽量准确、详细地描述您的工作内容。

我们之所以选择访问您，是因为我们觉得您有能力清晰、全面地描述您的工作以及您工作中所面临的挑战。您的任何回答都将以不记名的方式呈现，而且我们会对所有的回答以企业组织层级为单位进行汇总。

我们将采取标准化的访谈模式，以保证访谈结果的一致性。在访谈中，我会分别读出这些问题，而且保证每个访谈者都以同样的方式提出问题。如果您觉得有必要对某一问题进行澄清和解释，请随时提出。

很显然，上述声明运用到不同的企业中时需要做出不同的改写，以适应企业的实际情况，但是，声明的开头部分还是值得借鉴的。

对收集的数据进行整理和分析

汇总

首先，问问自己，你访谈所得到的信息是否彼此相互支持，换句话说，在看完所有的访谈回答之后，你能够得出什么样的结论？如果企业领导者花费在吸引顾客上的时间太多，是否能够说明领导和管理企业团队这项工作已经退居次位，不再像以前那么重要了？根据企业领导们所描述的预期业绩目标来看，领导在决策上是否有理有据？企业遇到的障碍是到了非常严重的地步，还只是市场运营中的正常情况而已？其实，最关键的一点是：我们要对所有的访谈回答进行汇总，从整体上来评价企业的经营状况，而不能仅仅根据某一条信息，这样只能得出片面的结论。

将所有访谈得到的回答进行汇总，进行全盘考虑和分析，会对企业领导层在以下两个问题的决策上带来非常有价值的帮助，这两个问题即企业内每一层级上应该采取什么样的业绩评价标准，以及这些标准又应该具有什么样的挑战性？

其实，观察被访谈者的实际工作，了解他们对自己工作的认知，倾听他们对工作的"第一反应"和对他们回答的深入追问，你就会对领导们如何工作有一个整体的了解。有时，访谈汇总的结果会令人非常吃惊，该结果又可能会促使你重新评估企业建立业绩梯队模型的目的。

经验教训

一项工作的真正本质是由以下两个因素决定的：任职者对该工作所做的决策和在该职位上所需要克服的阻碍。

当然，会有许多其他的因素影响工作的本质，但上述两点因素决定着该项工作的背景条件和定位。你在决策方面的权责定义了你所"拥有"的职责。这里我们举一个例子来说明，你可以将自己的工作描述为"负责企业战略"，但是如果你不是那个最终决定企业该采取什么样的经营发展战略的人，那么你就只是企业的战略分析师、战略建议者或者战略研究者，而不是真正的企业战略家。真正的企业战略家要决定企业采取什么经营战略，并对该战略实施的后果负责，因此，企业战略家要最终做出一项决策，是非常艰难的。你的建议虽然非常重要，但是你终究不能决定企业未来的发展方向。

还有一个例子，一家规模较小、无人知晓、产品分销受限的企业，与一家拥有强大品牌和良好分销系统的企业，在投放新产品方面所面临的困难是完全不同的。这两家企业虽然都是向市场投放新产品，但是代表着两种全然不同的工作。后者可以依靠自己已有的品牌效应顺利开展这项工作，因为这种支持有迹可寻，而前者则没有现成的支持，需要自己克服主要的困难，这样的小型企业或是建立自己的支持体系，或是购买相关支持体系。需要注意的是，你要认真倾听被访谈者对工具2中问题3A、3B以及4的回答，并仔细观察企业要实现的业绩与决策之间的联系。此外，还要注意倾听在哪些方面已经得到支持，而在哪些方面还没有；哪些方法已建立并确定，而哪些方法还需要建立。

> **案例**

访谈发现出乎意料

有一家很大的生活消费品公司,业务经营遍及全球很多地方。这家公司在完成一些重大的并购活动之后,现在投入了很大精力,准备着手公司的文化变革,建立全新的企业文化,包括统一的工作风格和共同的价值体系。从战略上来讲,公司这么做的目的是希望通过生产新产品、开发新市场和改善供应链,从而实现公司快速增长的目标。公司的领导力发展部门需要开发新的项目支持公司的文化变革,于是,公司通过抽样方式,邀请来自全球不同地方的 50 位领导作为代表参加工作访谈,由一个人力资源小组对每一层级上 7～10 位领导进行访谈。然而,通过访谈,该公司得到了两点出乎意料的发现:

- 没有任何人提及文化变革是他工作(或者说是业绩、工作任务、决策、障碍,占用了他的部分时间)的一部分;
- 没有任何人提及自己做过任何形式的创新。

鉴于这些始料未及的访谈结果,公司决定使用业绩梯队模型来沟通,文化变革将作为公司必须要实现的业务结果,并为世界各地的每一位领导者设定了实现这一结果的评价标准。公司最初的目的是求得发展,但是基于他们在访谈中的新发现,公司将首要目的转变成业绩的实现。

在对访谈数据进行分析之后,我希望你能重新思考,除了最初确定的目的外,还有什么其他目的是决定企业成功的关键。将员工对企业发展所遇到的"障碍"和"需要更多权力"的所有回答分别汇总,你就会了解到问题出在了哪里、这些问题的严重程度如何以及在现行的管理实践中哪些方面需要做出变动。

以层级为单位对数据进行分析

在对每一个层级上的 6～10 名员工进行访谈后,你就可以开始着手建立业绩梯队模型了。首先从企业的一线经理开始，按以下这些步骤来制定。你可以快速浏览一下本书后面所附工具1中的实际的业绩梯队模型，这会帮助你了解建立整个业绩梯队模型的全过程。

经验教训

你所获得的这些数据，将会有助于你从熟悉企业内情者的角度去了解企业内真正在发生什么。

我发现，人力资源部工作人员对访谈中所发现的有关企业内什么人做什么事的观点十分震惊。其实，分析访谈数据能够让你了解企业目前面临的挑战是什么。因此，通过访谈能够深入了解企业。如果你的访谈数量足够多，你就会成为最了解企业内部活动的人士。

步骤1

通读一个人的全部访谈记录，你会熟悉受访者，对他是如何看待自己所在层级的工作也有所了解。

步骤2

从访谈回答中挑选出所有的名词，因为名词反映的就是企业的业绩，比如战略、销售、团队、供应商、费用以及人才这些词都会提供一定的线索，说明处在某一职位上什么工作最为重要，什么工作是该职位工作的焦点、是需要衡量的。被访谈者对工具2中问题1、2、3A、3B和4的回答，理解起来都会比较容易，但是像5和6这样的问题，你就需要对回答进行一定的处理，将其转化为相对应的行业术语，从而找出回答中的"名词"。团队建设能力是指团队，而在计划上所花的时间是指计划。在每一次访谈总结中，都要不断重复这样的做法。

步骤3

选择匹配企业或业务的工作类别。每一家企业都需要有运营业绩或者财务业绩、管理业绩、领导业绩以及关系业绩。你可以使用不同的表达方式或者其他的概念来描述你所从事的企业或业务的工作类别，你也可以自己创造一个新的类别,来解决特殊的分类需求。

案例

一家大型金融服务公司

- 金融业绩;
- 客户有效性业绩(即不断增加客户数量,提高客户服务质量,保留老客户);
- 管理业绩;
- 领导业绩;
- 关系业绩;
- 全球有效性业绩(对企业其他地区市场和业务的支持)。

案例

一家多元化建筑与海洋产品生产公司

- 交付业绩;
- 健康、安全、环境业绩;
- 人员和团队业绩;
- 亲自管理业绩;
- 客户导向业绩;
- 开放和直接对话的业绩。

案例

目前在使用的特殊需求类别

- 增长业绩;
- 品牌影响业绩;
- 创新业绩;
- 安全业绩;
- 社会责任结果;

- 使用者或者病患业绩（保健公司）。

步骤4

将业绩梯队模型的第一列设为"业绩领域"栏（见工具1），建完这列后，将所有的名词对应放入你已经选择的工作类别之中，并对所形成的业绩列表的完整性进行判断：这样的一个业绩列表看起来合适吗？听起来言之有理吗？是不是其中的一些工作业绩应该列入较低的层级更适合，而另外一些应该列入较高层级更合适呢？

步骤5

通过判断，确定业绩列表中遗漏了哪些业绩，同时要作相应的补充。是否需要将公司重要的新举措也列入业绩列表中？对企业的一些基本要求，如培养接班人、执行企业战略、改善业务流程是否都纳入了绩效结果表中，体现得是否足够充分？

在本书接下来的章节中，给出了其他企业业绩梯队的列表，以供参考。此外，我们必须要说明的是，业绩梯队模型的建立并不意味着要取代企业原来的业务规划流程，相反，业绩梯队是对业务规划流程的补充。将关键绩效指标或者具体目标与业绩梯队结合起来，可以作为每一位领导的考核标准。

步骤6

设定衡量标准（将业绩梯队模型的第二列设为"全面业绩"栏）。现在，需要做出两个重要决策，第一，你希望将充分履行业绩表现的标准定在什么样的位置？实现预定目标是属于充分履行业绩还是属于卓越业绩表现？你想新增多少客户？每位领导应该有几位继任者？很多情况下，在业绩梯队模型建立过程中最难的是如何设定合适的衡量标准。通常，在开始建立业绩梯队时，很容易把衡量标准设定得较低，但之后如果想提高标准，就比较困难了。

第二，决定业绩衡量标准的数量。并不是所有的工作任务都需要设定一个衡量标准，而且并不是所有的工作任务每年都同样重要。一般来说，我们会根据企业当年的运营计划以及执行该年度企业战略所需要的工作任务，从中选取20~25项最重要的工作任务，然后为这些任务的完成情况设定衡量标准。在我过去的工作实践中，不论哪家企业，在第一次构建业绩梯队模型时会选取少量工作任务，但设定较高的衡量标准，其他工作任务可以后面慢慢增加。

经验教训

业绩梯队提高了企业的适应性。

企业发展战略经常不能实现的一大原因就是，实现该战略所需要的新工作任务没有分配给员工去完成或者只分配给了少部分人去完成。业绩梯队能够保证定期对所有业绩衡量标准重新评估，一旦你发现企业的发展战略发生了改变，就可以尽快对业绩衡量标准做出相应的改变。既然业绩衡量标准发生了改变，领导需要和他的团队就战略方向、新的工作重点、新的工作方式和员工角色的澄清进行沟通。有了业绩梯队模型，企业的每一位领导都能以一种简单、直接的方式，明确企业新的预期经营结果。所以你需要根据变化对员工的角色或职责描述进行澄清和做出相应的变化，之前一直使用的工作角色定义和工作描述在新的业绩梯队要求的条件下，就不再适用了。

步骤7

定义"卓越业绩"（即将业绩梯队的第三列定义为"卓越业绩"栏）。如果没有定义"卓越业绩"的概念，那么"全面业绩"就会被认为是"卓越业绩"。对于业绩梯队模型而言，达到"卓越业绩"需要满足以下三个条件：第一，业绩远远高于所期望的业绩，只高出几个百分点的不能算做"卓越业绩"；在这一点上，你可以相信自己的直觉；第二，"卓越业绩"往往是同事中最优秀的，是其他人赶超的榜样；第三，"卓越业绩"可以是与工作部分相关但完全创新的事情，或者说是在企业内其他人没有想过的。然而，也要明确，并不是每一个"全面业绩"都要有对应的"卓越业绩"。事实上，有些业绩衡量标准，比如安全，与以上所描述的三个条件都不相关。不论企业的经营目标是什么，一年内不出现工伤或者意外事故都是最理想的目标之一。

步骤8

定义工作价值观的转变。工作价值观（见下面的"经验教训"）仍然是决定企业领导升职的关键因素，往往也是企业某一层级员工工作业绩之所以达不到该层级所要求标准的主要原因。各级领导必须要了解当前层级或新层级工作的价值观。

经 验 教 训

如果企业领导升职了，但是却不能按照新层级的工作价值观要求工作，企业的业务就不会正常增长，领导也无法得到发展。

当领导处于较低领导层级时，他们必须以当天业务结果为重点，努力地工作和交付任务。交付的成果包括产品交付、客户满意度和成本管理。但是当领导处于较高层级时，他们的工作重点、努力方向和交付成果则是定义企业的未来、为企业长期回报投资、培养未来的领导人才以及培养潜在的业务合作伙伴等。如果领导已经升职，但其工作重心仍然是关注之前职位的业绩，那么企业就不会实现正常增长，企业未来成功的关键要求亦无法得以实现。因此，转变工作价值观是企业成功经营的根本驱动力，而无法转变工作价值观则是阻碍企业未来发展的最大问题。

一旦被定义，工作价值观的转变就是自然而然的。当然也会有一些工作的性质比较特殊，需要领导慎重思考。接下来，我们会举两个例子，说明工作价值观的转变，第一个例子是关于如何通过业绩的实现来说明工作价值观转变的，第二个是通过改变时间管理框架和工作内容来实现工作价值观的转变。

层级	实现业绩：通过组织，而不仅仅依靠个人
个人贡献者	通过个人努力以及与同事合作
一线经理	通过他人的工作
部门总监	通过经理（而非通过自我管理者）
事业部副总经理	通过整个职能部门
事业部总经理	通过所有职能部门
集团高管	通过事业部总经理
首席执行官	通过整合的系统和流程

层级	发展规划：时间规划和工作内容上发生重大变化
个人贡献者	完成项目和每周的生产任务
一线经理	年度目标和预算目标
部门总监	为期 2 年的运营规划
事业部副总经理	为期 3~5 年的事业部战略
事业部总经理	为期 5 年的业务战略
集团高管	为期 10 年的企业投资组合战略框架
首席执行官	为期 10 年或者更长远的企业发展战略框架

企业的业务性质会促使每一层级的工作重点发生各种转变。例如，金融服务领域的有些专家（个人贡献者）会与客户公司的首席执行官和首席财务官开展业务，他们就需要学习如何与那些当前还没有建立客户关系、但将来有可能建立客户关系的公司的高级执行官建立关系。这时候，他们可能就需要转移工作重点，将注重与存量客户之间的关系转化为注重与所有一般客户之间的关系（如建立业务网络、建立业务同盟关系、建立业务友谊和建立业务合作伙伴关系等）。为了做到这一点，首先就需要思考谁是第一联系人，要和他建立什么样的关系，同时，也要思考扩展联系范围，这一点也非常重要。这样，可以反思他们应当重视建立什么类型的关系（也可以发现那些应当重视却被忽视的关系）。例如，企业领导也需要考虑与社区建立关系，那么在哪一层级的大多数领导需要参与到与社区有关的

工作中去？

步骤9

决定你的业绩梯队模型中还应该包含哪些内容。工作重点所要求的变化应该放在第一条（见工具1），如果你在第一列中列出了各项工作业绩要考量的元素，第二列中列出了全面业绩的各项衡量标准，第三列中列出了卓越业绩衡量标准，那么第四列需要列举什么内容呢？大多数企业会选择列出日常工作所需要的技能、知识和经验（见工具1第四列），对于员工的发展、辅导和诊断问题都是很非常有用的，因此花时间完成这一列表是很值得的。对于那些想要提高业绩表现的员工来说，这一列表能够为他们提供清晰的努力方向。

但是，也有些公司选择在第四列中加入它们的能力模型，这是一个非常不错的想法，因为建立能力模型的初衷就是为了帮助企业完成经营业绩。尽管在多数情况下，能力模型与业绩实现之间已经不存在联系，但在业绩梯队模型的第四列中加入能力模型，能够帮助重建二者间的联系。

当然，你也可以在第四列中列出你所不希望发生的事情。

案例

一家大型软件公司认为公司的经理需要得到组织额外的指导，于是该公司决定在第四列中列出影响过渡到下一层级的不正确的表现。对于企业一线经理来说，第四列所传递的内容包括："所有的上班时间都待在办公室，闭门不出"、"自己亲自解决所有的业务难题"。这样的设计对以下这些企业是非常有用的：刚成立的企业和快速成长的企业，或是一家还没有建立自己管理文化的企业，抑或是一家打算改变管理方式的企业。

确认衡量标准

在将新建立的业绩梯队模型投入实际应用之前，企业内被访谈者和高层管理团队需要对业绩梯队模型再次确认，以确保没有问题。在进行确认时，最好的办法是集体确认，而不是与个人确认。在会上大家可以共同讨论、提出意见并听取意见，这样才能够帮助每个人规范他们将来工作中的业绩行为，并确保每个人对一些关键概念都有统一的定义和理解。

允许业绩梯队模型有一定的灵活性

你在企业内如何使用业绩梯队要基于对企业当前需求和对员工吸收程度的认识进行选择。一些企业建议，使用业绩梯队模型的25项标准来评价企业领导，而不是用5个或6个关键绩效指标或目标考核，这种做法显得过于烦琐。因此，它们仅仅将业绩梯队模型用于企业领导力的发展，至少在该模型第一年应当这样使用，他们这样做的理由是业绩梯队的概念在被实施前首先应该被大家所熟悉。

有几家公司最初把业绩梯队模型用于改进企业的继任者计划。业绩梯队对企业的每一层级都进行了有深度的定义，提高了对业绩和潜力评分的一致性与精确性。提高业绩表现和发展潜力的计划能够更有针对性地落地执行。如果企业没有自己特有的业绩梯队模型，继任者计划就难以有效实施。事实上，曾经有一位企业首席执行官对我说过这样的话："如果没有业绩梯队的概念，我都不知道怎样才能制定出继任者计划。"

经验教训

业绩梯队的验证会议有助于各层级角色的具体化。

如果没有业绩梯队的验证会议，参会者、参会者下属或上级之间很少就角色的问题展开沟通和讨论，许多领导者对自身角色认知以及下属就此提出的问题都会感到心虚。尽管会议的目的是要删减一些业绩衡量标准，以保证业绩梯队内容简洁、重点突出，但我所经历的讨论会却增加了一些业绩衡量标准，所增加的这些标准会更加具体，而不是简单的描述。

验证会议也需要有很好的引导技巧以确保会议步入正轨。不要试图在这样的会议上解决公司所有问题；需要一位记录员详细记录变化的内容或附加的业绩衡量标准；如果会议开得很圆满，参会者就会有主人翁的感觉，所以每个决定都应该尽可能考虑参会者的建议，当然，这也需要具有丰富经验的编辑人员对会议记录进行编辑。

当然，也有一些公司在业绩模型建立后马上使用它来评估企业的业绩表现，发现该模型非常有用。在本书的第11章，我们将会讨论业绩梯队模型如何改变企业的业绩管理流程，以及如何能从业绩梯队模型中获取最大的价值。

E公司的业绩梯队模型是被普遍使用且具有代表性的例子，在本书最后所附的工具1中展示了该公司实际使用的业绩梯队模型。希望你能仔细观察第一页最上面所列的每一层级描述中关于工作价值观的转变部分，该模型从第一列至第四列所列的内容都是极具代表性的经典实例。

经验教训

即使企业的人力资源部门还没准备好将业绩梯队模型付诸实施，企业的经营管理层也应该采用业绩梯队模型来指导企业的运营管理。

企业内担当运营角色的领导者倾向于马上把握业绩梯队模型的价值，立刻将其付诸实施，用于企业的业绩管理、继任者计划、组织发展以及下属辅导。例如，我们在前面讲过的那家软件公司，也就是在业绩梯队模型第四列中列出层级转变中不恰当表现的那家公司，其软件工程部的领导将建立的相关业绩衡量标准马上投入使用，尽管对实施标准仍存有疑虑，但还是比人力资源部的预计实施时间提前了。

由于企业首席执行官的职位只有一个，并且该职位对任职者的能力有特殊的要求，因此我通常不为该职位制定业绩衡量标准，而且企业也未对此提出要求。相对来说，对于首席执行官这个独特的职位，提出一个独特的定义似乎更有意义，正因为如此，所以我们在工具1中并没有涉及企业总经理这一层级。虽然未对首席执行官设定相关的业绩衡量标准，我们还是需要对其业绩进行清楚的定义。

在接下来的 7 章里，我们将一一讨论企业的每一层级应该实现什么样的业绩，我们将从企业的首席执行官谈起，然后按照业绩梯队的模型逐级向下讨论。每一章都对该层级所要实现的业绩做了具体的定义，同时也指出了上一层级应该为下一层级提供什么样的资源才能促使下一层级成功。建议你在构建业绩梯队模型各层级业绩衡量标准之前，能够仔细阅读本书的每一章节。

第二部分
每一层级领导者的预期业绩

第 2 章
首席执行官：谋基业长存之道

作为企业的首席执行官，应该为企业做出什么样的贡献？应该以什么标准对其业绩进行评判？企业的其他领导层和员工对其又有什么样的期待？

许多企业在回答这些问题时，都显得过于片面。在过去的 30 年里，我与各种各样的企业首席执行官以及团队一起工作过，为超过 40 家企业制定过首席执行官继任者计划。从这些工作经验中，我了解到，人们在谈及企业首席执行官的工作贡献时，往往存在很多的误解，尤其是从媒体的视角来看，经常会曲解对企业首席执行官的业绩预期。而在当今的商业环境中，企业董事会在企业发展中的参与越来越多，影响也越来越大，他们希望企业能够更多地关注一些至关重要的业绩。同时，充满不确定性的商业环境也要求首席执行官的工作比以往更加专注，并不断学习和丰富自己；客户的要求比以往更多；金融市场无时无刻充满挑战，而企业分析专家也从不停止种种质疑。这导致企业的首席执行官在专注于企业的向上发展和向外部扩展时总是面临着巨大的压力。因此，企业在经营中，经营的钟摆就开始向企业外部摆动，而企业的内部需求就得不到充分的重视了。

绝大多数企业的首席执行官似乎都明白：如果企业没有一个强大的工

作团队、没有合理的发展战略、没有一个可以负责执行的组织机构，那么企业就难以获得成功。然而，建立和维持这些又需要花费时间和精力。因此，首席执行官需要在他们满足企业外部需求和内部需求的努力中求得合理的平衡点。首席执行官的工作会对企业内部产生影响，而了解他们对所有领导层级所产生影响的本质是非常重要的。如果我们对首席执行官工作业绩要求的理解出错，那么整个业绩梯队也都会受到影响。但是，通过业绩梯队中对首席执行官业绩的准确定位，我们就能够确保首席执行官以最合理的方式去完成属于他们自己层级的工作，而不会采取最不可取的方式，跨层级去做其他层级上领导的工作。

（现在，只要有人在经营一家企业，我们就称他为"首席执行官"，这已经成为一种普遍现象，但是这一现象往往会进一步加深我们对"首席执行官"理解中的一些困惑。本章将重点关注首席执行官以下两个方面：企业首席执行官究竟应该为企业做出什么样的贡献；他们必须要向下级传递哪些权力和任务，才能确保企业以及企业其他层级都能够取得成功。）

案 例

当拉里担任一家运输企业的首席执行官时，这家企业的运营正陷入困境，他延用了一批优秀的领导者、一支经验丰富的员工队伍和两个具有强大市场地位的业务线。但是，拉里所面临的问题却远远超过了这些已经存在的优势。企业盈利达不到应有的水平（部分原因是由于企业对服务顾客这一理念重视不够）；不同部门间长期不相往来，无法形成团队合作的工作氛围；企业总部的职能部门权力过大；在一个业务集团内部亏损超过了盈利；而企业的中层管理者，即事业部副总经理和部门总监，他们中的大多数人都缺乏责任感，其精力都主要集中在技术性上；"救火"和保持现状成为企业领导工作的准则，而不去推动企业在客户服务质量和运营成本管理方面的改变；企业可能面临的更糟糕情况是，企业缺乏准确、及时的财务数据，进而导致领导做出令人痛心的业务决定。此外，企业人员配置不足（拉里没有自己的财务总监，而且企业内的两个业务集团也只有代理经理，而没有真正的业务经理），过度地依赖聘用临时性员工。而在所有存在的问题中，最严重的问题莫过于企业的安全问题，就在拉里到任的前几天，该企业刚刚发生了一起非常严重的安全事故。

因此，拉里首先将了解企业情况作为自己的任务，开始走访企业的重要客户。接着，他巡视了整个公司，对大大小小不同部门的员工都发表了讲话，听取了企业各个层级领导和员工的意见，然后他开始思考问题，在整个过程中，他听到了各种各样的意见、抱怨、借口等诸如此类的话，现在他需要理清思路，决定企业目前最重要的工作是什么以及他自己应该做什么，而这都是些非常难作的决定。

拉里最终决定，解决企业的安全问题是头等大事，其次是提升顾客服务质量，最后才能谈到企业成功。他亲自招聘，补齐需要直接向他汇报的空岗，他所招聘到的都是有能力领导企业总部职能部门或业务集团的人。拉里并没有亲自领导两个业务集团的工作，也没有亲自挑起管理职能部门的重担。相反，拉里要求新聘请的首席财务官提高财务数据的精确性，在做资本投资的决策时，需要增加更多商务方面的思考。此外，拉里还要求新聘请的业务集团负责人提高他们所在领域的业绩，例如服务的准时性、成本控制和盈利能力。

拉里引进了世界最领先的安全咨询公司，为解决企业的安全问题提供指导意见，拉里几乎对所有的企业员工进行了宣讲，要求他们将安全问题视为日常工作中应该注意的第一大问题。由于拉里清楚地明白企业发展中所面临的安全威胁，所以他在公司开展了安全相关的新培训，要求每个员工都参加，同时增加了新的安全保障措施，加强了沟通环节，以保证沟通顺畅。

此外，拉里还强调了员工在提高顾客服务质量和创造更佳业绩方面的责任。他建立了一个五支柱的战略框架，明确了他理想中的企业整体经营方向。他亲自制定了企业的业绩梯队，明确了各层级领导要实现的业绩。在业绩清单中，安全被排在第一位，顾客服务质量被等同于业务成功。他还要求，每一位领导都要设法提高自己团队的工作能力，培养后备力量。

拉里注重对下属员工的反馈和辅导，他与直接下属每月都要进行一次一对一的沟通。为了提高企业经营的安全性和顾客服务质量，他亲自培养每一位高级经理，以确保他们具备这样的能力。他也关注那些影响到所有顾客和所有员工的业绩，但是，他除了为其直接下级指明工作方向外，基本上对其他事情不加以干涉，而是留给他们足够的施展空间，让其建设自己的业务和职能部门。

在担任企业首席执行官的3年后，不论从哪方面评价，拉里都做得非常成功。企业业绩十分突出，使得企业得以成功上市。从上面我们看到，拉里选择做了几件促成企业成功的大事，这些大事也是在现今的商业环境下，新任企业首席执行官都应该做的事情，下面，我们将一一进行列举：

- 腾出时间，考虑胜任企业首席执行官这份工作的长远要求是什么，而不仅是追求短期的成功。
- 集中解决那些会涉及整个企业或者会影响到企业每一位员工的重大挑战，而不是仅仅注重企业经营和市场营销这两方面的改善。
- 为企业建立业绩梯队，向每一位领导下达新的工作指令，明确每一位领导的预期业绩标准。
- 不过多地干涉直接下级的工作，而是留给他们空间，让其做自己的工作；并对直接下级进行必要的辅导，提高他们的工作技能。
- 把为企业吸纳新的人才作为第一重任，但同时不贬低现职员工的重要作用。
- 要兼听组织和客户的意见，不要仅听客户的意见。

虽然拉里以前从来没有做过企业的首席执行官，但是他知道，这是一份他想要的工作，他注重从这份工作中所能获得的成长和发展。从他以前的观察和阅读中，他明白企业就是一件事物，而不是一堆事物，正如一个篮球，而不是一整袋子的高尔夫球。

企业首席执行官必须创造哪些业绩

企业首席执行官的最终目标是为企业谋取长期发展，使企业基业长存。他要把那些有利于企业成功经营和长远发展的因素根植在企业之中。以下所列是一些最能体现企业首席执行官能力差异的关键性业绩：企业收入、企业最高层具有一支高效的运作团队、企业战略框架、企业业绩梯队、高层次的企业外部关系、人才、健康的企业品牌以及企业的"免疫系统"等。但是企业首席执行官的工作远不止于此，因此，我们也将在这里一一列举企业首席执行官其他的重要业绩。在阅读本章的时候，希望你能特别留心这些关键性的业绩。对那些能够促进企业朝着长远发展的业绩，可以按照企业较低层级的各种职位的分类办法进行分类，提供给企业首席执行官，这些分类包括：

- 业务业绩：财务结果和客户结果；
- 领导业绩：实现企业经营中人性化的一面；
- 管理业绩：计划、组织、整合、检验、执行等；
- 关系业绩：建立必要的内外部联系；
- 创新业绩：寻找增加企业价值的新方式。

当你考虑企业的所有业绩时，会惊奇地发现，相对于企业首席执行官让其他人完成的业绩，首席执行官要完成的业绩其实是很少的。在企业首席执行官的业绩要求中，有很大一部分业绩需要通过别人来实现，这往往会使人们对企业首席执行官的贡献感到困惑。这一点对于那些跨国经营的大型企业以及拥有多个业务单位的企业来说，尤其如此。在这些企业中，企业首席执行官通常会将那些自己应当承担的促成业绩达成的结果让其他人来完成，因为他们总是忙于参加一些大型活动并与有权势的人物交际，却几乎没有时间来关注如何使企业的各个层级取得成功。

接下来，我们将详细介绍上面所列的五种主要企业业绩（而诸如社会责任感或全球经营效率这类业绩,虽然也非常重要,但我在这里不会和大家探讨,这些业绩仅对个别公司才能使用到)。在探讨这五项业绩的时候,我会关注两方面,一方面是企业首席执行官亲自实现的企业最重要的业绩,另一方面是企业首席执行官促成业绩达成的结果。这里许多人会发现一个有趣的事实,被广为接受的企业首席执行官的业绩,实际上是通过企业中那些极为重要的促成业绩达成的结果实现的。然而,这些促成业绩达成的结果都是衡量企业首席执行官工作有效性的真正要求,因此企业首席执行官对此必须要充分理解并达成这些结果。接下来,我们将讨论这些促成业绩达成的结果是什么以及它们为什么如此的重要。

业务业绩

一些企业和企业首席执行官喜欢将这类业务业绩称为"运营结果",将其他结果,例如品牌建设结果或与客户有关的结果,归为其他类别,但是从业绩梯队的角度,我们会将这些结果统一并入"业务业绩"这类,现在我们来看看业务业绩必须包含哪些内容。

企业收入、每股平均收益、企业利润

企业首席执行官总是面临巨大的压力,一方面,他们需要按照预测的规模实现企业的收入;另一方面,他们还需要规避那些可能带来大量市场资本损失的风险。企业的收入状况不仅对首席执行官来说很重要,而且对企业的投资者、业主、股东以及董事会都是非常重要的。企业通过实施各种决策、规划,执行步骤以及采取其他一些类似的措施,最终得以实现企业收入。虽然说企业内其他的领导和员工都会以各种各样的形式影响企业的收入,但是企业首席执行官对企业收入的贡献却只有两种实现方式:第一,他们需要了解自己的企业能够做什么,以及市场有可能会处于一种什么样的状况;第二,在了解这两方面信息之后,首席执行官会为企业制定合适的收入目标、每股平均收益目标和经营利润目标。这些目标要求企业内每位员工必须共同努力才能实现。这两个最根本的业绩(了解企业能做

什么和设定要实现的目标）会为企业带来重大的变化。

回忆我们在导论里讲过的各种不确定因素，其实每一个不确定因素都会影响企业首席执行官对企业收入所做的贡献。为了有效地解决目前所存在的各种问题，企业首席执行官必须邀请其他人员加入这一实现过程，与他们一起，共同建立一个高层领导团队。此外，还需要获得可靠的信息来源，对信息进行周到的思考和研究，评估企业的运营能力，坦率地接受意见和反馈，验证假设条件以及合理的投资预测；企业首席执行官必须要选择合适的人来帮助他完成这些。例如，企业首席执行官们需要确保每一个下属都能得到激励，使他们能够为企业的最大利益而努力，而不只是追求自己的个人利益。通常来说，能够做到企业高层领导的人通常都具有很强的自我意识和抱负感，因此在选用员工时要关注其是否具有团队合作的能力，这一点至关重要。

为了设定合理的企业收入目标，企业首席执行官还需要承担起一系列的内部职责，如制定正确定位的业务战略以及实现利润的运营计划等。虽然说这些内部业绩要求都非常的严格，但是它们还是在企业的可控范围之内，这相对于同样数量的外部变量来说，还是比较容易控制的。

在企业外部，首席执行官必须要建立广泛的业务联系和业务关系，具体对象有客户公司领导、供应商、地方政府及中央政府、非政府组织、合作伙伴以及重要投资商等。事实上，在一家企业内，通常也只有首席执行官一个人能够做到这些。

因此，企业收入、每股平均收益和利润业绩的达成是多方面共同作用的结果。优秀的企业首席执行官能够实现丰厚的企业收入，所依靠的并不仅仅是关注财务指标。为了了解他们做出上述贡献背后的真实故事，就需要从两个方面考虑，一是企业首席执行官需要实现的业绩是什么，二是首席执行官要做出哪些促成业绩达成的结果。

企业首席执行官要实现的业务业绩

- 设定具有挑战性的、可实现的企业收入目标；
- 建立一支能够支持企业决策的团队；
- 制定能够准确获取信息的数据处理流程；
- 制定能够使企业盈利和持续发展的战略、运营计划和预算；
- 与重要的合作方建立关系。

企业首席执行官促进业务业绩实现要达成的结果

- 对企业收入目标、每股平均收益目标和盈利目标进行坦诚的沟通；
- 建立良好的企业氛围，使每个人能够充分发挥个人优势，创造最好的业绩；
- 对企业盈利需求的长期和短期理解。

人们往往会倾向于根据企业的盈利数据来评价企业首席执行官工作业绩的好坏，但是，如果考虑到上述企业对首席执行官要实现的最根本业务业绩要求和促成业务业绩实现要达成的结果要求，就能够帮助我们更为准确地了解企业首席执行官的工作业绩对企业的短期影响和长期影响，同时也能了解企业盈利是如何发生的。

客户

企业首席执行官有时候会承担过多的客户工作方面的职责，尤其当首席执行官来自企业的销售和营销部门时更是如此。企业首席执行官在这方面可以发挥一定的作用，但是他不应该过多干涉销售和营销部门的工作，也不该褫夺该部门领导的权力，或者包揽该部门领导的责任。企业首席执行官在这方面最容易犯的也是最大的错误就是：容易做出特殊让步，并以此作为"交易条件"。换句话说，首席执行官们在亲自走访客户、开展谈判时，通过向客户承诺降低产品价格或提高产品质量的方式来告诉客户，他们对客户工作是多么的重视。但是不幸的是，这样做往往会引致很糟糕的结果,即在今后的合作中,如果企业首席执行官不亲自出面参与谈判的话,客户就不会采取任何行动。

很少有企业首席执行官不想亲自与客户会面并谈判的。然而,企业首席执行官在进行这样的会谈之前,必须首先要明确会谈的目标,比如,建立未来合作伙伴关系或业务关系,这样做会为企业运营增加重要的价值。通过会谈,可以与客户共同制定企业发展战略和企业发展规划,使每个人都为业绩交付付出个人努力,以及通过沟通建立双赢的业务关系。这些都是会谈合作的具体例子,它们能够在不损害销售和营销业务的前提下,帮助说明企业首席执行官在与客户合作中能够做些什么。显然,在这个过程中一定要遵循法律和道德标准,而且要符合企业经营透明化的要求。

企业首席执行官要实现的客户业绩

- 建立高层级的客户关系,有助于企业业务的良好发展。

企业首席执行官促进客户业绩实现要达成的结果

- 向客户提供清晰的企业未来发展信息,并能够确保客户理解;
- 客户愿意接受企业所交付的产品和提供的服务。

品牌业绩

提到品牌,企业首席执行官所面临的挑战是要为企业设定或者重新设定品牌标准,而不是把过多的时间和精力投入在企业的品牌建立上。对于大多数企业首席执行官来说,保护并加强企业的品牌特色是至关重要的,而对于新成立的企业或者经常变革的企业来说,为企业建立自己的品牌是一件很重要的工作,每一位企业首席执行官在离职的时候,都应该为企业品牌所处的状态负责。优质的服务还是不良服务、高质量产品还是质量可疑的产品、安全的工作环境还是危机四伏的工作环境、最佳雇主还是血汗工厂,都是企业品牌特色中的几组对立方面。然而,企业首席执行官需要铭记于心的一点是,一家企业的品牌,实际上是由在企业组织结构中处于较低层级的员工打造的。

企业首席执行官要实现的品牌业绩

- 明确定义企业品牌的标准。

企业首席执行官促进品牌业绩实现要达成的结果

- 获取足够的资源，实现企业品牌的承诺；
- 确保所有员工都了解企业的品牌要求是什么；
- 营造有序的工作环境，帮助实现企业品牌的打造。

投资业绩

对于任何企业首席执行官来说，决定去哪投资、何时投资、投资多少以及判断不宜在哪里投资、不宜何时投资以及不宜何种投资方式，都是经常面对的挑战。选择正确的投资点能使企业首席执行官在投资领域里为企业做出意义重大的贡献，合适的投资方向就是一幅反映企业未来（既包括短期，也包括长期）理想发展状态的清晰图画。工作高效的企业首席执行官会首先定义企业未来发展的理想状态，然后在对企业未来发展会产生重要影响的领域进行有针对性的投资，将实现企业未来发展目标的举措落实到今天的工作。投资可以简单到为企业购买新的工作设备，也可以复杂到为企业拓展一项新业务。不愿承担风险的企业首席执行官往往不愿意为企业的未来进行投资，但是他们却在不合时宜的时间进行短期投资，使企业陷入投资风险当中。

企业首席执行官要实现的投资业绩

- 做出能够实现企业愿景和促进战略目标实现的投资决定。

企业首席执行官促进投资业绩实现要达成的结果

- 定义企业未来发展的理想状态；

- 做出对企业未来发展的承诺。

明确定义企业最根本的业务目标能够帮助企业首席执行官以及所有普通员工（尤其是那些参与到决策制定流程中的员工）清楚地了解企业未来的发展状态，能够将工作的重点集中在产生企业利润的各项组成部分上。如果企业在利润上出现偏差，有可能会造成资本市场上数十亿美元的损失。如果企业各项业绩能够持续地实现，那也证明企业是有生存力的。

领导业绩

对于企业首席执行官来说，他们的领导业绩由于没有很好的定义，所以其领导业绩也不合格。为了给企业首席执行官定义有效的领导业绩，我们需要从以下三个方面进行定义：确定企业发展方向；与企业员工沟通，使员工能够参与和接受；采取必要的、促使企业成功的措施，包括获取资源措施。如果企业有得力的领导人的话，所有这些实现起来都会非常的容易。

方向：企业战略框架

对于每一位企业领导来说，制定企业的发展方向都是所有工作中的头等大事，相较而言，这项工作对于企业首席执行官显得尤为重要。企业的发展方向有多种表现形式，包括企业的愿景、使命、价值观、企业战略框架、业务战略、运营目标、预算、发展目标、平衡计分卡以及关键绩效指标。而企业首席执行官往往只关注前几项，关注多少还要取决于企业的规模和发展阶段。在正常情况下，首席执行官必须要定义企业的愿景、使命和价值观，一旦定义被认同和确定之后，它们通常都具有很长的生命力。但是，定义不是一成不变的，企业也可能根据目前的业务现状，对其进行更新或者修改。虽然企业内其他人员也会协助首席执行官来做这些事情，但其中最为困难和吃力的部分还是需要首席执行官亲自完成。

企业首席执行官需要为企业建立战略框架，通过该框架将企业内所有的能量与精力集中在一起，来实现企业的愿景和使命。在该战略框架中，为企业设定了相应的运营界限，包括诸如业绩实现的大环境（详见第 9 章）、业绩梯队、除首席执行官以外的各个层级用以实现企业投资组合战略和业务战略的重点战略领域以及日常行为规范。通常来说，战略性框架中会包括上述所有互相交织的因素。

由于不同企业的规模大小不一、结构各异，所以并不是所有的企业首席执行官职位都是相同的。在大型企业中，会有许多业务单位由集团高管管理，企业首席执行官不需要为企业建立投资组合战略或者业务发展战略；但是在一些企业中，可能会有几个业务部门直接由首席执行官负责，这样首席执行官则需要为企业建立投资组合战略；而在单一业务型的企业中，企业首席执行官就需要为企业建立投资组合战略和业务发展战略。

企业首席执行官要实现的方向业绩

- 定义企业发展愿景、使命和企业价值观（新制定或者更新原有的）；
- 建立足够清晰的企业战略框架，避免混乱的局面。

企业首席执行官促进方向业绩实现要达成的结果

- 对每一位员工付出的努力进行正确的引导；
- 制定企业投资组合战略和业务发展战略；
- 使每位员工在工作中都有明确的方向感和目的感。

从许多方面来说，一个清晰并始终如一的企业发展方向是企业首席执行官需要实现的独特的、最为重要的业务目标。

敬业度

针对企业的发展方向进行面对面的讨论与交流，这是企业首席执行官的一大职责。企业首席执行官需要做出说明，解释自己所制定的企业发展方向是出于何种理由，从而激发员工对企业发展方向的关注，并设法让更多的员工了解这一点。他们必须要向员工讲清楚原因，同时也必须努力从员工那里获得反馈；他们应该特别地关注员工在接受该见解时出现的问题以及那些强烈反对的意见，或许企业的普通员工所拥有的经验和所掌握的信息恰恰是企业首席执行官所缺乏的。与员工交流的目的是为了使其理解并接受。为了获得员工的理解，可能需要经过多次讨论；但还可能需要对企业的发展方向进行重新定位或者稍加调整。

原来的设想究竟是正确的还是有偏颇的，随着时间的推移，会逐渐得到证实，这时就需要进行新一轮的沟通和讨论。企业各个层级的员工可能对企业已定的发展方向失去了信心，他们也可能对如何更快速、更经济、更好地实现企业的发展方向有自己的见解；新员工可能在这方面的掌握的信息还不够，或者说他们可能会提供极为有用的新见解，这些都是在与员工交流的过程中可以解决的。因此，只有一次大型沟通交流对于说明和解释发展方向是远远不够的。

企业首席执行官要实现的敬业度业绩

- 能够清楚地说明企业的发展方向和理由；
- 在环境允许的情况下，为企业重新制定发展方向。

企业首席执行官促进敬业度业绩实现要达成的结果

- 争取所有员工理解并接受企业的发展方向；
- 坚信企业的发展方向是正确的，并为此付出努力；
- 每位员工都有一个共同的工作大方向；
- 将工作的焦点集中在重要的工作上；
- 实现信息和想法的自由流通；
- 通过各种方式和那些很少见面的员工沟通，增加他们的敬业程度。

促成

企业首席执行官必须要让自己的员工知道，他们是持一种很严肃认真的态度制定企业发展方向的，而实现企业发展方向这一目标的最佳方式就是：帮助每位员工解决他们各自所面临的各种困难、获取他们所需要的各种资源以及掌握他们所不具备的能力——所有这些问题在与员工交流环节都会浮出水面。通过投资企业员工的培训和发展、投资新员工帮助他们具备所需要的技能、清除那些阻碍人们实现预期结果的障碍，企业首席执行官会在企业内宣导这样一种信念，即企业经营会获得成功，个人发展也会取得成功。这样，企业的员工也会相信首席执行官制定的企业发展方向是可以实现的，而不是首席执行官的个人幻想。

企业首席执行官要实现的促成业绩

- 提供为获取资源和提高技能所需要的资金；
- 了解企业所面临的挑战。

企业首席执行官促进促成业绩实现要达成的结果

- 获取实现业务方向所需的资源；
- 坚定企业的发展方向；
- 拥有实现企业发展方向所需的能力；
- 确保在追求企业的发展方向上获得成功。

期望企业取得成功与促成企业成功相比，后者与前者最大的不同就是拥有成功推动过程。

高级人才

企业首席执行官有一个特殊的职责，那就是照顾好那些被认为是"企业财产"的员工，即企业的人才，这些人才包括首席执行官的接班人、其直接下级、直接下级的直接下级以及首席执行官之下两个层级内潜在的接班人。就最低限度而言，企业的员工财产包括每位负责为企业赚取利润的人（这是底线）以及这些人所在职位的继承者。企业首席执行官需要让董事会和其他主要股东相信，如果这些职位出现空缺，企业有能力也有信心快速补充，这是保证企业能够基业长存的一个重要因素。如果企业首席执行官能够参与企业关键职位人员的任命、在职者的发展培训、继任者的培养、人员的重新配置、工作职位的变动以及职业发展的讨论，那么他就能更为准确地把握这些新任命人员的工作能力。对于一些职位的人员重新配置实施起来会比较困难，但这种重新分配却能让一些关键人才去尝试在新的职位上工作，与新的上司合作，因此确保这种再分配能够实施具有非常重大的意义。而这样的事情只能由企业的首席执行官完成。优秀高效的企业首席执行官会为企业建立一支立足于企业长远发展、基业长存的人力队伍，尤其是领导队伍，因为优秀的首席执行官会让他们（不论是普通的员工还是领导者）感受到其自身备受关注。

管理业绩

在当今社会，企业管理变得"口碑越来越差"，管理机构被视同于官僚机构，它们被认为扼杀了企业的创新；企业的管理机构往往被视为新世界中旧思想的代表。但是，问题并不在于管理本身，而是管理不善造成的。擅长管理工作的企业首席执行官往往会把管理作为一件非常严肃认真的事情，为了做好管理工作，他们会非常注重制定规划、组织以及支持业务有效执行的控制机制。同时，他们还会建立业绩梯队模型，并使该模型发挥其作用。

规划

对于已经建立了明确发展方向、建立了员工敬业机制以及促成机制的企业来说，规划就是接下来必须要落实的后续工作了。对那些工作积极性高、事业心强的领导和其他员工，不能让其"放任自流"。企业的优先事项、成本限制、人力资源以及其他新资源都需要整合，但是，绝大多数的首席执行官不会自己亲自规划这些事情，相反，他们会要求直接下级协助准备规划。规划的重心是要能够以一种有条不紊的方式实现企业的战略目标，包括可接受的目标和预算。而首席执行官的工作则是检查下属所做的规划，确保该规划与企业的战略相契合，保持一致，因此，批准规划就是他们要实现的业绩。

企业首席执行官要实现的规划业绩

- 制定规划的维度或规划指南；
- 及时对规划做最后批准（即批准规划方案，同意执行）。

企业首席执行官促进规划业绩实现要达成的结果

- 以首席执行官的名义要求提交规划方案；
- 规划组织结构；
- 制定规划方案，即战略、运营规划、战术规划。

企业组织建设

企业的组织结构为企业的每位员工与企业的发展战略和发展规划之间提供了联系的桥梁，而组织结构面临的挑战是，要将企业的经营任务分配给每一位员工，然后把每一位员工独特的工作业绩相加，才能实现企业的整体业绩。企业首席执行官要负责定义企业的整体组织架构，其中包括直接由其负责的总部职能部门和运营部门。首席执行官对企业组织结构的定义会对企业能够实现什么样的经营业绩产生较大的影响。总部职能部门相对来说则要简单易懂一些，但是，企业首席执行官需要花更多的时间来思考，是否将这些职能部门整合，并由一名首席行政官（或者其他类似的职务）来负责全部管理，或让他们直接向企业首席执行官汇报，或将其中部分整合交由首席行政官负责，另一部分直接由首席执行官负责。企业首席执行官的要求决定了对职能部门的期望，因为首席执行官是这些部门最重要的上级，有时甚至是唯一服务的对象。

从企业的运营方面来说，企业首席执行官会在组织结构搭建方面面临以下选择：是把几个业务单位合在一起向自己汇报，还是以单一业务单位或职能部门分别单独向自己汇报。此外，企业首席执行官还需要在其他方面做出选择，包括地理、客户、产品或者经营中存在的问题。如何构建组织结构的决策对企业的运作方式会产生巨大的影响。常见的决定性因素是组织结构要与企业的发展战略要求相一致的，也就是说哪种结构最有利于企业发展战略的实现。

业绩梯队的效力

垂直的组织结构和水平的组织结构相比，会有很多灵活性。垂直的组织结构能够实现信息和人员的流动以及上下级之间相互紧密联系，而水平组织结构就做不到这一点。在业绩梯队模式中，企业首席执行官处于梯队模式的最顶端，而且是该梯队模式中唯一一个能够很容易掌握所有情况的人。从逻辑上来讲，首席执行官实际上是组织架构的制定者。企业内工作任务和信息的自由向下传递要求企业各个层级之间必须要有紧密而合理的联系。企业成本管理与领导能力培养都要求企业的运作遵循以下模式，即合适的工作应该由合适的层级来完成。而要提高企业的运营速度和效率，首先就要对业绩梯队的运作方式有一个全面的了解，企业运作中经常在哪些地方出现问题？困惑来自何处？决策是由谁制定的？从企业负责人的角度来讲，企业首席执行官应该最清楚，公司是如何盈利的、如何增加价值的、如何使客户满意的，或者是因为什么而不能完成业绩。

虽然企业首席执行官可以委托他人建立企业的业绩梯队，但是对于评判业绩好坏的标准，企业首席执行官必须要亲自确认。首席执行官需要与企业各个层级的员工定期开展讨论会，掌握员工目前正在做什么，以及他们的工作中，什么最能清楚地反映出企业真正的运作模式。这样一来，企业首席执行官就明白了自己的企业实际上是如何实现盈利的，因此他们不需要对此进行猜测。他们也会很快地弄清楚，企业内哪些领导比较优秀，使他们可以放心将企业的决策权交给他们。

企业首席执行官要实现的企业组织建设业绩

- 建立企业组织结构，通过该结构实现企业的发展战略；
- 为企业建立业绩梯队，确保所有的工作能够在不同层级之间进行合理的分配；

- 提出运营流程的要求，制定严格的流程执行纪律；
- 制定员工调配的标准，做出有效的员工调配决策；
- 对企业内不同的层级实现合理的权力分配。

企业首席执行官促进企业组织建设业绩实现要达成的结果

- 制定企业决策；
- 在企业各个层级之间建立合理的联系；
- 实施相应措施，加强流程执行纪律；
- 各项决策都由合适的层级制定；
- 决定哪些人应当留用，哪些人可以淘汰。

控制机制与免疫系统

企业首席执行官需要从事前、事中、事后三个角度对企业进行控制，力争在问题出现之前得以防范；在各种问题影响到企业的正常运营发展之前，将其规避，这样的控制系统才算得上是一个真正有效的控制系统。企业的战略框架、业绩梯队、发展愿景、使命以及企业的价值观都属于从前端的角度对企业进行控制的机制。通过这种控制，企业的每位员工就会明白企业的发展方向和发展目标，然后再采取合适的行动。

要保证所有的工作都按正轨，并在合理的成本和质量基础上，按既定日期交付成果是一项巨大的工作任务，而这项任务的顺利完成需要从中间角度对企业进行控制，也就是说，要对过程实施控制。这时候，企业首席执行官既要充分发挥自己的作用，又要调动他人的作用。因此，他们必须定期与自己的直接下级沟通检验工作，可以是以一对一的单独形式，也可以以一对多的形式。对于很多公司来说，每周的员工例会、一对一的交流以及定期的工作汇报都有既定的标准。到各部门巡视、现场检查、举办特殊活动也都是常有的工作。如果一家企业每天都有太多的事情需要首席执行官来审核，或者有太多的人需要首席执行官接见，那么企业就需要建立其他的控制机制。

现今，为企业建立"免疫系统"已经变得越来越普遍了，企业的财务部门和人力资源部门常常受命于首席执行官，深入企业的底层了解情况并开展工作，因此，如果发现不合理的事情，它们就有责任现场解决。而如果当事人不对此事做出回应，财务部门和人力资源部门的工作人员有权力对此事进行评估，直到当事人就此事做出合理的回应。企业的"免疫系统"能够帮助抵挡很多"病毒"的入侵，比如不合理的雇用决定、汇报错误或虚假的信息以及压住重要事实不报，都属于企业面临的各类"病毒"。

在企业的每一层，实现及时而又频繁的财务情况汇报是从后端角度对企业进行控制的最佳方法。企业内部公开而坦诚的讨论，能够确保问题及时改正。

企业首席执行官在控制机制方面要实现的业绩

- 建立明确的、带有评价标准的企业发展方向；
- 为企业建立"免疫系统"；
- 对所有事情定期回顾；
- 经常对直接下级及其他合适的员工反馈意见。

企业首席执行官在控制机制方面促进业绩实现要达成的结果

- 对所有事情进行审计；
- 实现与企业各个层级间坦白而又频繁的意见反馈；
- 营造努力实现业绩的工作氛围；
- 业绩信息的自由流动；
- 在恰当的时候，对企业发展战略进行调整。

通过使用业绩梯队模型和实施有效管理措施，企业首席执行官就能够拥有足够大的权力，引领企业各个层级实现业绩。

关系业绩

大多数企业首席执行官都已经认识到,他们需要负责将自己的企业与外面的世界联系起来。一些企业关系就是通过这种联系过程实现的,比如与政府领导、与客户机构首席执行官、供应商机构首席执行官、与产业界领袖以及与投资者之间的关系等。但是,其中也有一些关系并不容易建立,这包括与那些思想领袖、与来自同行企业首席执行官以及与可以为企业发展提供意见的人士之间的关系。但是,不论在什么情况下,企业与外部世界之间的联系都应该实现两大主要目标:帮助外部信息向企业内部流动或者内部信息向企业外部流动,从而使内外部双方都获益,并树立起外部股东对企业的信任。对于后一个目标来说(即树立起外部股东对企业的信任),员工都应该相信,企业首席执行官不论在任何时候,都会做出正确的决策,尤其是当他们面临很大压力的时候,更应该相信他们。

但是,企业的内部关系就不能这样理解了。企业员工对企业的信任和信心往往不会轻易获得,并且需要企业持续不断地付出努力才能维持所获得的信任。在讨论领导业绩的时候,我们就已经讨论过和员工交流这个概念了,这里有必要重复一次这个概念,员工需要看到他们的首席执行官,听见首席执行官的声音,才能够明白首席执行官到底要求的是什么。但是,现在许多企业首席执行官和自己的员工关系很生疏,却和外部的关系很密切。

每一家企业的董事会都会有自己特殊的要求,需要企业首席执行官给予关注,董事会既是企业的顾问,同时也是批评家。如果董事会对企业首席执行官充满信心,就会给首席执行官带来很多方便,比如提高决策的速度、愿意接受企业发展战略的变化以及认可各种投资需求。那么企业首席执行官到底要将多少精力分给董事会以赢得董事会对首席执行官的信心,就需要找到一个合适的平衡点,这就要求企业首席执行官要进行非常周全细密的规划。规划过度或者不到位,都是不行的。

企业首席执行官必须实现的关系业绩

- 在企业内部建立信任和信心；
- 建立广泛的外部关系基础；
- 获取董事会对企业的信心和支持。

企业首席执行官促成关系业绩实现要达成的结果

- 争取外部世界接受企业；
- 能够获得相关信息或其他资源；
- 为企业内部各种关系的发展营造积极的环境。

不论是企业内部关系还是外部关系，对企业的发展来说都非常重要。因此，作为企业的首席执行官，如果想要实现企业的发展目标，就必须全方位出发，建立起各类企业关系。

创新业绩

如果企业想要谋取长远发展，保证基业长存，必须要适应当今不断变化的商业环境。企业首席执行官能否带领企业取得长期成功发展，与其下述的能力直接相关，即创新能力、以新的方式增加客户价值的能力和满足股东们不断变化的需求的能力。实际上，在企业内真正发挥创新作用，实现创新的是企业的较低层级，但是优秀的企业首席执行官会明确企业的创新期望，使创新措施得以开展，进而实现创新。企业创新可大可小，大到新的创造发明，小到企业运作流程的改善，但是，这些创新都需要有推动才能实现。

明确企业创新期望

如果企业内的员工明确知道企业希望他们创新，那么每一位员工肯定都会非常地有创新思想。企业首席执行官需要通过明确企业的创新期望，并且不断地在企业内传递这些期望，设定创新标准，衡量创新业绩，这样才能调动每位员工的创新积极性，使他们参与创新。但是，创新需要额外的思考和努力，因此如果没有强制的推动过程的话，就不会有创新。现在，我们使用业绩梯队来描述企业的创新期望和创新衡量标准，最好的办法似乎就是明确企业的创新需求，但是不具体限定创新的本质。创新的本质可以由企业较低的管理层级来描述，他们的描述会更精确。

支持创新行为

在企业内部，首席执行官支持创新的办法很多，制定预算、设置奖项、策划组织、加大宣传以及认可等都是支持创新的办法，但这只是其中的一部分而已。在谈及创新办法的时候，我们应该注意的是，这些方法要可靠并且令人信服。而其中最好的办法之一就是：在企业内营造一种鼓励学习和实验分享而不是惩罚的氛围。关于这一点，要讲的内容非常多，用整整一本书来讲解都不为过，但是我们这里的目的是提高人们的创新意识，而不是回答如何才能创新的问题。

企业首席执行官要实现的创新业绩

- 清晰的企业创新期望；
- 制定创新的衡量标准；
- 在企业内建立支持创新的氛围；
- 建立创新奖励和认可机制。

企业首席执行官促进创新业绩实现要达成的结果

- 动员所有员工参与创新；
- 使员工都愿意尝试去创新；
- 实行本地管理和应用。

企业首席执行官决不能做什么

企业首席执行官的第一重任就是确保企业经营成功，使企业基业长存，

这样,他就几乎没有时间来做其他无关的或者适得其反的工作,因此,我们希望,企业首席执行官不要做以下这些事情:

给出问题的所有答案。随着企业首席执行官开展工作的效率越来越高,那些直接向他汇报的员工和那些向其汇报的低层级员工常常想知道首席执行官在想什么、首席执行官想要什么以及首席执行官会做什么,因此,许多人在决策时或有问题时都想了解首席执行官的想法。虽然对于企业首席执行官来说,在任何事情上都征求自己的意见或者给出自己的判断是很诱惑人的,但是如果他真的这么做了,就会对组织产生致命的破坏,使企业内员工产生过度依赖的心理。即使遇到一些合理的挑战,员工们也会期待上级给出结果,因为首席执行官会给出所有问题的答案,员工就不会再为解决这些问题而去做必要的研究。

掌握所有的权力。绝大多数人都认为,企业内不论什么计划、工程、项目、变动等都需要首席执行官的支持,才能成功实施。虽然企业首席执行官应该对企业内目前正在计划或者实施什么新的提议或者方案有所了解,但是他不一定要亲自促成这些结果的达成。他要不断强化这样的意识,即有意识地将具体的权力下放,或者经过深思熟虑对较低层级的重要人物进行授权。整个企业需要明白的是,不论是集团经理、事业部经理还是其他的领导都是代表首席执行官行事的。

做决定时感情用事。在当今社会,做事充满激情对每一个人来说都是非常值得提倡的,对于领导,更是如此。同样,充满激情也是全世界任何一家企业取得成功的一个重要因素。虽然在企业的某几个层级,尤其是对那些直接参与产品制造或者客户服务的员工来说,激情是很有用的,但是对于企业首席执行官来说,激情就犹如毒药。冷静的决定对企业来说更有益。企业首席执行官需要做的是分析企业内什么可行、什么不可行,准备好丢弃那些曾经重要但现在不可行的举措,以及平衡所有股东的利益,而不是由于激情过度而带来种种不平衡。

找到合适的平衡点

当涉及企业最高层的业绩时，企业首席执行官必须要找到一个微妙的平衡点。如果首席执行官过于关注自己的行动而忽略大家的存在，在一定程度上企业其他的人就会有被欺骗的感觉；可是如果首席执行官所关注的范围太广，就会抢占其他员工工作的主动性。实现工作业绩也只是这个平衡方程式中的一部分。需要理解的一点是，对于必须要实现的工作业绩，付出任何代价都是值得的。如果你是企业的首席执行官，或者如果你和企业首席执行官一起工作，又或者你在指导企业首席执行官开展工作，那么要搞清楚我在本章里每一项业绩类型中所列出的促成业绩达成结果的因素，这也应该是你最重要的工作任务之一。许多企业首席执行官会陷入自己所在职位的光辉和权力中不能自拔，忘记了自己应尽的职责。完成自己的工作目标，同时帮助其他员工获得成功，不仅需要企业首席执行官成熟的工作作风，而且也要找到合适的平衡点，并且有自己的业绩梯队模型。非常多的企业首席执行官在工作中不能把握好对内和对外的平衡，他们会过分地强调工作中对外的部分，而往往忽略对内的那部分工作。而当今充满不确定性的商业环境又会将这种不平衡放大，使得情况变得比以往更糟。现在，在对外工作和对内工作之间找到合适的平衡点比以往任何时候都要困难。要实现企业首席执行官的业绩，即让企业能够基业长存，需要企业内所有员工共同努力，持续不断地完成可持续的工作业绩。企业首席执行官在考虑问题时，要以超越自己和自己任期的方式与态度进行考虑，才能取得成功，而如果能够使企业内每一位员工都获得成功，那么便可以使整个企业基业长存。

第 3 章
集团高管：选择正确的业务组合

由于不同的组织机构和不同的行业对集团高管的定义不尽相同，因此在这里，我们首先要对集团高管这一领导层级进行定义。集团高管负责企业内的多项业务，因此也可以被称为集团行政总裁、地区执行总裁或者部门执行总裁。一些小型企业只有一位集团高管，他可能是企业的董事长或者业务总裁（首席运营官）。集团高管一方面要负责制定企业的投资组合战略，包括决定企业应该开展什么样的经营业务以及应该放弃哪些业务；另一方面，集团高管还必须为企业的事业部总经理层级建立继任者机制，以确保企业内有合格的人员储备去经营业务。下面，我将深入分析集团高管的这两项贡献以及其他的一些看似不那么明显，却非常重要的贡献。

首先，我愿意和大家分享我在工作中对集团高管这一职位所形成的两种看法。因为集团高管就是企业总裁的第一候选人，因此在我负责企业总裁继任者计划这项工作的时候，就已经和许多集团高管有过多次深入的接触。

在所有的高级行政职务中，集团高管是最需要有清晰的角色定位和工作焦点的，但是，在日常经营中，集团高管经常会处在尴尬的位置，有必要澄清他们这个职位存在的意义。

在一家企业中，永远不要因为企业没有集团高管这一职位而去专门设立这么一个职位。但要确保有具体的总裁为这一层级的贡献负责。事实上，许多企业都没有集团高管这一职位，在这样的企业中，直接负责向总裁汇报的企业领导必须要对本章所讲述的业绩负责。业绩是最核心的要求，必须要有人来对这一结果负责。在本章中，我将深入探讨以下话题：由谁来担当起这一职责、是否可以考虑将企业总裁作为候选人之一以及如何重新分配这些实现业绩的职责。

集团高管最易忽视的业绩

案例

在一周时间里，三家大型美国企业的总裁分别向我问了同一个问题："我如何才能让我的直接下级坐在一起，共同探讨全公司的事务？"这三位企业总裁之所以问这样的问题，是因为他们都有同样的感触，即企业集团高管的所作所为，往往只关注自己的工作领域，而不涉足其他的领域，他们只会谈论自己的工作、关注自己部门的预算以及自己的业务需求。

分别和这三位企业总裁一起工作之后，我们会发现，企业的集团高管并不会为企业的成功与否承担责任，他们将大把的时间都花费在争论资源应该如何进行分配以及公司的首要任务是什么这样的问题上了。集团高管不支持企业的创新举措，把总裁当做调节者。企业的职能部门领导——首席财务执行官、首席人力资源执行官、首席法律顾问等，也直接向企业总裁负责，在他们的职责中也不包含对这些业绩负责这一项。他们只关注自己部门的成功，从而使得企业的经营业绩出现局部最优化。

为企业层级的业绩负责

财务业绩是企业首要的业绩。如果企业的集团高管只是实现了自己集团的财务目标，但是企业的整体财务目标没有实现，那么他的工作就不能说是成功的；同样，如果企业集团高管只顾实现自己所负责部门的财务目标，而整个企业的盈利目标却没有达到，或者说企业内重要的举措没有得到实现，企业的声誉就会下降，股票价格也会下跌。因此，企业集团高管层级上的每一个人都应该努力协作，根据企业的需求调整自己的计划，共享企业资源，支持企业范围内的举措。

支持企业范围内的举措是对企业集团高管的又一个主要要求，但是这一点往往不被重视，甚至会被完全忽略掉。企业职能部门的业绩应当是涵盖到整个公司范围的，这些业绩一旦与集团高管和其他职能部门总经理全面讨论并得到总裁的批准后，就成为集团高管必须完成的结果。新的财务报告要求、新的业绩评估方案，或者是合同条款的变更一旦被这些同事审阅，并通过企业总裁的认可，这些结果就要一定实现。不论集团高管觉得"压力"有多大，执行企业范围的方案都是一个基本要求。对于一项公司范围决定了的新举措，即使集团高管并不同意，但是一旦开始执行，他们就必须要承担相应的责任，以使自己的集团内部及整个企业都取得成功。

同样，企业职能部门的领导要清楚地认识到他们为公司业绩的实现所拥有的职责，他们必须要设计相应的方案，制定职能战略，提出新的举措。这里的业绩既包括财务性经营业绩，也包括非财务性业绩。而在为企业提出新的发展举措时，必须要参考的三项标准是：成本支出是否合理，是否容易实施以及可能会对企业盈利造成什么样的影响。其实，集团高管和企业职能部门领导必须实现的业绩中，绝大多数都是相同的，只有少数不同而已。因此，他们在这一层级上的相互合作，对于企业的发展来说至关重要，但是这一点却往往很难实现。集团高管和总部职能部门领导之间的关系就像生产力和创造力之间的关系一样，如果彼此之间相互支持，就会创造出更大的生产力。

资本的有效配置

企业事业部总经理（相比集团高管来说要低一层级）的工作职责是为

企业盈利，而企业集团高管则负责批准企业的利润目标，对资源进行规划，支持企业进行其他方面的调整，以确保企业全面经营的成功。作为财务职责的一部分，企业集团高管必须要了解企业资本分配的复杂性。实现这样的业绩会有一定的挑战性，因为要决定哪项业务的发展战略最可能成功需要足够的精力和敏锐的判断力。由于集团高管是直接负责监管每项业务发展战略的，因此他们在资本分配的优先级上最有发言权。此外，他们要承担决定企业引入哪项新业务以及该如何引进的责任。这往往需要一定的投资，但如何投资必须要经过慎重的考虑，因此他们必须处理好出现投资优先级的问题。在所有这些职责中，最重要的是，他们必须要能和企业的首席财务官以及其他的集团高管紧密合作，以便在资本分配中，做出比较精明的决定，获得对资本分配的支持。虽然是由企业的首席执行官与首席财务官负责整个企业的资本分配战略，但是企业的集团高管所做出的一些选择则会影响到一些较重要的企业决策。如果企业内没有集团高管这一职位，就由首席执行官与首席财务官根据企业总裁团队、事业部总经理以及其他职能部门领导所提供的建议和信息，制定资本分配方面的相关决策。

审视业务环境与跟踪战略性不确定因素

由于企业集团高管并不参与企业的日常工作，因此通常来说，他们有时间来审视业务环境，了解当前的市场竞争情况，评估行业的整体发展趋势，跟踪全球经济的发展状况。因此，他们对企业目前所处的环境可以进行分析，以帮助企业事业部总经理能够在日后做出更好的决定。他们也会促进那些对企业发展极其重要，但平时却很少被提及的战略性不确定因素进行审视的工作。企业集团高管会为企业制定自己的投资组合战略，然后对威胁到该战略的因素进行审视。其实，竞争对手所采取的行动或者计划、政府部门、客户、工会以及其他人都会对企业造成直接的威胁，但是如果企业的集团高管对这些威胁都视而不见的话，那么他们就不能完成与企业投资组合相关的业绩；如果集团高管忽视了竞争对手所采取的威胁措施，而又没有及时采取任何纠正措施,那么他们的投资组合战略就会功亏一篑。但是,如果集团高管坚持对企业的战略不确定性和面临的威胁进行跟踪的话,那么他们就可以将相关的分析和可能的决策向下传递给企业的事业部总经理,以帮助他们对业务战略进行及时的调整。

集团高管必须要实现的业务业绩

- 实现企业的财务业绩;
- 实现集团的财务业绩;
- 确保企业范围的举措成功实施;
- 为资本分配提供建议;
- 对企业环境进行全面审视;
- 对战略性不确定因素进行审视。

集团高管促进业务业绩实现要达成的结果

- 对业务的资本投资;
- 与业务相关的商业环境审视;
- 战略性不确定因素评估;
- 对业务战略的及时调整;
- 对公司范围内的举措予以接受。

完整的工作

其他的业绩:创办新企业

通常来说,通过创立新企业、建立合资企业以及建立合作伙伴关系来加强企业未来的业务能力,只是企业集团高管工作职责的一部分。面对当今变化多端的商业环境,企业寻找新的途径以及加快新业务能力的培养所显现出的重要意义已经超过了以往任何时候。在全球化的今天,不同企业之间实现技术共享、知识产权共享以及其他资产共享已经非常普遍,因此,企业在经营中,不管是谨慎地选择合作伙伴共同发展,还是自己单干,都是关系企业长远发展的重大决策。

领导业绩

同集团高管实现业绩同等重要的是,那些在经营管理中能够实现以未来为导向的领导业绩的企业最成功的管理者,他们也是企业总裁最好的合作伙伴。企业业务战略开发和人才培养是他们对企业最重要的贡献,而对企业的领导也是他们的职责:企业的未来发展愿景决定于是否能够实现企业的盈利计划,企业盈利计划的实现与否主要取决于企业是否能在正确的领导和团队的引领下,在正确的时间从事正确的业务。

战略

企业集团高管在这一层级上的战略指的是企业的投资组合战略,即制定企业未来5~10年业务发展战略。从企业业绩的角度来看,集团高管所面临的陷阱是:他们往往喜欢当前的业务。如果当前业务确实有竞争优势,可以持续发展,那么采取英雄般的举动去"拯救"这项业务是可以接受的,但是集团高管绝对不能糊弄自己,更不应该糊弄别人。负责实现企业战略业绩的管理人员应该学会区分清楚有长远发展愿景的业务和那些曾经辉煌的业务。

这一层级上的战略性工作可以有广泛的选择,集团高管有义务、有责任去关注企业战略框架内真正的发展机会。优秀的集团高管不仅善于发现市场机遇,而且能够指出如何以一种可持续的方式抓住这些机遇。对于企业业务经营中所存在的一些问题,集团高管不会自己亲自去处理,相反,他们会克制自己,而把问题留给具体负责的事业部总经理去处理。作为企业的集团高管,他们必须要对企业的资源进行重新分配,把资源从一项业务转向另一项业务,从而确保集团业务经营的成功,他们并不需要为了解决其他领域的问题而使自己深陷其中。事实上，如果集团高管花费在解决问题上的时间超过了为企业寻找发展机遇的时间，那么他们的工作重心就出现了偏移，说明集团高管正在完成错误的业绩。其实，在一个不确定性非常高的企业环境中，寻找发展机遇才应该是集团高管的业务重心所在。

企业的投资组合战略能够帮助事业部总经理看到企业未来发展趋势的可能情形，也能够帮助企业的管理者理解企业的战略框架。当集团高管明确了企业的投资组合战略之后，企业的业务战略则更可能成为大家努力经营的目标。集团高管还要负责检查和审批事业部总经理制定的发展战略，这是他们必不可少的职责。一旦业务战略得到了集团高管的批准，该层级的所有领导就得到上述的认可和支持，他们也因此能充满信心、竭尽全力地去实现业绩。

人才培养

培养高绩效的事业部总经理是企业集团高管能为企业做出的最大贡献。不幸的是，集团高管往往不会把人才培养作为自己工作的首要任务，相反，他们更喜欢专注于实现企业的财务目标，因为实现财务目标才更容易得到大家的认可，使他们能够有机会尽快证明自己的成功。而向集团高管直接汇报的事业部总经理也会领会到上级的这一工作方向，从而也不愿意将自己的时间和精力花费在人才的培养与开发上。事业部总经理的培养不是一朝一夕就能够完成的，而需要一个漫长的过程，因此需要付出很多的时间和精力才行。

在人才培养上，较为理想的状态是，集团高管在事业部总经理职业生涯的早期，即在他们担任总监期间，就把他们确定为事业部总经理的候选人。他们需要为有关各方设计具体的培养方案，包括辅导、有意义的轮岗、在至少两个事业部门工作锻炼的机会以及帮助他们开发必要的领导技能。为了能够做到这一点，企业集团高管会亲自领导整个继任者计划的落实过程，必须亲自参与从总监层级选拔事业部副总经理人选的过程。事业部总经理会将他们选择的事业部副总经理人选推荐给集团高管，但是最后的人选确定还是要集团高管来批准。因此，对于工作业绩突出的部门总监，集团高管必须要深入且全面地了解他们的工作能力和兴趣所在。同样，把培养事业部副总经理的工作和培养事业部总经理的工作放在同样重要的位置，但是这项工作应该只是对集团总经理最低的要求而已。

对于事业部总经理的有效辅导，尤其是对新上任的事业部总经理的辅导，会直接影响他们是否能够完成盈利目标。许多集团高管本能地希望能够留给新上任的事业部总经理足够的施展空间，让其证明自己的实力。这样做从长远来说是好的，但是在早期的时候，还是要对这些新上任的事业部总经理进行大量的辅导。在下一章里，我们会讲到，在《领导梯队》一书所描述的所有职位过渡中，从其他职位过渡到企业的事业部总经理是最困难的，因此在早期的时候就需要经常地开展大量的辅导工作。

从企业全局出发的企业领导

当企业总裁和自己的直接下级开会的时候，他们这个群体可以被称做企业的"政策制定委员会"或者"行政领导团队"，甚或"管理委员会"（我们后面将会使用"政策制定委员会"这一称谓）。企业的政策制定委员会在开展工作时，必须着眼于企业的关注重点，但是，就如我指出的那样，相对于从企业整体的角度出发考虑问题来说，这些委员会的成员通常会喜欢从一个更狭隘的、更利己的角度去分析问题。高效的集团高管应当直面企业所面临的挑战，努力把自己锻炼成负责整个企业的领导。因此，为各种会议做好会前准备工作、支持其他人提出的见解、实现信息共享、始终关注企业发展的大目标、提出以整个企业为基础的方案都是对集团高管最基本的要求。

集团高管必须要实现的领导业绩

- 为企业制定投资组合战略；

- 为企业创立新的企业；
- 批准业务战略；
- 完成事业部总经理的继任工作；
- 完成对事业部总经理和事业部副总经理的辅导和发展工作；
- 成为能够从企业全局出发的企业领导的典范。

集团高管促成领导业绩实现要达成的结果

- 集团业务战略框架的制定；
- 对事业部总经理和事业部副总经理进行辅导；
- 培养部门总监；
- 领导事业部总经理继任者体系建设；
- 确保集团业务战略框架与企业战略框架之间相互联系。

管理业绩

当我们讨论企业的管理目标时发现，集团高管往往会犯以下错误：他们总是试图去管理集团的具体业务，而不去管理集团的事业部总经理。企业的集团高管通常都是从事业部总经理的职位提拔上来的，他们在过去担任事业部总经理这一职务的时候，工作非常出色，但是，在升任集团高管以后，普遍都会出现这种现象，即他们还是会抓住事业部总经理的角色不放手。这主要是由于事业部总经理的工作行动性强、决策性强（会涉及许多重大的决策），因此许多集团高管会认为，事业部总经理的职位更有意义。所以，企业需要重视这一问题，让集团高管做集团高管应该做的事，而不是去扮演一个事业部总经理的角色。

透明度

及时掌握企业内每一项业务的经营现状信息，能够帮助集团高管对集团内的资源进行合理的权衡和分配，集团高管应该为企业建立信息流动流程，决定哪些信息是企业需要的、什么时候需要这些信息以及这些信息需要以什么样的形式出现。报告的透明性能够帮助集团高管、企业的职能部门以及企业总裁做出更为合理明智的决策。

授权

企业在经营的过程中，需要承担一定的风险并对其进行管理，才能实现业绩。为此集团高管需要足够的授权，以保证下级能够承担并管理风险。集团高管同时还必须施行一定的约束机制，一来避免下级过度冒险，二来确保下级冒险的同时，也能够对风险进行管理。所以，要支持企业总裁为企业制定的"免疫体系"（我们在上一章已经讨论过这个概念），因为这一体系能够帮助集团高管跟踪工作进程。

回顾

在企业的管控体系中，一个重要的组成部分是企业运营情况回顾流程，经常进行运营情况回顾，能够让集团高管了解到业绩情况、听取业务运营进程和遇到的障碍。在回顾的过程中，需要做到公正公平，企业集团高管要为回顾设定标准和基调。运营回顾也为企业内建设团队、营造一个健康向上的工作环境提供了机会。要让这些会议与运营相关并且有建设性而不沦为盛大的表演会是富有挑战性的，这就需要建立合适的考量方法来保证会议的成功。这里可以使用平衡计分卡，但是缺点是，平衡计分卡不能清晰地显示出每一位员工在实现业绩中所应该担任的个人职责。在企业内，为不同的个人、不同的业务设定不同的业绩目标和衡量标准，对企业的发展来说更为有利。

集团高管必须要实现的管理业绩

- 建立信息流动流程；
- 授权；

- 建立企业管控体制；
- 召开企业运营回顾会议；
- 建立集团业务考量体系；
- 建立开放的工作环境。

集团高管促进管理业绩实现要达成的结果

- 信息透明化；
- 树立权威；
- 设定业绩评价标准；
- 为企业建立合理的业务考核体系。

关系业绩

如果企业的集团高管不能完成他们所在层级的业绩要求，通常是由于他们对企业各种各样关系不够重视导致的。很多时候，集团高管之所以有这样的表现，是因为他们认为建立和维护这些关系是其他层级管理者的首要工作。事实上，集团高管确保企业成功的最关键工作之一就是要能够帮助企业建立并维护各种关系。企业上层要与下层之间建立高效的工作关系，在这一点上大家很容易理解，但其他关系的建立就不会那么显而易见，因此受重视程度也就有限。

例如，企业的集团总经理应该代表企业去发展与政府的关系，如有可能需要建立真正的合作伙伴关系。由于企业总裁没有时间和精力去完成所有这些工作，所以他们需要集团高管来替他们分担这些重担，当然企业职能部门也要承担这样的工作。选择合适的人选、建立建设性和合规性关系，传递企业愿意为政府承担的意愿，这使得企业与政府之间的关系建立工作变得非常具有挑战性。

客户关系建立这一职责也需要各方共同承担。就如企业与政府之间建立关系一样，企业总裁不可能独自一人与一大批各行各业的客户建立起合作关系，因此，集团高管必须要为总裁分担一部分工作。这时候，与客户建立合作伙伴关系就成为一种经营目标。和企业总裁一样，集团高管不应该使销售流程受到影响，而是要与客户建立合作伙伴关系，使双方能够为企业的长远发展进行规划，以求实现长期的互惠互利。

集团高管也负责为企业建立牢固的产业合作关系，以便及时获得各种信息与建议，从而为企业制定好投资组合战略。产业专家、竞争对手、思想领袖和行业协会都可以对企业建立新的发展方向提供有价值的见解，同时也能指出企业面临的问题，并给予相关的意见。如果一家企业在多个产业领域都有自己的业务，那么在与集团高管业务相关的产业内，集团高管就是他所在企业在该产业内的代言人。如果集团高管能将他得到的信息与所管辖的业务部门进行交流，整个组织都会从中受益。

为促进业务增长和发展而建立联盟与伙伴关系会遇到各种复杂的关系问题。而集团高管所处的位置，非常有利于引导和协调这些合作的达成。集团高管在决定企业的发展方向、是否进入新市场、是否进行试点工作、是否应该将知识产权共享以及他的许多其他行动都可能会引起不同的意见。在很多情况下，集团高管在作上述决定时，也应当采取透明和灵活的工作方式，从而促进企业的各种合作伙伴关系稳固发展，同时消除或者解决那些不同的声音和意见。

建立良好、融洽的同事关系是集团高管为企业负责的第五个领域。在企业内，集团高管与同事之间建立和谐融洽的业务关系能够帮助企业获得成功，但是，自我、野心、不同的个人目的、缺乏相互尊重以及不愿意妥协等都是企业集团高管之间最常见的问题。集团高管之所以能够升至这一较高的层级，成为企业的集团高管，是因为他们都有很强的个性，这么说是合乎情理的，而他们的成功又会强化他们对自己的信心。但是，如果他们不能与其他同事建立良好的合作关系，或者在团队合作中表现不好的话，员工也会马上发现。企业内处在较低层级的员工也会效仿集团高管，与其他集团合作伙伴或部门打交道。集团高管会因为自己的所作所为在企业内建立起一面牢固的壁垒或推翻壁垒。

最后一点是，集团高管还应该经常地精心去处理自己与企业总裁以及董事会之间的关系，决不能将这些关系的建立认为是理所当然的过程。集团高管有责任让自己的老板明白，他现在所做的事情会为企业取得什么成就。即使由于外部事物繁忙而减少了与集团高管共同讨论公司业务问题的时间，企业总裁也必须能够依靠直接下属（集团高管）的努力和良好愿望去完成业绩。同样，董事会也要充分信任集团高管的工作，相信集团高管能够实现业绩，能够对企业的未来发展给予关注。由于董事会代表的是企业的股东，董事会成员应该明白，不论是短期的投资者还是长期的投资者，他们都应该得到应有的服务。因此，集团高管需要和企业总裁以及董事会及时沟通，并向他们证明他们已经"做到"了总裁和董事会关注的重要事情，从而保证了他们与总裁和董事会在对业务目标执行情况的了解上是同步的。

集团高管必须要履行关系业绩

- 建立政府关系；
- 建立客户伙伴关系；
- 建立产业合作关系；
- 建立合作伙伴与联盟的关系；
- 建立同事关系；
- 建立与上级的关系；
- 建立与下属的关系。

集团高管促进关系业绩实现要达成的结果

- 愿意吸收接纳客户；
- 营造合作的氛围；
- 从企业外部关系中获益；
- 做一名良好的社会公民；

- 产业分析与发展趋势分析。

案例

德里克曾经是斯内林公司的首席执行官,斯内林公司是一家地区性的生活消费品制造商,曾经有很强的增长历史。斯内林公司的组织结构上,有一支很强大的销售队伍,但是相关的支持人员却很少,当斯内林公司被 Bravo 公司收购的时候,德里克被告知,希望他能够留下来继续做他之前的工作,最后,德里克在和 Bravo 公司的总裁多次谈判之后,最终决定留了下来。

两个月之后,公司告知德里克,他需要在经营自己的业务之外,另外经营其他两项被收购的同样的全球性业务,这时候他的职务头衔是中东地区执行副总裁,也就是说,那时候,他是一位集团高管了,负责经营企业的三项业务,这对他来说无疑是一个全新的角色。于是,他召集每项新业务的高层管理人员召开了工作会议,会后,他认真反思了自己获得到的信息:

- 和他自己的高层管理人员一样,两个新的业务高管团队对自己被收购感到非常不高兴,他们对失去经营自主权感到非常生气。事实上他们并不喜欢 Bravo 公司,在以往激烈的业务竞争中,他们早就很了解 Bravo 公司了。
- 他们厌恶德里克是因为他们觉得德里克在公司内并没有真正的实权,因为他们都已经久闻德里克的名声,他只是一个事必躬亲的事业部总经理。
- 没有哪一家业务团队愿意和 Bravo 公司的员工共事,包括德里克自己的团队,他们认为 Bravo 公司没有必要监督他们。

这些问题对于德里克来说,都是从没遇到的、全新的问题,他不能确定如何才能解决这些问题。

在参加完 Bravo 公司每月召开的总裁会议之后,德里克向他的一位同事

（拉丁美洲的执行副总裁）咨询他是如何管理组织自己区域的工作的。这位同事建议他，让他去找公司组织发展部门的玛格丽特，玛格丽特可以帮助他制定出适合他的管理组织计划，该同事表示玛格丽特曾经就帮他制定过一份。而那份计划的一部分就是对这位拉丁美洲执行副总裁的工作任务和目标进行了明确，同时，也明确了他的事业部总经理的工作任务和目标，这样一来，他们在工作中所扮演的角色就非常清晰。因此，德里克邀请玛格丽特前往他在迪拜的办公室，也为他制定一份相似的计划。

于是，玛格丽特与德里克一起，花了一天的时间，来明确他作为中东地区执行副总裁这一角色的任务和目标，以及直接向他负责的事业部总经理的角色。她使用了Bravo曾经采用的业绩标准，来解释企业事业部总经理和集团高管的工作任务与目标的差异。在他们对事业部总经理和集团高管的角色彻底分析一遍之后，德里克开始意识到，他应该放弃自己之前在斯内林公司的业务领导这一职位，改由其他人来担任，因此，德里克给他的销售部主管打了电话，让他来接替这项工作。接下来在第二天，德里克让他的三位事业部总经理和他一起，共同讨论他们在工作中的具体角色、工作职责和工作安排。

因为有玛格丽特参与引导讨论的进程，德里克和他的团队将大半天的时间都用来讨论如何使中东地区的业务取得成功，如何使他们负责经营的每一项业务都取得成功，如何使他们自己也成为优秀的企业领导者。通过讨论，大家对Bravo有了很多的了解，同时对德里克的角色以及自己在新的业务环境中的角色也加深了了解。

在这一次的团队会议上，每个人都非常坦诚，会议进行得非常有成效，以至于他们还将会议日程延长了一天。玛格丽特讲了很多Bravo公司的总部专家是如何帮助其他地区开展自己业务的例子；几位事业部总经理都表示，非常感激能有机会与他们的新上司共同讨论他们在工作中的角色。现在非常清楚，德里克要成为他们在Bravo公司的代言人。以往在之前的公司他们习惯了自己作资金决定，可是现在他们却需要事事按照Bravo的各种规定流程来办。总部在营销推广、客户信息、物流规划和信息技术方面提供的各种帮助也出于一定的利益考虑，因此，德里克开始意识到，他需要得到总部的支持和合作才能取得成功。会议结束时，他们达成了以下共识，即几位事业部总经理应该"承担"什么、事业部总经理向德里克汇报时应该汇报什么、为了获得总部给予那些相关支持的第一手资料而制定的计划是什么，以及德里克应该做什么才能帮助中东地区的业务不断增长，才能和Bravo公司一起，在该地区建立自己的声望。

在接下来的几周里，德里克会见了他的老板，即Bravo公司的总裁，向他说明了自己作为新上任的地区执行副总裁，他对这一职务的理解和角色定位是什么，并且说明这样的定位将会使企业的每一位员工受益。Bravo公司的总裁清楚地向德里克描述了他对自己公司的执行副总裁会有什么样的期望。在所有的期望中，排在前三位的分别是：对Bravo公司所取得成功要有主人翁责任感、能够与高级管理团队一起合作共事以及实现一定的财务目标。总裁表示，他将会修改Bravo公司一贯施行的地区经理业绩评估标准，根据此次谈话，增添了一些新的标准和要求，尤其是与工作关系相关的。

集团高管业绩评估标准

表3-1中包括了Bravo公司修改过的地区经理业绩评估标准。之所以要对原先的标准进行修改，是为了帮助Bravo公司不断发展，实现其在所处行业内成为全球领导者的经营目标。当初收购斯内林公司以及其他的公司，也是为了这一目标的实现。虽然业绩评估标准要求地区经理集中精力在自己的向上、向外业务扩展上，但很少强调地区经理要关注内部发展，以使企业内的每项业务以及业务的领导者都获得成功。表格中用斜体书写的其他信息是为了反映出地区经理（即集团高管）在促成业务成功中起到的重要作用。

表 3-1 地区执行副总裁（集团高管）

业绩领域	必须具备的工作价值观	全面业绩
业务业绩 • 全球业务能力发展 • 大型项目数量 • 管理委员会效率 • 专业中心数量 • 平衡的全球网络 • 运营方法 • 品牌 • 战略重点 • 集团利润 • 集团业务增长 • 建立新企业	• 业务经营获得全球性成功 • 在世界级的高度上，进行世界级的思考 • 无商业纠纷 • 股东价值 • 社会责任感 • 从主人翁责任感角度看待业绩 • 集团市场份额增长 • 集团业务成功	• 集团/职能部门业绩的达成促使（B公司）目标股东价值的实现 • 建设的专业中心世界一流 • 每一年的业绩增长速度都超过行业平均水平 • 确定高水平业务项目和完成项目目标 • 国际品牌以及潜在国际品牌得以发展和保护 • 五年以上实现或超出利润和增长目标的有据可查的记录 • 接到（B公司）指示时，能够积极主动地联系和借助业务资源，获得额外的经营成果 • 领导那些能提高股票收益和形象，又能很快融入（B公司）的并购工作 • 供应链的有效性达到国际标准
领导业绩 • （B公司）的领导力 • 企业整体战略开发与集团战略开发 • 激励团队 • 合适的岗位由合适的人来担任 • 辅导与发展	• 领导管理委员会工作 • 世界一流的人才队伍 • 根据战略调配人才 • 事业部总经理取得经营成功	• 成为管理委员会所有成员的榜样 • 直接对（B公司）企业发展战略的制定产生影响作用 • 对集团的发展战略理解透彻 • 是执行指导原则的典范 • 招聘/辅导人才以达到世界级表现水平 • （B公司）内部和外部有权威的发言人 • 是集团工作的力量源泉 • 将集团的业务与企业的整体业务联系起来 • 建立企业领导继任者计划 • 让适合的事业部总经理在岗位上，解除不合适的人选 • 使集团的业务经营能力年年提高 • 集团业务项目能够充分证明提高了（B公司）的业务能力

（续）

业绩领域	必须具备的工作价值观	全面业绩
管理业绩 • 授权 • 资源再分配 • 合适的业务考量标准 • 风险分析与管理 • 业务的优先顺序/与资源重新组合 • 运营情况回顾会议与后续跟进 • 业务计划执行情况回顾 • 根据公司的发展战略调整市场布局	• 有效地监督 • 透明度 • 流畅的执行 • 世界级的管理 • 通过事业部总经理实现业绩	• 建立了定义清楚、可衡量的授权和管控机制 • 紧密跟踪各种战略不确定性 • 在正确的时间里实现正确的业绩 • 确保业务信息快速、准确地流动 • 通过建立业绩考量标准，实现早期预警 • 交易成本年年降低 • 不出意外的事情 • 项目近乎完美地被执行 • 在所有市场，要定期地对业务管理结果进行回顾与检查 • 资源的分配与再分配，以确保业务业绩和企业业绩得以实现
关系业绩 • 政府关系（从集团角度、从股东角度出发的关系） • 市场层级上的联系 • 管理委员会 • 外部董事会 • 战略性联盟	• 对外是（B公司）代表 • 拥有政治家的风度 • 促进高管团队合作 • 企业内部信息可以顺畅流动	• 关注（B公司）的共同利益 • 与企业的外部董事会及其成员公开、坦诚交流 • 主要的外部合作伙伴愿意帮助（B公司） • 保证每一位同事都能及时得到相关信息 • 最终形成的市场关系促使企业内外部进行经常的、公开透明的对话 • 给企业总裁、总经理和其他企业董事会成员提出的建议是基于调查研究且能够代表一个群体的意见 • 为了集团和股东的利益，与政府建立合作伙伴关系 • 积极主动地与所在地区的高级政府官员发展良好的业务关系 • 积极支持事业部的经营战略
创新业绩 • 形成充分利用多国/跨边界见解的文化（可增值的创新与变革）	• 利用经营业绩进行创新 • 多样化信息和建议的来源 • 企业内所有层级、事业部都应该鼓励创新 • 对于好的建议，要尽快加以利用	• 在整个企业内，创造一种鼓励挑战、创新和变革的氛围 • 利用对客户、消费者、供应商、内外部股东相关信息的了解，传达各种业务决定 • 实现的业绩能够表明是采用了新的想法 • 腾出空间和时间去挑战、反思、回顾有关商业模式、商业惯例以及商业流程设想

这家公司将它所要求的工作价值列入了表格的第二栏中，以便强调：**在合适的层级上最大限度地发挥自己的作用，是企业对每一位员工的期望，这包括那些被收购公司的员工**。一般来说，在企业被收购之后，原先企业中许多高层人员的原有职位层级会发生改变。

我之所以和大家分享这一案例，是因为通过这个案例，我们可以看出集团高管将业务与企业结合，或者是将企业与业务联系起来的逻辑性。同样，通过这一案例我们也能够看出，企业关系非常复杂，而建立良好企业关系的最佳途径是要专注企业发展真正重要的事情。

在案例中，我们看到，德里克和自己业务团队的讨论会延长至第二天，对每个人的角色和工作关系进行详细定义，而且没有任何人会觉得会议冗长而又枯燥。通过这次会议，大家一致同意，每六个月对他们的角色和所建立的工作关系检查一次。

哪些业绩不属于集团高管的业绩范畴

从其他职位过渡到集团高管这一职位，会遇到很多各式各样的陷阱，也很容易犯各种错误。稍不小心就会做错事。所以，我们在这里列出哪些业绩不应属于集团高管范畴，这有助于帮助集团高管明确自己的角色，以免他们干涉事业部总经理的工作。

业务战略。对集团高管来说，接手业务组合战略的开发和制定很容易。他们之所以能被提升，是因为很擅长制定和执行企业的业务战略。高管的直接下属，尤其是那些在业务管理上还是新手的直接下属，往往都会服从高管的决定。集团高管可以评论业务战略、提出有针对性的问题、挑战战略中的各种设想、要求开发替代性战略方案，但是他们不会给出所有问题的答案或亲自制定战略。事业部总经理必须要学会战略性思维，依靠自己的努力开发出合适的业务战略。

将事业部总经理作为竞争对手。向事业部总经理灌输信心并加强他们的工作技能，能够帮助他们实现正确的业务目标，并帮助企业实现预期的业绩。不论业绩有多大的诱惑力或者多么容易获得，集团高管都不应该炫耀自己领导得多么好，也不应该与事业部总经理抢功。集团高管应该通过给事业部总经理适当的辅导，以建立互相信任的关系。这样一来，集团高管完全可以不用显示自己的职位优越性，就可以让事业部总经理对实现自己的业务结果负责。一旦集团高管和事业部总经理这两个领导层级之间的关系被破坏，就会导致集团的业务与公司的整体业务脱节。

业务单位独立。如果集团高管过分注重自己集团的成功，他们往往就会忘记或者忽略其他集团和公司职能部门所做出的贡献。如果集团所经营的业务分布在不同的行业，或者集团在不同的地区都有业务的话，就会非常容易忽视他人的贡献。如果发生这种情况，企业整体力量就会被削弱，企业内无法建立重要的关系，信息沟通也不畅，可能会丧失很多商机。这样一来，企业总裁要实现的目的就难以达到（通常来说，他并不是故意去这么做的），因此他会非常生气，他有可能和集团高管进行有可能影响到后者职业生涯的谈话。这是一种很常见的现象，而且这种现象是无法通过员工会议解决的。为自己的同事以及兄弟集团都留出一定的时间沟通，可以避免很多矛盾，并产生非常有用的结果。

企业总裁继任者人选

最后，如果我在讨论中都没有提到企业总裁接班人这一项的话，那么在我们对集团高管的各种讨论中，一定存在着某些疏忽。通常来说，在企业内部选择一位总裁接班人要比从企业外招聘一位候选人容易得多，前者的成功概率比后者高出十倍。而在企业内部候选人中，集团高管和首席财务官则是最有可能成功的竞争者。作为企业总裁的候选人，需要进行许多重要的准备工作，例如，为企业的成功经营承担责任，建立同事关系以及其他重要的企业外部关系，在直接下属和各种合作伙伴面前代表企业形象，为企业开发投资组合战略，等等。因此，集团高管必须要掌握这些技能，这些技能不仅能帮助他们以较高水平从事自己的工作，而且如果真被任命为企业总裁,他们就可以轻车熟路地采取行动。

从企业内部选拔候选人成为企业总裁是最好的办法。但是,如果企业的集团高管还正在努力地掌握以上提到的一些或者所有技能要求,那么企业总裁就会有理由认为,企业还需要引进新的人才。如果企业要引进新的人才,那么最好引进集团高管层级的人才,而不是直接引进总裁候选人,因为这样的人对企业内部情况完全不了解。在升任企业总裁之前,候选人都需要时间来了解整个企业各方面的情况,建立各种企业关系。由于有这么多的压力和可预见的困难,直接进入一家新公司担任企业总裁的职务是一项极其困难的工作。

第 4 章
事业部总经理：实现企业短期与长期盈利

事业部总经理在业界是一个出镜率很高、非常受欢迎的领导职位，但是，虽然这一职位在组织内尽人皆知，但这一层级的业绩通常定义得很乱。事实上，事业部总经理岗位是一个备受瞩目但是缺乏充分定义的岗位。因此，从表面上来看，事业部总经理好像干得非常不错，这是因为他们总是能在一个备受追捧的舞台上绽放光彩，然而，企业有可能并不知道，它们此时无法完成应该完成的一系列经营业绩成果。

首先，我们要对事业部总经理给出一个合适的定义，很多公司往往都做不到这一点。第一点也是最重要的一点：要清醒地认识到，事业部总经理的职位不论是对企业在职者还是对企业本身来说，都会产生很大的影响。企业的现任领导往往会表现出非常喜欢自己目前的工作。许多人都跟我说过，（事业部总经理）这个职位能够直接掌控业务的核心部分，既令人感到兴奋又有权力感。许多企业都认识到了事业部总经理这一领导职位的重要性，因此会投巨资在培养事业部总经理的发展项目和职业发展路径上，尽快使他们成熟起来，并使其胜任这份工作。由于此份工作业绩会和企业的股票价格紧密相连，对于业绩较差的事业部总经理而言，其被淘汰的速度要比其他任何层级上的管理人员都要快。因此，事业部总经理的失败率仅次于企业总裁。通常来说，这个岗位的关注重点是利润与财务结果。企业通过各种努力，目的是将自己打造成一台利润制造机器、一家在任何情况下都能实现财务业绩的机构。我们将会看到，如果企业过分强调"分数"，缺少关注事业部总经理技能的提升并应用这些技能去解决问题，企业经营业绩的发展就会受到阻碍。

为了避免概念混淆，我先澄清我是如何定义真正的事业部总经理的。很容易理解，这个职位对利润负责，对业务成本和收入有直接的决策权。而在成本和收入这两者之间，能够进行很好的权衡又是非常重要的，因此，作为一位事业部总经理，如果只对业务的成本负责或者只对收入负责的话，那就不能称其为一位合格的事业部总经理，至少从业绩梯队的角度来说是这样的。此外，人们往往会将负责生产线的企业管理者称为事业部总经理，但是，由于这类管理者并不负责控制产品的成本和销售，因此严格来说，他们还不能被称为事业部总经理，准确地说他们应该是事业部副总经理。有时候，企业内负责销售部门的管理人员也会被称做事业部总经理，但是他们与上述事业部副总经理一样，都不对利润结果负责。即使企业会根据利润情况来评价他们的工作，但是，由于他们对成本的结果不负责，也不能被称为事业部总经理。

真正的事业部总经理也要对其他几个职能部门负责，如开发或者工程部门、生产或者制造部门、销售与市场部门、财务以及人力资源部门。如果一家企业只经营一项完整的业务，那么企业总裁实际上就是事业部总经理；如果企业同时经营几项不同的业务，而每项业务的事业部总经理都直接向企业总裁汇报，那么事业部总经理还要对集团经理的某些业绩负责。对于跨国企业的一个国家的经理而言，如果有好几个职能部门向他汇报，并且也对业务的盈亏负责，那么他就真正承担着事业部总经理的职责。考虑到企业内各种不同的头衔，确定某位管理者到底是不是真正的事业部总经理，最好的办法就是弄清楚这位管理者是否对业务成本和利润负责。在本章里，我们就针对企业应该做些什么才能确保目前和将来都能够盈利这一话题，展开讨论。

打造一台利润制造机器的关键要求

在上一部分中，我们已经提到，企业事业部总经理需要负责把企业打造成一台利润制造机器，这一职责与只是负责实现业务利润目标还是有很大差别的；如果一位事业部总经理仅仅将自己的工作职责定位为实现业务的利润目标，那么他就会损害企业的整体发展。企业要实现不断盈利，就要求事业部总经理能够帮助组织持续不断地实现业绩，而不是依靠某个人的个人英雄主义来创造丰厚的利润。

在与我共事过的事业部总经理中，成功的事业部总经理都具备以下四点基本要素：

1. 以客户需求为导向的价值主张；
2. 战略协同；
3. 牢固的工作关系；
4. 稳健的业务节奏。

当事业部总经理奋力执行业务战略时，他们往往会失败。以上四点要素能够帮助他们建立一个大致的方向，使业务战略的执行成为可能。

以客户需求为导向的价值主张

企业事业部总经理进行大量的战略性思考和规划的最终目的是在产品供应、产品价格、产品质量、服务、产品交付以及其他要素之间找到一种正确的组合。这种组合必须与集团的投资组合战略以及企业的发展战略框架相适应。最终的"价值主张"将成为企业的经营目标。优秀的事业部总经理为企业确定的经营目标将有助于打造企业的竞争优势。企业的"价值主张"是企业内其他所有领导和员工的指引力量，它可以帮助他们在正确的标准下做正确的工作，而且也能帮助企业更轻松地确定工作的优先顺序。而且，最重要的一点是，"价值主张"能够避免大多数业务战略文件中出现的混乱情况。

考虑到当今企业环境的快速变化性和高度不确定性，许多企业会发现，它们目前的价值主张已经不再适用。当条件好的时候，客户对产品和服务的回应方式已经不同以往了，他们也会因为所处大环境的改善而改变。因此，企业的事业部总经理必须要为企业确定一个当前客户想要的价值主张，并将其付诸实施。不论从哪方面来说，这都是事业部总经理必须实现的最重要的业绩。

案例

需要建立新价值主张

几年前，戴比尔斯公司拥有毛坯钻石市场 90% 的份额，虽然占有绝对的市场主导地位，但是当其他的奢侈品销售都快速增长的时候，戴比尔斯的钻石贸易公司的贸易增长在一段时间里却处于相对平稳的状态。由高级设计师设计的手袋、鞋、豪华度假、豪华手表这些奢侈品的销售增长速度都超过了钻石饰品的销售增长。奢侈品市场非常火热，但钻石饰品市场仍然表现平平。经过大量的市场调研，并对股东的问题和客户偏好进行分析之后，戴比尔斯公司决定进行变革。由于开采成本在升高，戴比尔斯公司的钻石开采业务也面临很大的挑战，任何与开采成本相关的投资，其收益都在不断下降。因此，钻石贸易公司只有进行彻底的改革，才有可能获得一定的收益。但是，针对当时市场一片萧条的状况，要提高价格或者仅仅降低成本是远远不够的，公司需要想办法增加销售额，才能在当时火爆的消费品市场上分得一杯羹。

戴比尔斯公司进行了审慎的战略思考，在此基础上，公司的事业部总经理创建了一个全新的、更符合实际情况的价值主张，他们决定将公司打造成为一家能够满足客户需求的"可选择的供应商"。实际上，他们真正的改变是将工作理念由原来的"你不得不来找我们"转换为"你想找我们"。

相应地，公司对具体的销售做法也做出了改变，以配合新的价值主张。公司不会要求客户（现场购买者）去购买一盒各式各样的钻石（客户要么买要么不买），相反，他们会鼓励客户去购买能够和首饰设计样式相匹配的宝石，而宝石的种类不止一种。于是，公司投放了大量的广告推销镶有多块宝石的钻石首饰（镶有三颗钻石的钻戒）。此外，在具体销售上，公司减少了对分销商的销售量，而将销售的重心转向首饰制造商。或许公司最大的改变就是，放弃他们在毛坯钻石领域几近垄断的市场份额，从以往受约束的境遇中解脱出来，获得了非常大的自由度。戴比尔斯有意将自己的市场占有份额降至50%。事实上新的市场进入者已经把它逼向这个方向了，只不过戴比尔斯钻石贸易公司是通过自己的方式达到减少市场份额这一效果的。最关键的一点是，公司的事业部总经理推动了这项大胆而又必要的改革，投资了支持改革相关的项目，开始为企业建立一种全新的、更贴近市场的价值主张。结果，在接下来的几年里，戴比尔斯钻石贸易公司的销售额与利润都实现了两位数的增长。

战略协同

战略协同是企业事业部总经理必须要实现的一项极其重要的业绩。图4-1中所列的全部要素不仅需要每位员工付出自己的时间和精力，也需要所有员工共同努力才能实现。对企业事业部总经理来说，创建新的、合适的价值主张虽然是他要实现的最重要的业绩，但制定业务战略也仍然是他们的首要任务。要制定出好的战略，需要在制定战略时确保这些正确的要素都得到满足，使他们和谐地发挥作用，这一点非常重要。如果一个价值主张因为协同的问题不能够按预计的目标实现盈利，那么这个价值主张也不会给企业带来竞争优势。

为了实现战略协同，就要定义清楚必须要做的工作任务，确保所有必做的工作都已经分配下去，并且确定完成这些工作的人能胜任它们。在这个三角形协同的模型中，事业部总经理会"沿着协同三角的周边进行检查",他们的目的是要确保所有的要素得到满足,而且他们也有能力为企业打造出可持续的竞争优势。

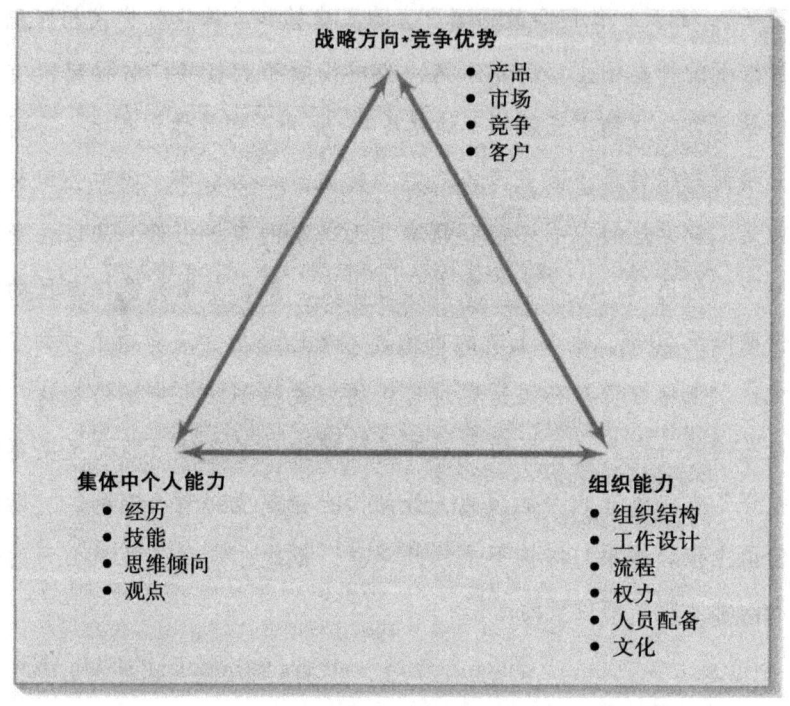

图 4-1 战略协同

注:在企业内,这个三角形的三面必须要相互结合,才能保证企业维持自己的竞争优势。一旦某一个要素发生了任何重大改变,就必须对其他的要素做出调整,以使这些要素完全协同。

案例

李第一次担任(某跨国公司)一个区域的事业部总经理,由于业务收支受到大萧条对经济的破坏性影响,他竭力扭转局面。八个月前,当市场处于严重的大萧条时,李接任了事业部总经理这一职务。在大萧条经济之前,在李前任的领导下,该区域的业务曾经经历了快速增长,业务急剧膨胀,人员大大增加,许多大规模项目处于半完成的状态。李采取的战略是:大力削减开支,鼓励市场部门找到有利于开拓业务的缝隙市场。员工被大批地辞退,项目也大大减少。尽管如此,业务的盈利状况还是跌到了不能接受的水平。

后来，经济形势逐渐稳定并开始回升，但李的业务却没有与之同步。虽然市场部在上一年里也引进了两个成功的项目，但即使是这两个项目，推进起来也非常艰难。

为了创建公司的战略协同，李首先一一找出了业务面临的所有重大挑战：

- 客户开始不断流失，但是客户不满的根源却仍然模糊不清，可能是服务方面出了问题，也可能是竞争对手也掌握了新开发的项目。总之，大家都不明白为什么客户会流失。

- 营销团队不够强大。虽然许多营销人员已经在公司工作了很长时间，工作非常勤奋、敬业，但是他们在工作中的关注点相对狭隘而且又保守。此外，前几任事业部总经理对人际关系问题不够重视，许多长期存在的人际关系冲突一直没有得到解决。李曾经就看见他营销总监的直接下属有时候由于按照自己的方式行事而与营销经理的安排发生矛盾。

- 业务运营速度过慢，不能及时对以前项目的客户做出回应，领导能力还处于二流水平。运营经理却抱怨说，在人员配备之前，我们对服务指南进行了全面定义，已经建立起运营制度。

- 企业的财务部门长期以来都与公司的其他部门合作不利。财务部门总是不能及时向其他部门提供精确的财务数据。李收到了许多同事的抱怨，指责公司的首席财务官不配合工作，对于参与全公司财务会议的邀请，包括改进现行的预算流程，他都不作任何回应。

现在，李需要解决所有这些挑战，他要把这些问题综合起来一起解决。他需要让公司每一位员工、每一项工作都集中于同一个目标，才能取得持续性的业绩。他需要一套综合的解决方案，包括新聘一位营销总监，这位营销总监要有能力找出客户的具体需求，并能建立一个优秀的营销团队，带领下属坚持团队合作的理念；同时，他要能够提供准确的财务数据，制定更好的业务战略和价值主张。因为李非常清楚，如果没有掌握足够的客户信息，企业内没有团队合作，没有长远的业务发展战略，而只是注重于通过削减成本增加收入，是不能为企业带来长久成功的。

在一些情况下，事业部总经理能够解决业务经营中所遇到的所有挑战，但是他们的解决方法往往是脚疼医脚，而没有从大局出发解决问题。正是这种做法使企业的业绩受到损害，业务的管理也没有得到充分的改善。

实现并保持战略协同同样很困难。优秀的事业部总经理会通过以下方式来克服这些困难：不断地对各种挑战进行调查，确保所有的调查工作都是正确的，保证与此相关的所有行动都协调一致，专注于同一个目标。

如果没有合适的人完成必需的工作，战略协同是不可能实现的。当事业部总经理"按照协同三角形全面检查"的时候，协同三角形的每一个角都是值得大力关注的。如果企业的领导团队力量不够强，不能将战略协同深入贯彻到业务最低层级，那么就不会出现所谓"战略协同"。企业内每个人都要抱着这样一种思维工作，即我的工作能够帮客户实现价值。

最后，当遇到战略协同问题时，事业部总经理必须要采取我之前提到的"按照协同三角形全面检查"方法。这项工作必须要经常做，同时要进行相应的分析、对话、亲自调研、测试、辅导等工作。大多数与个人相关的因素能否实现应当是他人的工作，而事业部总经理所做的最重要贡献是使这些因素正确关联。

牢固的工作关系

一旦提到工作业绩，许多事业部总经理可能不会将建立工作关系列入他们的"重要工作业绩"清单中。在他们看来，建立工作关系是一项"太软"的业绩。然而，良好的工作关系却是工作得以顺利开展的"润滑剂"，它能够帮助员工以更快的速度、更高的效率完成自己的工作。同样，当与客户保持良好关系时，客户会更容易接受你的产品和服务；当工作关系比较牢固的时候，员工也不会愤世嫉俗，供应商也会更加配合和支持。虽然事业部总经理不能强行要求每一位员工都融洽相处，但是他们可以在企业内传达积极合作的基调，促进融洽工作关系的建立。这里我并不是说事业部总经理应该在企业内发表演讲或者给大家发邮件，鼓励大家要本着互相合作的态度去工作，相反，他们应该以身作则，为大家树立起学习的榜样，因为你想要别人怎么做，首先自己就得先做出表率。

就如老师愿意教学生，事业部总经理上述举动并不是要赢得大家对自己的好感。事业部总经理并不是要争得每个人的认可和喜欢，同样，他也不会喜欢所有与他共事的人。曾经有一位事业部总经理跟我说，他喜欢某个人与否的标准非常简单。他说："如果今天你和我一起工作，我们应该明天还想一起工作，不论我们的工作有多辛苦，不论我们需要工作多长时间，不论工作有多么的难做或者我们处在多么糟糕的环境中。"在他看来，这样的两个人就能建立融洽的工作关系。通过他的这段话，我们可以看出，他的言外之意是鼓励企业员工通过诚实的努力彼此建立信任关系，要有积极的态度、公平的心态，关注自己的工作，并且彼此之间的交流要坦诚。

虽然我们说事业部总经理需要建立各式各样的工作关系，但是其中有两种关系是最重要的，也是最容易出问题的。第一，事业部总经理必须要能够和直接下属建立融洽的工作关系。可能大家会觉得这是一个不争的事实，但是事实上，在众多的直接下属中，许多事业部总经理往往只喜欢其中的某一位或者某两位。很典型的是，事业部总经理往往都是从某一个事业部提拔上来的，因此他熟悉该部门的工作价值，因此他与该事业部副总经理自然就会比较亲近，和这些领导在一起的时间也多一些。但是，对于其他事业部领导就不会是这样的情况了，他们可能既得不到与事业部总经理沟通的时间，也得不到事业部总经理的重视，因为事业部总经理不知道这些事业部门究竟能做什么、存在的价值是什么；或者说，由于过去某些负面的经历，事业部总经理不会重视某些事业部。这样一来，除非所有的事业部门都能得到事业部总经理的重视，而且事业部领导也得到同样的尊重，否则企业的经营质量就会下降，团队合作就会遭受挫折。

第二个重要的关系是事业部总经理与集团高管之间的关系，集团高管能够帮助事业部总经理将工作重心集中在整个企业上，而不只是关注自己的业务。由于事业部总经理自己负责着一个完整的组织，拥有几个不同的事业部门，有自己的经营战略、客户、运营计划和预算，因此，事业部总经理对整个企业的关注经常会不够，他只关注自己的业务，但对整个企业的成功几乎感觉不到自己的责任。企业职能部门被看做是没事找事的部门，事业部总经理都尽量避免与这些部门打交道。据我所知，当事业部总经理被邀请参加一个企业范围的新提议讨论时，不止一个事业部总经理都会抱怨说"我还要做业务呢"。这是事业部总经理所犯的一个重大错误，这种想法会大大减损他们的业绩。如果企业经营不成功，事业部总经理自己的业务也不会取得长远的成功。

稳健的业务节奏

重大的业务开展起来都有自己的节奏，都有一种相对平稳的、速度适宜的运营方式。最开始是产品的创意，然后创意会被转换成产品设计，最后将这个设计变成产品。接下来，客户参与进来，产品得以销售，进而产生收入和利润。收入则被用来投资，以生产更多的这种产品或者新产品。员工之所以能够完成这些工作，是因为他们知道客户想要什么以及什么时候需要他们的工作。每一位员工都必须接受培训以做好准备；有效的交流和团队合作也应当随处可见。

当你也真正投入这项业务中的时候，你就会实实在在地感受到业务的运营节奏。有一种可感知的能量存在于企业之中：当你从办公室走廊里走过，进入一间会议室或者观察一个正在工作的小组，你就可以感觉到整个业务运营中的兴奋气氛和大家的投入状态。同理，如果业务运营中缺乏自己的节奏，你也是能够感觉出来的。意见相左、误会重重、达不到工作目标或者工作质量不高以及信息的匮乏都会导致工作无法相关联、工作中缺乏合作，或者工作不能顺利开展。事业部总经理需要对战略协同进行全面检查，以确定所有的要素都到位，检查工作的流动是否顺畅，并且观察当个人或者组织机构合作共事的时候处于一种什么样的状态。

稳定的业务运营节奏是建立在个人和组织互相信任的基础上的，具体地说，个人和组织要相信彼此会去做正确的事情，并且对彼此的工作能力要有信心。这样一来，正是由于参与到业务中的个人之间没有冲突，并且每个人都会积极地对各种请求和提议做出回应，所以工作就可以顺畅地进行。同时，稳定的业务运营还需要有足够的资源，需要的时候即可以满足需求，这样就可以马上着手工作，不存在等待的问题。企业内每位员工都应该清楚企业的发展计划和首要任务是什么。过度工作、优先顺序相互冲突以及缺乏经理的支持等都会给业务的稳定运营带来很多压力，这些都必须要得到解决。愤世嫉俗的人、工作业绩较差的人、自私的人以及工作中不会合作的人都要学会慢慢地改变，否则就会被淘汰掉。虽然不要求一定完美，但是业务运营中出现的问题、有问题的人、有问题的运营流程都必须一一解决。事业部总经理要能够清楚地认识到工作流程中出现问题的根源是什么，只有认识到这一点，他们才能从根源上解决这些问题。

事业部总经理可以使业务运营按照某个节奏进行，也有可能做不到这一点。这是因为，在充斥着不确定性因素的时代里，市场形势瞬息万变，顾客不断改变自己的需求，而且供应商也极不稳定。采取节奏稳定的运营方式可以使企业内外安心，也让管理者时刻保持头脑清醒。

关键业绩总结

在这里，我还是像以前一样，把事业部总经理的工作业绩分为事业部总经理要实现的业绩以及促进业绩实现要达成的结果这两类。请注意，我已经重复了刚刚讨论过的四种工作业绩类型，另外还有四种促进主要业绩达成的结果。所列的事业部总经理的促成业绩实现要达成的结果是为了促成下层级取得经营成功。这些结果对于事业部总经理来说有着非常重要的意义，因为正是这些结果，才能使整个企业更好地发展。

事业部总经理必须要实现的业绩

- 市场紧密相关的价值主张；
- 战略分析；
- 完全协同；
- 整合事业部门；
- 上下级之间有效的工作关系；
- 对所有的事业部门一视同仁；
- 稳健的业务运营节奏；
- 信任和信心。

事业部总经理促进业绩实现要达成的结果

- 专注于价值主张，确保每一位员工都能清楚地知道最终的业务结果；
- 战略背景：让每一位员工拥有相同的认识；
- 稳健的业务节奏：使每位员工工作做起来更为容易；
- 对所有的事业部门一视同仁，尤其要注意的是，不能让业务支持型员工觉得自己是企业内的二等公民；
- 树立良好的工作关系榜样，建立企业员工共同合作的基调；
- 整合事业部之间的工作，使所有员工都朝着一个方向努力。

完整的工作及工作衡量标准

　　除了我们以上讨论的业绩，事业部总经理还有很多其他业绩要实现。表4-1列出了E公司的业绩标准。该公司位于美国的中西部，从事化学合成物的生产和销售，具体地说，是从事用于酒店、餐饮、医疗行业以及家庭装修等领域中商用化学合成物的生产和销售。该公司需要建立自己的业绩梯队，以此为引擎实现其盈利性增长，并在其他国家实现业务增长。

在将不同的业绩梯队放在一起观察的时候，我们会发现，一些事业部总经理虽然非常重视企业业务的增长，但是他们并不把它当做自己的首要任务。经过研究，我们认为企业应当着重衡量事业部总经理的业务增长，只有这样，事业部总经理才会认识到业绩增长这一工作目标的重要性。基于此，我们建立了一种特殊的工作业绩类型，叫做"增长业绩"，该业绩类型强调了企业层面增长的重要性，并且还定义了一些重要的以增长为基础的其他工作任务。公司在制定业务增长战略时，也要将其他业务的发展及增长情况考虑在内。另外，对新市场调研和开拓以及对现有产品的新应用也作为重要考量项。

在"增长"这一考量类型之外，其他与增长相关的项目也同样被引入了事业部总经理的业绩评估，比如收购、释放企业能量（使企业更加投入、专注、富有创造力）。同时，E 公司还重视公司的生产效率和成本管理，目的是平衡人们以牺牲企业利润为代价盲目追求增长的欲望。

最后，公司还要求事业部总经理负责人才工作，指明培养和选拔合适的领导也是事业部总经理的一项主要工作任务。这么做使人才的培养经过正确的管理过程，这样才能有足够的人选补充新的岗位。公司首先要对事业部总经理取得成功所必须具备的技能、知识以及工作经验给予界定，这样做的特殊理由是使人员的调配决定、培养发展计划以及辅导工作都专注在能给企业带来业务增长的要素上。

正如你所看到的，事业部总经理的全部业绩远远不限于本章开始时我所提到的那四项，我在这里详细地列出事业部总经理层级的业绩，使你对他们整体的业绩有一个直观的了解。表 4-1 详细列出了事业部总经理必须实现业绩的详细定义。

我这里提醒一下，要重点关注"卓越业绩"那一栏，因为 E 公司设计自己的业绩梯队的时候，这一列起了非常重要的作用。确保大家都能够真正明白"全面业绩"和"卓越业绩"之间的差异是什么，"卓越业绩"不但会为那些更高成就者创立新的努力目标，而且也避免那些略微超过完成工作业绩的"全面业绩者"误认为他们完成了卓越的工作业绩，也应该得到卓越的奖励的想法。

表 4-1 事业部总经理必须实现业绩的详细定义（以化学/商用产品公司为例）

工作价值观的转变
- 从通过事业部实现工作业绩向通过全面业务管理实现工作业绩；
- 从只关注当前的业务成功以业务成功为中心转移；
- 从关注事业部业务成功转向注重为顾客创造价值；
- 从关注事业部业绩规划向建立长期战略计划转变

业绩领域	全面业绩	卓越业绩	技能、知识和经验
业务业绩			
销售、OI、SG&A	按计划实现短期业务目标，并且不与长期业务增长做任何妥协	利润增长大于收入增长；	了解各项决策对财务的影响；
竞争性分析	竞争优势是可以持续的	通过创新实现企业行业竞争优势；	业务规划，深入了解每一个事业部对企业发展的贡献；
价值主张	价值主张要满足客户和E公司的需要；	让价值主张引领行业发展；	必须要了解从哪里获取经营数据以及如何诠释这些数据对业务的重要含义；
资源战略	在战略和决策制定中，必须考虑经济、政治、竞争、市场因素和行业知识；	被收购企业几近完美的融合	拥有成本性和战略性可持续发展思维的能力；
经济环境	从历史的角度、用战略性思维对被收购公司进行评估		能够从收益率和企业可持续发展的角度考虑问题，而不是从事业部能力的角度；
收购决策			必须要学会阅读和诠释市场数据和竞争性反应
管理业绩			
运营计划	将企业组织的能量用于实现业绩计划；	组织能量要优于同事和竞争对手的能量；	有做出艰难决策的能力和坚持到底的勇气；
组织结构	通过运营计划，将事业部的运营活动全面整合在一起并使其协同起来，包括运营、研发、工程和支持部门；	通过业内领先战略实现突破性业绩；	应急规划能力；
管理业务	建立免疫力系统，并全面发挥事业部的作用；	通过平台交付，实现业务单位的完全结合与协同；	有能力缔造一个支持发展战略的组织；
工作重心	进行各项审核回顾（项目审核回顾、计划审核回顾）、边际产品审核回顾、计划的制定	竞争对手效仿我们的业务做法	根据业务战略，选择和评估事业部领导力能力；
战略性问题解决	以最佳战略执行成本促进决策的制定		预见和规避问题的能力；
驱动战略实现	安全战略的制定要支持企业业务战略的实现		从根本上解决问题的能力；
安全管理			多事业部的工作经验

第 4 章 事业部总经理：实现企业短期与长期盈利

领导业绩

- 个人领导力
  - 与各个层级上的同事建立个人联系；
  - 团队优势与战略要求相匹配；
  - 每一位团队成员都能实现"最佳"绩效；
  - 成为企业价值观和各项指令执行的榜样；
  - 正直；
  - 尊重他人；
- 团队优势
- 促使事业部发展
  - 亲自引领发展多元化人才梯队；
  - 无论事业部总经理参与或者不参与，业务部领导都能实现业绩；
  - 非常愿意依靠事业部领导实现经营业绩，并对他们充满信心；
- 绩效文化
  - 在塔亲强有力的事业部领导和业务风险管控上，要做到平衡和正确使用权力；
  - 企业被组织内外的多元化人才看做最佳雇主；
  - 懂得如何建立同关系未来完成工作；
- 影响力
  - 所制定的经营战略能够提升企业竞争优势、理解与接受；
  - 战略被同行所效仿的典范；
  - 有能力建立一个人人都愿意成为其中一员的未来；
- 战略视野
  - 保业务部门能够理解与接受；
- 交叉销售文化
  - 业绩要能够反映出得到跨部门支持的迹象
  - 充分利用企业内辅导同行或者跨部门合作机会
  - 成为一名善于沟通者和聆听者

关系业绩

- 重要的客户关系
  - 与客户建立高级别的合作伙伴关系；
  - 充分利用与客户之间的高级别伙伴关系，来促进企业的增长；
  - 重视业务关系的建立；
- 与下级和高级的关系
  - 与一位团队成员和每一位高级行政主管建立牢固的工作关系；
  - 刻意消除业务之间以及业务和企业职能部门之间的边界；
  - 能够与每一位员工交朋友；
- 同事关系
  - 在整个企业（E 公司）内各个层级之间，营造一种相互支持的氛围；
  - 所提出的建议被认为有影响力和洞察；
  - 拥有了解他人工作动力的能力；
- 公司发言人
  - 通过担任公司令人信服的发言人，在行业内和分析专家领域不断提升（E 公司）的地位；
  - 拥有阅读有权有势的人和复杂情形的能力；
- 社区关系
  - 通过参与董事会和社区倡导（E 公司）在业界的代表
  - 适应领导角色的能力；
  - 充分了解现状的能力；
  - 理解整体利益的能力

增长业绩

- 增长战略
  - 制定的增长战略不但能够实现本部门业绩增长，而且也能帮助（E 公司）其他部门的持续改进；
  - （E 公司）被写入客户战略；
  - 对知识的好奇；
  - 市场智慧；
- 新市场
  - 通过业务经营流程中成本上经营；
  - 团队中每一位员工，个人对企业的贡献增加；
  - 全面思考和长远的能力；
  - 有能力、有意愿挖掘市场潜力；
- 创新
  - 充分利用各种投资开拓新市场，开发新的应用产品或者以较低成本来增长；
  - 客户对新的产品和应用进行投资
  - 开放、能够倾听而不同意见；
  - 愿意承担风险、能够从错误中吸取教训；
- 新产品应用
- 新产品和服务
  - 在世界级分析基础上实现业务收购，最终实现业绩预期
  - 有意愿去实践和尝试新的东西

该公司非常注重领导能力发展，因此很多时间和精力都被用来实现第四栏中所提到的各项要求，如"技能、知识和经验"。在岗培养为该公司人才发展的重点，因此公司提出，需要设计用于总裁、人力资源以及外部辅导专家所使用的一个发展列表。要完全掌握该发展列表的内容并不是设计此表的目的，相反，它只是想指明，当组织需要发展或者个人想发展的时候，从表4-1中可以找到应该从什么路径去发展，如要成为一名优秀的领导或建立融洽的关系应该采取怎样的发展路径。

事业部总经理的工作非常复杂，因此他们需要掌握各种各样的技能和能力。成功的事业部总经理将许多关键能力带到了该岗位，但是除此之外，他们更多的能力是在工作中锻炼出来的。因此，我建议在每一套业绩衡量标准中，都加入第四栏的评估要素，这样，企业内的在职者就可以参考标准进行自我评估，并且也可以寻求自我发展。此外，给予那些助人成长者特殊的指导也很有必要。

事业部总经理不应该做的事情

事业部总经理之所以没有完成业务业绩，最主要的原因是他做的事情太多了。这个角色的独特之处是诸事繁多，因此他们根本没时间做本属于他人的工作（或大家都不愿意做的事）。事业部总经理必须要将自己的精力持续集中在我们之前讨论过的四项工作上，这些工作非他莫属，或留给事业部副总经理一定的空间让后者领导整个部门去做。我在前面已经说过，如果事业部总经理不能认真履行自己的工作职责，就需要集团高管来亲自处理企业的具体业务，也就意味着集团高管、事业部总经理以及事业部副总经理这三个层级都不能完成自己的预期工作目标。

因为事业部总经理很容易逾越自己的职责，做不属于自己分内的事情，也经常会认识不清哪些职责是与自己的工作使命紧密相关的，因此，接下来我们要讨论哪些工作是事业部总经理不应该做的。

一人独揽所有决策。在规模较小的企业中，事业部总经理常常会成为一个中心，即所有的决策都要经过他才行。之所以会出现这种情形，是因为事业部总经理希望他能够成为这个中心决策者，而有时候他的这种欲望是潜意识里的。在这样的情况下，事业部总经理每天就被拴在了自己的办公桌上，这样日复一日、年复一年，事业部总经理其实一直在做本不属于自己的工作，而造成的直接结果就是，既妨碍了锻炼事业部副总经理的决策制定能力，也使得自己没有足够的时间和精力来谋划企业未来的发展方向。如果企业的事业部总经理对自己下属的决策制定能力不够信任，或者企业的下属选择将所有的决策权都抛给事业部总经理，那么作为事业部总经理，他就应该尽快为自己的团队补充一些能力更强的人才。

与自己的员工孤立开来。企业的事业部总经理需要大量时间来思考问题、处理企业外部关系、应付客户来访、会见企业的集团高管，这些事情会占去他一大部分时间，大大缩减了事业部总经理处理自己业务、与自己员工接触的时间。结果，许多员工就会抱怨说："他根本不在乎我们。"在企业中，如果事业部总经理经常不出现的话，批评他的声音也会在组织内传播。对于事业部总经理来说，让所有的员工都能以一种积极上进的心态工作，实现企业的价值主张，是必需的；但是如果事业部总经理经常不在公司的话，就做不到这一点。因此，事业部总经理必须要在自己的外部活动与业务内部工作需求之间求得一个平衡。

干涉事业部的领导工作。虽然我前面已经奉劝过这一点，但是我认为这一点还是有必要要再一次重复：如果事业部总经理在提拔之前，曾经是业绩非常优秀的事业部副总经理的话，在被提拔为事业部总经理后，他们很容易就会回到自己以前的职务和角色，继续做事业部副总经理的工作。但是，一旦他们这么做了之后，他们不但会限制自己在本职工作上的发挥，而且也会妨碍事业部副总经理去完成属于他们分内的工作。事业部总经理应该做的是，确保事业部副总经理做属于自己的工作，并学会领导自己的部门，此外，事业部总经理还要确保下属的每一位员工都能做属于自己的工作，履行自己的职责。

成为总部不喜欢的人。若事业部总经理对企业总部新的提议表示出蔑视，或者装作视而不见，就会使企业高层对他产生敌意。一旦出现这样的结果，对他们就不会有任何好的结果，事业部总经理不但自己的声誉会受损，最后还会被迫服从企业的合规要求。对于企业新提议的价值和目的，虽然事业部总经理绝对有权力表达自己的不同意见，但是他们应该和集团高管或者企业事业部副总经理共同商讨，而不应该表现出反叛情绪或者消极地抵抗。在将自己的看法和大家商讨之后，一旦最后做出了决策，事业部总经理就要服从决策，并为决策的实施贡献自己的力量。企业的发展需要全体员工共同努力，事业部总经理应该看到这一点，而不应该只局限于自己的业务。

第 5 章
事业部副总经理：打造企业竞争优势

在企业内，当员工被提拔为事业部副总经理之后，他们会为自己能够达到职业的顶峰而感到非常的兴奋。他们开始直接向事业部总经理汇报工作，成为业务管理团队中的一员，和其他同层级的事业部副总经理一样负责不同的事业部门。如果企业只经营一项业务，事业部副总经理就直接向总裁负责，有时首席执行官也兼任职能部门的总经理。由于事业部副总经理的顶头上司有可能是以上情况，所以他们接受的技术指导并不多，但是他们却接受了很多的业务指导，并能将这些业务指导转化为事业部的工作需求。反过来，事业部副总经理就会为事业部总经理提供技术上的指导，尤其是对于以前没有在事业部工作过的事业部总经理。因为对于事业部总经理来说，充分利用事业部的信息来促进业务决策的制定是非常必要的。

事业部副总经理的首要工作任务是，使自己事业部的经营业绩超过同行的竞争者，从而为自己的业务打造出竞争优势。这样，通过事业部副总经理的努力，企业不但实现了业务经营目标，而且提高了业务在市场上的竞争地位。不幸的是，事业部副总经理经常不能正确理解自己的工作角色，而给业务的发展带来伤害。但是，我们可以通过帮企业各层级建立合理的工作业绩预期,从而防止这种负面情况的出现。那么接下来,我们就来讨论如何建立业绩预期,以及如何增大事业部副总经理实现自己本职工作目标的概率。

谁是事业部副总经理

首先,我们要对事业部副总经理这一职位进行定义,之所以首先要这么做,是因为受到各种各样的商业发展趋势和其他发展的影响,大家对管理层的概念往往会混淆不清。乍一看,这一管理层级定义起来可能会比较容易,因为在一个业务领域内,每一项重大的工作内容都是一个单独的事业部,如工程部、生产部、市场营销部、人力资源部,等等。然而,我们应该思考是在哪里出现了概念混淆。在许多公司里,信息技术过去往往只是财务部下属的部门,但是现在,该部门的重要性已经逐渐显示出来,因而经常会被看做一个独立的部门。像战略规划部门、供应链部门,不论从时间上还是从重要性上来说,信息技术部门都被认为是新的事业部门。此外,还存在着是否将销售和营销部门划分为两个事业部的争论。如果企业的销售部副总经理和营销部副总经理都直接向事业部总经理负责,并且参与到业务经营管理团队中的话,那么这两项业务都可以单独作为事业部来运营。质量控制和安全检查则会受到特别的重视,经常被单独拿出来讨论。如果事业部总经理希望事业部副总经理将这两项或者其中任何一项直接向他汇报,那么它们也可以被看做事业部,虽然说在一般情况下,质量控制与安全检查都是生产或者运营部门的一部分。对事业部副总经理这一角色的定义通常来说比较狭窄。

案例

业务范围太过狭窄的事业部副总经理

当事业部副总经理不能完成他所在层级的业绩时,通常是由于他们还沉浸在以往的业绩成功虚幻中。换句话说,事业部副总经理擅长在某一个领域领导事业部的工作,而他们在这个领域的工作业绩则会遮住他们在其他重要业绩领域的缺陷,但是,这种遮掩只是暂时性的,也就是说,一直会遮掩到负面的结果最终浮出水面。

BRC是一个生产着色添加剂的业务部门,其生产的产品能够应用于各个领域,部门请了克莉丝来担任营销部的副总裁。该企业一共经营六项业务,而BRC负责其中规模最小的业务。一般来说,企业的市场营销部门在企业内通常是力量比较弱的。在最初的几年里,因为一种着色添加剂得到了顾客的青睐,销量非常好,因而BRC的增长速度非常快,但是过了这几年之后,增长就开始停滞不前了。因此,BRC需要新的客户和新的备受青睐的着色添加剂产品。为了帮助解决这一问题,公司决定寻找一名市场营销副总裁,于是他们找到了克莉丝,克莉丝看上去是一名很理想的人选。在此之前,她曾在和BRC几乎同样规模的两个部门内做过市场营销部副总经理,不过这两项业务所在的企业规模要比目前所在的公司小得多。

克莉丝继承了许多挑战,包括员工数量太少、能力配备不齐、缺少市场营销方面的专家、业务团队内缺乏对营销部门工作角色和工作空间的明确定位等。对于最后这一项挑战,克莉丝的前任市场营销副总裁是一位典型的"命令接受者"。在业务团队会议上,他没有为营销部门争取更多的时间,也没能得到同层级同事的尊重。而克莉丝比较幸运,她的声誉走在了她的前面,因此她的同事和整个市场营销团队都非常热情地欢迎了她的到来。

在上任的第一年,克莉丝在营销事业部的业绩表现很好,接下来的第二年也会有同样优异的业绩。她对市场进行的完善的战略分析和市场规划帮助她确定了要在哪里开发新的市场以及如何开发新市场。她对自己的营销团队进行了业务辅导,因而大家在市场与客户分析、吸引客户和销售方面变得更加专业了。她为部门招聘了一位很有才干的市场开拓专员,此人与之前所在公司之间建立了合作伙伴关系,帮助公司发现了更多可应用的的产品性能。正是由于她的聪明才智,克莉丝在她上任的头两年,就帮助公司实现了两位数的销售增长。

　　克莉丝的成功是显而易见的，但是她的成功也不是毫无缺陷。她的一些同事开始向事业部总经理抱怨她的不是：克莉丝在考虑问题和制定计划的时候从不叫他们参与；虽然业务运营速度在不断地加快，但是业务质量却在不断下降；财务部门觉得没有时间对新客户进行信用检查；人力资源部的担忧是，克莉丝的两名明星营销人员在其他业务领导职务的面试中，表现非常一般，能力上有问题。客户开始抱怨账单出现错误、产品质量不断下降，等等。到了第三年大概中期的时候，克莉丝和她的同事们几乎就疏远了，而且利润的增长率仅仅是销售增长率的一半。这时候，事业部总经理觉得他应该参与进来，帮助克莉丝应对这些挑战，因为克莉丝现在已经被她的同事孤立了。

　　但是，这并不都是克莉丝的错误，如果公司早就建立起自己的业绩梯队模型的话，克莉丝和她的上司就都会清清楚楚地知道，她需要实现什么样的业绩，而业绩梯队模型中各项明确的定义也能够确保她明白自己的职责是什么。虽然克莉丝在建立企业的销售业绩时利落娴熟、成绩斐然，但是当她面对她该层级的其他业绩时，她却没有完成，这些业绩包括：

- 一味地追逐销售额的增长，而不顾其他部门是否有能力做出相应的回应，尤其是负责运营的部门。在业务增长这一问题上，到底企业能够增长多少，她并没有征求其他同事的意见。她从来不愿浪费时间去了解其他事业部门能够做什么、它们的工作计划是什么以及他们面临什么样的挑战。所以说，她的营销战略对整个业务的发展并没有起到真正的帮助作用。
- 克莉丝将自己团队的辅导和发展工作都集中在技术技能上，而根本没有考虑培养团队成员的领导技能。造成的直接后果就是她的员工无法被提升，她也缺乏自己的接班人。从她所做的实际工作来看，她做的工作实际上是成一名部门总监（或者说一线经理）的工作，她并没有做事业部副总经理层级应该做的工作。

- 克莉丝仅仅根据自己过去在其他公司的经验，就认为目前公司的财务部门也应该以同样的方式运作。实际上，BRC公司的财务部门有许多严格的风险管控流程，信用审核需要很多时间才能完成。同时，公司还要根据订单模式的不断改变，建立自动处理流程和调整业务预测。由于这些要求很复杂，财务部门需要和克莉丝进行更好的沟通。财务执行官预约了与克莉丝的会面，但经常是她在最后一刻因为客户的电话取消了会面。
- 克莉丝平时将自己的日程都安排在与客户会见和解决客户投诉电话上。因此，她几乎没有多余时间去处理内部关系建立、企业技术发展调研、帮助他的上司和业务取得成功。

在得到处理目前情况的指导后，克莉丝与她的同事进行了一对一的沟通，向他们询问了解他们对她的需求，也了解之前他们没有从她那里得到的帮助有哪些。她与自己的直接下属进行了同样的会谈。她向自己的同事询问了许多关于企业的详细信息以及企业是如何运作的。这样，她就掌握了一份让自己深受启发的需求单，然后她仔细研究了另一家公司的事业部副总经理的业绩评价标准（在此省略具体评价标准，以免泄露了该公司的名称）。这些标准就像催化剂一样，促使她重新审视自己的工作，为如何描述自己工作的贡献提供了指导。因此，克莉丝就将自己在领导、管理和业务关系等方面所做的具体贡献都详细地列了出来，和她的同事、下属与上级一起讨论。这样，克莉丝需要从根本上对她的日程安排进行再造，同时她开始将一些重要的事情授权给下属。

在这里，我之所以讲述这个案例，是为了说明即使是"再出色的业绩表现者"，也会因为他们所不知道的一些东西而使自己的发展受到限制。如果能及时得到正确的引导和相关的信息，那么他们就能做出建设性的回应。

支持战略的关键业绩

虽然一些企业事业部副总经理认识到需要为企业打造竞争优势，但是许多人还是做不到这一点，因为他们连最基本的业绩都不能完成。比较重要的最基本的业绩包括对竞争对手进行竞争性分析、对当前的技术水平的了解、建设高绩效的组织、建立支持创新的工作环境以及从多个事业部门的角度思考。下面，我们会对那些能够帮助事业部副总经理有效实现业绩的类别和因素进行一一探讨。

竞争性分析

在竞争性分析这一范畴的业绩方面，事业部副总经理的工作总体上做的还是不错的，例如，他们能够较好地对市场营销和销售的竞争力进行研究，也能够从产品价格、产品供应和广告等方面对客户进行调研。此外，事业部副总经理还需要确保学习产品的生产方法、技术的使用以及开发流程，虽然说这些学习需要他们付出更多的努力，但是却是必不可少的。然而，如果在他们的业绩中加入与人相关的业绩，事业部副总经理并不总能完成自己要完成的业绩（这不包括通过调研对员工的工资和津贴进行比较）。他们通常不知道自己的竞争对手在人员招聘、培训、继任者计划、培养发展和辅导方面都在做什么，是如何做的；财务部副总经理通常也不了解其他公司在财务领域内有什么创新。了解这些对企业打造自己的竞争优势是非常重要的，而忽视这些则可能导致事业部副总经理总体业绩失败。因此，收集所有的这些信息并进行相关的竞争性分析是制定事业部战略的第一步。

了解当今的技术水平知识

企业按当今技术水平去工作不太现实，这与成本、人才或者其他因素有关。如果企业有选择地不使用当今的技术水平工作，那么这种选择就是有意识而为之，而不是因为对当今技术水平的忽视。通过出席行业会议、招聘面试、贸易期刊以及技术交流论坛等，事业部副总经理都可以从中了解到最先进的技术和当今的技术发展状况。技术专家虽然掌握着技术方面最前沿的发展趋势和发展现状，但是，仅仅通过他们来了解当今的科技水平还是远远不够的。因为事业部门有很多因素构成，每一个因素中都有其独特的前沿技术，因此当今的技术水平不可能只是一件单一的事情。事业部副总经理经常会犯的一个错误就是，将自己的精力都集中在一件事情上，那就是在行业内"造势"。要改变事业部副总经理的思考，需要以下两个因素一起发挥作用，即对竞争的调研和对当今技术水平了解的意识。竞争优势来源于要超过企业当前以及未来可能的竞争对手，但并不是说与当今的技术水平相差很远。负责打造企业竞争优势的事业部副总经理必须要展现出优秀的判断能力，根据自己所掌握知识的深度和宽度选择正确的竞争位置。

建设高绩效的组织

在事业部副总经理的工作中，最困难的一项工作就是为企业建立一个高绩效的组织。在这一点上普遍存在的误解是：只要拥有卓越的技术和专业能力，就能为企业打造出竞争优势。然而，企业技术人才能否显露其能力，取决于事业部副总经理是否能够给员工提供机会和激励措施。由于较低层级上的许多领导都是关注自己做技术方面的工作，而不是领导他人完成这些工作，所以，将业绩衡量标准尺度定位在世界级的标准上，或者至少是具有"竞争优势"的标准上，对于加强企业的管理和领导具有非常重要的意义。事业部副总经理必须要确定、沟通和强化这些标准。真正优秀的事业部副总经理都会这么做——他们会亲自对员工进行培训、提供反馈和辅导。考虑到继任者计划对建设高绩效组织的重要性，他们至少要为事业部副总经理岗位培养一位接班人。

创设支持创新的工作环境

企业的事业部是企业创新最多的地方，而创新经常是由最底层的员工来完成的。事业部副总经理必须要让大家都知道，创新不只是企业的上层或者下层需要关注的事情,而是整个企业都需要关注的,企业内欢迎并支持每一位员工开拓创新。企业的绩效标准和管理层应具备的能力也必须要引导员工这么做。企业管理者应该给员工足够的空间,让他们去尝试新的事物,即使尝试不成功也没关系。要有创新的出现,就要给员工创新的机会,那么就要能够容忍犯错误(但不是失败)。如果员工犯错误就会被惩罚,那么就没有人敢去尝试新的东西了。事业部副总经理要通过自己的努力和实际行动,为企业创造一种支持创新的工作环境,这些行动包括为创新尝试提供足够的财务预算、对创新过程中所犯的错误要能够容忍、对员工的努力提供个人支持等。通过事业部战略为创新设定方向也是对事业部副总经理的一个关键的要求。创新最有可能且最有力的方法就是要求所有员工不断改善他们做事的方法,而不只是重复昨天。

从多个事业部角度思考

事业部副总经理也是多个事业部团队中的一员,他们同层级的同事也都负责着不同的事业部。为了使团队更有效地发挥作用,从多个事业部视角进行思考是必不可少的。绝大多数事业部副总经理只是在自己供职的事业部工作,虽然他们不能忽略其他事业部的存在,但由于他们对其他事业部的了解有限,绝大多数情况下还不能成为真正的合作伙伴。了解其他事业部的业绩、计划和工作方法,可以锻炼事业部副总经理从多个事业部角度思考的能力。

凡是能够做出最好决策、实现最宏伟业绩的事业部副总经理,都会非常重视自己对其他事业部所产生的影响,并且在制定决策时,将这些影响考虑在内。此外,在做决策之前,他们还会咨询其他同事的意见,因为他们的目标是业务经营的成功,而不只是自己事业部的成功。从多个事业部角度思考可以增强员工对彼此的理解,使企业内更加团结,这也是企业业务取得成功的一大要求。对于大多数事业部副总经理来说,这是一个全新但非常难以实现的要求,因为他们在之前的工作中,从来没有接触过这样的工作要求。

事业部战略把一切联系在一起

在事业部副总经理这一层级工作时,事业部战略可以将各种新因素整合在一起。事业部副总经理会通过以下方式支持企业业务发展,即明确定义如何真正实现企业的业绩、如何实现竞争优势。与其他事业部门一起合作,实现业务战略的支持平台建立在对当今技术水平的相对定位、竞争性分析、创新和组织有效性基础上。清楚定义事业部未来的发展方向(以及实现未来发展的规划),会使部门内的每一位员工受益,但是真正的受益者其实是制定发展方向的人,也就是事业部副总经理。同时,较低层级的领导也需要根据事业部的战略来确定自己工作任务的轻重缓急、明确工作方向、促进协同,此外,其他事业部的领导也会从中获益。

事业部副总经理要实现的业绩

- 对产品和关键流程进行竞争性分析;
- 了解当今技术水平知识,掌握多个事业部信息;
- 制定事业部战略,领导事业部实现竞争优势;
- 建立支持创新持续提升的工作环境;
- 建设高绩效组织,实现技术和领导上的双重高绩效;
- 建立从多个事业部角度思考的流程,建立和睦融洽的业务团队关系。

事业部副总经理促进业绩实现要达成的结果

- 为部门制定清晰的发展方向,将事业部的发展与企业的整体发展结合起来;
- 确保每位员工都能够理解部门的发展方向,明白要做的具体工作是什么;
- 营造鼓励、支持创新的工作环境,包括为创新提供所需要的资源和支持;

- 实现有效的管理和领导，有明确的工作重点，能定期进行反馈；
- 为获得和培养技术人才及专业人才提供所需资源——时间和金钱；
- 成为从多个事业部角度思考的典范——尽可能吸纳能够从多个事业部角度思考的人才。

事业部副总经理可能对业务发展造成损害的警示

在企业经营中，事业部副总经理是真正负责实现企业业绩的，他要对产品、客户、人员以及财务结果等负责。如果事业部副总经理追求其他目地，企业的业务发展就可能会受损，而且通常都是严重受损。以下内容对事业部副总经理来说是应该注意的警示：

只注重技术性业绩的实现。如果事业部副总经理在技术性业绩实现上花费过多时间和精力，亲自去解决所有难缠的技术性问题，就会损害到企业业务的发展。因为他们都是凭借自己过硬的技术而得到提拔的，所以肯定不会轻易放弃自己的技术优势，技术就是他们的安全伞。虽然拥有专业技术是非常有用的，但这也有可能使他们葬送在企业前进的步伐中，因为他们将本该用于未来工作上的时间和精力都用在了解决今天的问题上。这样，较低层级的员工就不会学着自己去解决所遇到问题，而是依赖事业部副总经理的专业技术能力来帮助他们解决。按理说，事业部副总经理可以偶尔帮助下级员工解决某个问题，同时教授他们学会解决的办法，这样做是可取的；但是如果事业部副总经理不去教授下级员工解决问题的办法，而是一味地替他们解决大多数问题，那么就是非常不明智的。

只是事业部的一名成员。"事业部的一名成员"（可以理解为只是其中普普通通的一员）往往会导致做出质量欠佳的决策。事业部副总经理大都会因为他们拥有的技术专长以及在事业部数年的工作经验而感到自豪，因此他们自然会想成为事业部俱乐部中的一员。然而，当事业部副总经理对部门的优势和劣势进行评估时，当他们需要决定继续保留什么、需要摒弃什么时，当他们进行人才选拔时，他们都需要做到尽量客观。当然，如果事业部副总经理能够时刻了解业务经营中的进展或者失败情况，能够对员工进行辅导和沟通，那么会增加与员工之间的紧密关系，这样做是很有必要的。虽然说对于事业部副总经理来说，花时间与自己业务内的员工交流沟通是很重要的，但是事业部副总经理必须要引领员工的沟通，而不仅仅是作为其中的一员，他们还必须要与自己的上级领导以及业务外部的人进行沟通交流。如果有一个默认职位的话，那么事业部副总经理做的就是"领头羊"，即着力于企业的未来发展、了解当今的技术水平和竞争状态，而不仅仅是在自己的事业部解决技术性问题。在过去的工作中，我看到的"事业部中一员"的情况不在少数，这就意味着事业部副总经理还没有完成自己角色的转换，还不适应自己目前层级的工作。

把自己和他人孤立开来。事业部副总经理有可能会与自己的上司（事业部总经理）以及自己的同事（经营其他事业部的副总经理）孤立开来。由于事业部不同，孤立的原因也不尽相同，例如：市场营销副总绝大多数时间都和客户在一起；工程部副总把大多数时间花在实验室研发新技术上；财务部副总则每天加班加点做各种财务分析；等等。当然，有时候他们这么做是可以理解的，但是如果事业部副总能够做到与自己的上司与同事经常联系（而不只是在例行的职工会议上见面），在工作中他们就不仅会关注自己所负责业务的发展，而且也会重视整个企业的发展。事业部的工作就其本身来说，并没有那么的重要，但是如果能将事业部的工作与其他事业部很好地结合起来，共同实现企业的业务发展战略的话，就比较重要了。如果事业部的工作不支持业务发展战略的话，就会最终导致事业部副总经理工作失败。现在，虽然大家都已经充分认识到了业务合作和团队合作的价值，但是企业事业部中仍然存在很多的孤立现象，不免让人感到沮丧。因此，事业部总经理应当把事业部副总经理适当地联系在一起，而所有的事业部副总经理都要花时间和精力在联系方面。

层级划分僵化。在所有的警示中，层级划分僵化可能是最需要重视的。所谓层级划分僵化，是指这样的层级划分会在企业内形成不利于信息、建议、计划、问题和难题等向上与向下传递的障碍。一般情况下,那些真正负责这些工作的人正是事业部副总经理的下一层级,即部门总监。如果企业的层级划分太过固化,任何新想法和变革产生的速度就会比正常速度慢许多。在这种情况下,真正存在的问题不会及时被发现。因此,事业部副总经理必须要建立能够实现企业愿景和业绩的团队,而不仅仅是为了本事业部的部门利益。事业部副总必须要面对那些阻碍进程的人,层级划分僵化只有在领导允许它存在时才存在,而最糟糕的情形就是,事业部副总经理自己也变成了层级划分僵化中的一员。事业部副总经理自身孤立以及对业务发展方向持有不同意见是造成如此糟糕的情形的两个最常见的原因。如果事业部副总经理觉得自己被上司(事业部总经理)或者同事低看或错误对待了,那么也会导致这种最糟糕的情形发生。事业部副总必须要对企业内可能存在层级划分僵化的问题,或者可能正在形成层级划分僵化的情况要非常的敏感,要肩负自己的责任,消除这种层级划分僵化造成的影响。

将业绩付诸实践

现在,我想通过一个事例向大家说明,事业部副总经理对这些关键业绩的认识(包括事业部副总经理必须要实现的业绩和促进这些业绩达成的结果)是如何帮助企业不断提高其业绩表现的。

一家生活消费品公司建立了自己的业绩梯队模型,希望能够通过业绩梯队提高团队合作能力、实现部门整合、达到提高公司经营效率的目的。公司非常重视营销部门和销售部门的价值及对它们的回报,但是对其他的支持性部门却不够重视。表5-1详细描述了公司对事业部副总经理的业绩要求。由于这是一家生产和销售快速移动消费品的公司,因此公司需要整个组织相互协同、有序合作。公司选择的许多绩效标准都是从以下三个方面针对事业部副总经理设定的:支持其他事业部,整合事业部的工作,促进其他事业部的成功。

表 5-1　公司对事业部副总经理的业绩要求
（以快速移动消费品公司为例）

业绩领域	要求的工作价值观	全面业绩
业务业绩 • 公司发展计划中事业部业绩总和 • 所有事业部执行预算的结果 • 事业部生产力得到提高	• 业务业绩总和 • 事业部业绩总和	• 实现所有对事业部要求的业绩，但是实现的方式不仅要能够促成合理的业务业绩，而且要能满足其他事业部的需求 • 优化或者改进现有体系和流程，提高生产力 • 做决策时首先要以企业最大利益为重，其次才考虑个人利益、本部门利益或者本地市场情况；为了实现更远大的业务目标，要有做出一定妥协的思想准备
领导业绩 • 事业部领导梯队 • 组织发展/自我持续发展组织 • 变革管理（文化支持战略） • 支持业务战略的事业部战略 • 视野（事业部愿景与业务愿景协同） • 员工敬业度与激励	• 与业务紧密相连的事业部战略 • 事业部领导梯队 • 事业部卓越	• 所制定的事业部战略，要完全支持企业业务战略，同时要满足其他事业部门的要求 • 在事业部内大力推进各种创新活动，促进企业业务向前发展 • 为自己以及直接下属制定书面计划，并保证直接下属据此执行。主动地跟进了解计划执行情况 • 在部门内引导和建立变革的热情 • 抓住一切机会对员工进行辅导 • 对自己的领导角色要有高度的认识，坚持不懈地按照指导原则行事 • 在制定业绩衡量标准和发展方案时，要考虑市场中的竞争因素及外部发展情况 • 重视和建立多元化的团队 • 建立有效的领导梯队和健康的继任者队伍 • 留住人才 • 激发团队成员的敬业精神，去实现达成共识的战略和计划
管理业绩 • 制定部门计划——发展、监督、汇报 • 事业部业绩衡量标准 • 主要项目的发起人 • 事业部组织调整和人员调配	• 将事业部管理权力授权给直接下属 • 在所有的层级实施事业部管理 • 事业部效率	• 按照期望的质量水平和成本要求，按时完成事业部的所有工作 • 将事业部工作任务的监督权下放给直接下属 • 制定合适的业绩衡量标准并确保每个人都充分明白 • 以企业的最大利益为目标设定首要工作任务，及时解决工作中出现的任何冲突 • 确保业务流程最优化，而不能只注重部门本身创造最优业绩 • 提供各种发展机遇，发挥团队的作用；实施企业所要求的支持体系（HR/IT/Fin）
关系业绩 • 同事之间知识共享 • 跨部门影响 • 和谐的内部关系——上下级之间关系融洽 • 与供应链有关的各个机构，如供应商、合约商 • 成为业务伙伴	• 建立与多个事业部的关系 • 建立纵向关系	• 与其他事业部实现信息与创意共享，关注整个公司业务的发展 • 重新分配或者放弃部门资源，以支持公司的整体经营目标 • 在事业部内营造团队合作以及跨部门合作的工作氛围

(续)

业绩领域	要求的工作价值观	全面业绩
创新业绩（内部和外部） • 采用新方法和聪明的方法完成已有的或新的工作 • 在外部建立与事业部有关的网络	• 事业部在实现业绩时运用当今技术	• 征求客户的意见，并在服务设计、工作方案制定以及产品制造中充分考虑这些意见 • 不断提高产品和服务的质量，在产品和服务的生产上，要遵循持续改进和提高的准则 • 积极倾听员工建议，提高员工的敬业度，积极与事业部内外网络以及跨市场网络接触以促进合作

在第一项标准中，首先奠定了企业经营的基调，既"事业部副总经理要实现所有对事业部要求的业绩，但是实现的方式不仅要能够促成合理的业务业绩，而且要能满足其他事业部的需求"。这家公司希望各个事业部从实现企业业绩出发，在着力实现自己部门的业绩时，彼此之间相互合作（而不是互相竞争或者各自为政）。

这家快速移动消费品生产公司十分清楚，要取得业务成功，事业部副总经理需要做一些最基本的领导和管理的事情，而不只是关注本事业部的成功。增进员工的敬业度、提倡创新、培养人才、设定工作重点、共享信息，根据业务经营成功与否来评价自己以及实施跨事业部团队合作，都可以说是成功的一部分。通过准确地使用这些标准，公司明确要求，事业部副总经理不论开展什么样的工作、追求什么样的业绩，都不能损害或者阻碍整个企业或者其他事业部成功。为了能够高效地将快速移动消费品在合适的时间供应到合适的地点，事业部副总经理在工作中需要有一个共同的重心（业绩），促进团队合作（同时也关注其他事业部业务的成功），并使部门内的所有员工对事业部的发展有同样的理解（授权，与员工进行交流沟通）。

在阅读表5-1时，希望你能特别留意"要求的工作价值观"一栏，因为这些价值观对于事业部副总经理来说，都具有特别重要的意义。事业部副总经理要实现非常优秀的经营业绩，关键在于：重视本层级应该做的工作，而不是他以前所在层级的工作。这家公司认为，要明确实现具体的工作业绩需要什么样的工作价值观，这会对事业部副总经理产生很大的影响。在建立业绩梯队模型的时候，并不是每一家公司都会在工作价值方面做得这么详细具体。但是，在这个案例中，这家移动消费品公司为了使事业部副总经理关注工作价值观的重要性，有目的地建立了这些要求。

第 6 章
部门总监：提高企业的运营效率

在所有的领导层级中，部门总监是一个最容易被误解、最需要澄清的层级。这里一般存在两个问题：第一个问题是，人们往往会将部门总监看成低一层级的一线经理。在任何一家公司中，部门总监都负责公司 90%～95% 的劳动力；而相比之下，部门总监之上的各级领导只负责管理极少数的人；第二个问题是，虽然部门总监在公司中负有如此巨大的责任，但是他们通常被看成是"初级"或"不太重要"。

事实上，部门总监在保证组织运作效率方面发挥着非常重要的作用。在减员、裁员非常普遍的艰苦商业环境下，部门总监需要天天思考，制定计划以及领导部门工作，确保企业的运营始终处在正轨上。部门总监安排和组织工作的能力、打破禁锢促使工作既容易又快速流动的技能、为企业培养和发展一线经理而付出的努力，所有这些工作决定着企业的战略如何被执行。更具体地说，部门总监必须要实现重要的业绩和实现促成业绩达成的结果，避免工作重点出现偏差。在本章里，我们将会对部门总监所有的工作业绩进行讨论，但是讨论之前，我们首先要对部门总监这一层级有一个清晰的描述。

企业的部门总监是谁

一般来说，企业中的部门总监直接向事业部副总经理汇报工作，而一线经理则直接向部门总监汇报工作（即部门总监是事业部副总经理的直接下属，是一线经理的直接领导）。但是，企业中的这一汇报结构经常出现很多变化，从而导致对部门总监这一职位的理解产生很大的混淆，这就是第三个问题，我在前面已经提到了两个问题。在企业中，从最底层开始，一线经理和一线员工（即自我管理者）有可能都会向部门总监汇报工作，在这种情形中，部门总监应该将他的大量时间和精力用在和一线经理打交道上，如果他们将大多数时间和精力都用来指导一线员工工作的话，那么这些部门总监的工作就处在了一线经理的层级上。

在规模较大的企业中，往往会有两个领导层级都是部门总监，例如，大型的数据处理企业通常情况下都有两个层级的部门总监。我们要清楚地意识到，两位总监所在部门的主要运营业绩是相似的，但是有一个附带条件：较高层级的部门总监领导着较低层级的部门总监，但不直接管理一线经理；尤其当这样的两个部门同处于一家大型企业中时，情况更是如此。

在规模较小的企业中，或者一些诸如人力资源和市场营销这样的部门中，可能没有部门总监这个职位。在这样的情况下，事业部副总经理会负责本该由部门总监完成的运营业绩。这就和在小型企业中，企业创建者同时兼任企业总裁和事业部总经理一样，他们的直接下属从事的是部门总监的工作，而不是事业部副总经理的工作。小型企业的创建者（或者说总裁）通常会负责所有有关产品和客户的决定，签发所有本该由首席财务官签发的支票，因此工作任务繁重，往往会提出抱怨。在这种情况下，总裁的直接下属应当成长起来去分担事业部副总经理的工作。

对部门总监这一层级产生误解的其他缘由

对于部门总监这一角色，也存在着其他一些误解，这些误解的来源是因为部门总监与一线经理的角色之间虽然存在着很重要的差别，但是这些差别往往又很微妙：

- 部门总监应该将确定日常设定工作重点和其他决策权授权给他们的直接下属，即一线经理。当部门总监还是一线经理的时候，他们学会的是如何分配任务，而不是授权，因此在升任部门总监之后，他们往往还是继续给一线经理分配任务，而不是授权，因此一线经理就没有权力，而他们下属的一线员工也都清楚地知道这一点。所以，当一线员工在工作中需要获得许可和意见的时候，他们会越过一线经理，直接去找部门总监。

- 部门总监本该学会问一些企业管理方面的问题，但是事实是他们却只会问一些与工作任务相关的问题。"什么时候产品才能够全部售完？"就是一个典型的任务型问题。而"需要怎么做才能确保企业及时将产品全部售完"则是一个管理类问题。当一线经理被问及一些任务类型的问题时，往往就会将他们自己推到任务的执行中。

- 部门总监本应该和同级别的同事一起合作，从而使工作任务、信息等实现横向流动，但在实际工作中，他们要么对自己同级别的同事不了解，要么对他们不够尊重。因此，遇到问题的时候，他们就会去找上司解决，而不去找同级别的同事帮忙。这么做的结果就是，事业部副总经理的工作内容比实际低了一级，扮演着部门总监的角色，而部门总监的工作实际上也降低了一个层级。

- 一线经理升任部门总监后，所接受的培训都是通用的培训，而不是针对部门总监的培训方法。在这样的培训中，部门总监和一线经理之间的区别没有在培训内容行上清晰地凸显出来，因此部门总监往往还是在重复以前职位上的工作。

- 一线经理之所以能够升任部门总监，是基于他们担任一线经理时所创造的优秀业绩，而不是因为他们具有出众的管理技能。他们的业绩有可能是他一个人做出的。

部门总监要实现的重要业绩

在企业中，提高生产力水平很难做到的一个原因就是，部门总监并没有被要求在这方面全情投入。一方面，企业往往要求事业部副总经理来负责提高生产力，但是由于事业部副总经理实际负责的工作与企业的日常运营任务相距较远，因此并不能对生产力的提高产生很大的影响；但是另一方面，部门总监所处的职位与日常工作相距较近，但是他们却不能亲自负责生产力提升的工作。在提高生产力的问题上，他们会持有相对客观的态度，作决定时也会比较明智。

不幸的是，较高层级上的管理者经常会将部门总监当做一线经理来使用，不让他们充分参与到企业部门的日常管理工作之中。在企业各部门战略性和运营性计划的制定过程中，部门总监往往被排除在外，这是非常常见的现象。当他们不能参与这些工作的时候，他们就会将自己的大部分时间用来处理日常工作，代替一线经理完成他们的工作。他们不参与工作讨论，没有机会学习他人的经验，在这样的情形中，部门总监的工作技能还停留在一线经理的水平上而得不到提升。我就曾在有一定历史的电器生产公司和新创办的软件制造公司里看到过这样的问题。

部门总监应该制定一个为期两年的运营计划来提高企业的生产力。通过营造一种愿意接受管理工作的企业环境，部门总监可以帮助新进的管理经理明白自己的角色，加快他们对企业管理指令的回应速度。接受过训练的一线经理在工作岗位上也需要营造这种环境，执行为期两年的计划。部门总监也要实现企业的运营纪律目标，也就是说，要确保获得批准使用的运营程序每个人都能够遵守，企业内每一项工作都能按时完成，企业内员工都能够准时参加会议，等等。部门总监要关注和维护好质量和速度之间的平衡，而要做到这一点，部门总监就要获知足够多的信息，了解员工的想法、客户的顾虑，掌握事业部战略的第一手知识以及选择这一战略的原因。部门总监首先要将这种工作方式和态度在自己领导的小组内实践，然后扩展至企业内所有相关的同侪组织。要实现理想的企业发展速度，部门总监必须与所有职能部门的同事之间、与他们的直接下属之间、与供应商和客户之间都建立并保持良好的工作关系。**事实上，与尽可能多的同事建立并保持良好的工作关系，应该是所有部门总监工作中非常重要的一项。**

为期两年的运营计划

许多部门总监都将运营计划定为一年，但是，对企业的运营业绩来说，这样做就犯了一个很大的错误。如果部门总监被当做一线经理使用，企业通常会要求他们在一年期这样较短的时间内完成业绩；但是，如果一家企业希望自己的部门总监能够在提高生产力上实现重大的突破，就应该制定时间较长一点的运营计划，以下的案例就说明了这一点。

案例

停产检修计划

莎拉被提升为一家大型电力机构的电站经理，因这家电力机构位置比较偏远，所以莎拉在一定程度上就和她的老板以及其他领导疏远了。莎拉是没有拿到工程学学位的女性中第一个管理电站的。她是商务专业的毕业生，而且自认为自己就是领导，因此她的个人目标就是：通过自己出色的业绩表现，证明自己是一名合格的领导。她不是依靠专业技术，而是靠其管理能力和领导才能来实现自己的预期目标。

像她这样的职位，工作业绩的好坏都是用生产力的高低来衡量的，也就是说，对莎拉工作业绩的评价要看她的电站每天能够生产多少千瓦时（度）的电。但是在电站的运营中，即使是一些正常的工作需求，也会降低生产力，带来昂贵的代价，比如为防止发电设备出现故障等，需要关闭发电机进行检修。每年进行四次为期一周的检修，属于预防性检修，在正常安排的范围之内。莎拉从一位部门总监的角度出发，思考了预定停产检修对生产力可能造成的影响。然后她没有像一线经理那样，只专注于短时间内的经营业绩状况，相反，她利用自己商务专业的知识背景，将运营规划的时间延长到了两年。她经过权衡利弊，建议公司在平时加大对生产设备运营情况的监督，将原计划停产检修周期的间隔延长，她可以将第一年的停产检修次数从四次减少到三次，而第二年仍然保持四次。这一停产检修模式很快被其他的电站效仿，经过对两次检修之间的间隔时间和检修的质量进行多次试验，最后发现，每年停产检修三次，能够最终成为大家一致遵循的标准，但是要严格保证检修的质量。

这就说明，莎拉能够从正确的业绩领导层级出发思考问题。在这个层级上，许多运营方面出现的问题，仅仅以年度计划或者年度思维方式为基础制定方案，是难以解决的，如运营流程发生改变的问题、重新定义供应链的问题以及信息技术问题等。事实上，即使将运营计划延长到两年，要解决所有的问题时间还是不够充裕。因此，即使部门总监在短期内会面临各种各样的工作压力，他们也需要从长期发展愿景的角度出发（至少要考虑到两年内的发展状况），看清楚他们将要面临的问题和机遇。

营造愿意接受管理工作的氛围

要营造一种愿意接受管理工作的氛围，说起来容易，但做起来很难，大部分原因是由于要实现的这个业绩是无形的，要量化这个任务和实现业绩是极具挑战性的。但是，考虑到目前我们所处的时代，营造愿意接受管理工作的企业环境，对于部门总监级别的领导来说是一项非常重要的业绩要求。但是在当下，不论是电影、电视节目，还是连环漫画，都把管理者和管理工作塑造成小丑的角色或开相关的玩笑；在媒体上，同样也充斥着大量关于企业总裁和其他领导人员的负面信息，无论是企业内还是企业外，都形成了这样的观点，即企业管理者都是不能相信的。在许多公司里面，员工对领导层的管理能力都会有冷嘲热讽，这一现象日趋明显。面对这种情况，企业的部门总监可以通过他们设定的企业领导基调，减少或者驱散这种冷嘲热讽的氛围。部门总监可以通过要求一线经理达到最佳的管理表现，促进一线经理履行职责，来营造出积极的工作态度。部门总监可以通过对一线经理的工作提出以下几点要求,来明确管理工作的价值和意义:要求一线经理明确下属员工的工作任务和方向,对下属员工的工作给出及时的、具有建设性意义的反馈,对下属员工进行培训和支持,告知下属员工各项决策背后的原因以及要求一线经理及时地提供问题解决方案。作为公司的员工,大家也希望从管理中获得有益的结果。

部门总监一开始要设定管理基调,就要从正确选拔管理岗位人选开始。首先他们要做的是,提拔那些愿意成为一线经理的员工,并教会他们领导一线员工所必需的知识和技能。如果部门总监提拔的是部门内最优秀的技术人员,然后又让这些人主要去从事技术性和专业性的工作,那么他就不能为企业设定合理的管理基调。相反,他这么做还会造成这样的后果:部门内的一线经理是一位工作效率极高的技术人才或者专业人才,而他下属的一多半都是自我管理者,从而使企业生产力受到严重损害,同样也影响到管理效率。"管理者"只成了一种身份的定义(我是管理者,我比你高一等),这都是没有为该领导层级设定正确的业绩造成的。

在企业内营造一种愿意接受管理工作的环境,能够帮助新任的管理者理解并接受他们的角色需求。但是,要想营造这种工作环境,就要将一线经理培养成为合格的管理者,并使其成为部门工作方向、工作信息、工作建议以及工作辅导的源泉,只有这样,才能使上述工作环境的营造成为可能。因此,要实现稳定的商业运营节奏,就要从这里开始。

运营纪律

企业部门总监还有一项非常重大的职责,那就是保持企业各个部门之间的相互联系,以使更改产品、新的提议、特殊的要求或类似的问题都能得到解决。所有的部门总监都应该遵守这样一句格言,即在正确的时间里,以正确的方式,做正确的工作。但是,现实中我们经常会看到,不止一位部门总监采取"没有我在场,会议就不能开"的态度,而这种思维定式与部门总监所在层级上要实现的工作业绩是对立的。**准时参加下属精心准备**

的会议对于部门总监来说可能一件小事，但是却会对一线经理的工作价值观产生很大的影响，更不要提他们迟到一刻钟所造成的影响。在运营纪律的执行上，由于一线经理面对自己的团队在一定程度上可能会比较谨慎，所以部门总监必须要明确地强调这一点。

当企业想要实现业务创新，而企业管理者想要打破规定进行新的尝试的时候，运营纪律就显得尤为重要了。新的尝试和承担风险一样是值得钦佩的，但是管理者在改变或者舍弃旧的运营政策和运营程序之前，还是需要先完全掌握它们。如果对旧的政策和程序不了解的话，管理者就会成为毫无准备的随意冒险家，而不是深思熟虑的创新者。如果每一位管理者只做自己分内的事而与其他管理者没有联系和交流，就会使企业的发展陷入真正的危险之中，因此部门总监要负责确保工作能以一种合乎逻辑的、相互联系的方式正常运转，这需要通过相应的运营纪律来实现。要使创新的欲望和实现工作业绩的需求保持平衡，还需要部门总监有清晰的思路和良好的判断力。

营造工作任务、信息和想法自由流动的氛围

在打破企业内各种运营禁锢方面，部门总监是管理层级中做得最好的。在这一管理层上，那些阻碍更高管理层取得进步的政治问题通常都会变成各种实际的考虑。因此，在谈到企业内实现工作和信息的自由流动时，部门总监占有举足轻重的地位。部门总监要搞清楚他们的工作是谁指派的，又要指派给谁来负责完成，只有这样，他们才能建立好各种协调关系，及时向上级反馈信息，并接受下属的信息反馈。如果业务部门内或者企业内的部门总监能够以正确的方式彼此对话，就可以减少犯错的概率，避免犯同样的错误。工作效率最高的部门总监会定期主动地了解自己目前工作中会遇到什么挑战、这些挑战什么时候出现，并了解产品的使用者是怎样评价自己的工作成效的。

与各方面建立融洽的业务关系

与工作中所使用的技术或工作任务相比,部门总监应该将更多的时间用于与人打交道。在部门总监这一管理层级上,建立牢固工作关系的重要性再怎么强调也不为过。部门总监首先要与事业部副总经理建立良好的业务关系(明确事业部的发展战略是什么、哪些工作任务是当务之急);然后纵向扩展到与自己所在部门的员工建立融洽的领导关系(明确所在部门要实现什么业绩、什么时候实现);再横向扩展到与自己的同事建立良好的合作关系(弄清楚目前面临的问题时什么、要怎么样应对这些问题);此外,部门总监还要重视与自己供应商和客户之间的关系(这是我们所需要的,你们有什么期待呢)。虽然建立业务关系比较耗时,但是良好的业务关系一旦建立起来,就有可能帮助提高生产率。("我认识懂会计的查理,而我很了解他,他会对我们的要求进行快速的分析。")但是,如果下属的一线经理能力不够,而迫使部门总监不得不在工作中降低一级协助开展工作的话,或者当部门总监的上司——事业部副总经理在工作中乱用权力、越俎代庖、跨层级工作而将部门总监的工作降低一级使用的话,部门总监就没有时间来建立各种业务关系、做计划或者打破各种运营瓶颈。**当部门总监在错误的层级工作时,生产力总是受损最大。**

通过有效的领导,获取最大的投资回报

成功的部门总监会总能够创造出杠杆效应。通过制定不断完善的计划,培养高效率的一线经理,在投入相同的或者更少资源的情况下,他们可以得到更多的产出。这种杠杆效应是生产率得到提高的重要来源。优秀的一线经理能够促使一线员工有效地开展生产工作。即使在企业最困难的时刻,如果用于领导培养的费用只有一美元的话,那么就将它花在部门总监的身上吧,因为部门总监是企业内最擅长实现短期回报的管理者。如果你将那仅有的一美元花在更高层级的领导身上,你只能在未来经营中得到收益,

但是这笔收益可能来得太迟,而不能帮助你挽救遇到困难的企业。

部门总监要实现的业绩

- 制定为期两年的运营计划;
- 营造愿意接受管理工作的氛围;
- 对一线经理进行培训;
- 实现工作和信息的流动;
- 负责与上级、下属以及部门同事之间建立良好的业务关系;
- 建立杠杆效应;
- 明确企业的运营纪律。

部门总监促进业绩实现要达成的结果

- 明确工作的方向;
- 明确工作重点;
- 让合适的人来做合适的工作;
- 加快决策的速度;
- 建立各种重要的联系;
- 从具体负责的员工那里得到反馈信息;
- 营造高效率的工作环境。

案例

帮助部门总监明确他们自己的角色

有一家在行业内领先的生物科技公司,我们就叫它 A 公司,该公司在一些突破性产品的带动下,销售得到了快速增长。为了继续支持销售增长的势头,A 公司新聘了一大批技术人才、一线经理和部门总监级的领导。新进的技术人才在应该做什么和应该怎么做方面都有自己的想法;由于新来的领导来自各种不同的领域,所以他们的领导和管理方式都各不相同。正如你所想象的那样,许多新进的部门总监都感到工作很棘手,主要是由于他们在错误的层级上工作。当公司处在快速增长阶段的时候,他们也很难获得清晰的角色定位。为此,公司的高级管理层决定建立公司的业绩梯队来澄清角色,尤其是要澄清部门总监级别的角色。

A公司采取的第一步措施是开展工作访谈,首先弄清楚较低层级的领导和员工都做了什么以及没有做什么。结果发现,部门总监所做的工作中75%实际上一线经理的工作,部门总监直接管理着自己部门内的一线员工,直接对他们进行信息反馈、制定周工作计划,对测试数据的准确性进行分析。

由于A公司建立了自己的业绩梯队,因此它对不同管理层的预期业绩、全面业绩的标准、所需要的工作能力以及错误业绩表现都做出了明确的规定(见表6-1)。其中,澄清要做什么以及全面业绩是角色澄清工作的两个非常关键的部分;而对工作能力提出要求是为了帮助部门总监更好地制定个人的发展计划,而且也为事业部副总经理制定部门总监发展计划提供了指南。在表6-1中,你可以看见有一栏名为"发展需求指标",一般的业绩梯队模型中都包括这一项,这里之所以也列入考虑范围,是因为A公司需要一种方法,来传达哪些行动是不可接受的,他们希望能够非常明确地指出,管理者应该停止哪些行为,才能促进自我改正。

A公司发现,管理者们所实际实现的工作业绩和他们本应该实现的工作业绩之间存在着很大的差距。正是由于这个原因,他们将自己的业绩梯队模型用做对所有部门总监进行培训的框架。结果,这项培训的效果好得出奇,而很大一部分原因在于,这些新进公司的部门总监都希望自己能够做正确的事情,只是他们不知道在A公司,自己做什么样的工作才算是正确的,业绩梯队模型正好回答了他们这一问题。但是,在这项部门总监的培训工作中,也会遇到很多的挑战,最大的挑战就是要教会他们选拔和培养一线经理。部门总监都有很强的技术性倾向,因此他们选拔人才的标准往往是技术技能,在辅导人才发展上也以技术辅导为导向。考虑到A公司的业务具有很强的科学性,这种强调技术技能的做法还是可以理解的,其实也是必要的,但是这种做法还是会对公司执行其增长战略的能力造成妨碍。

公司由于有了业绩梯队的标准并进行了相应的培训，有一些部门总监在时间的使用上有了很大的不同。一部分一线经理又回到了自我管理者的岗位上工作，而另外一部分较为优秀的一线经理则开始负责领导更多数量的一线员工，许多需要增加人手的用人申请撤回了。事业部副总经理报告说，最近接到越来越多有关明确工作方向和工作重点的请示，虽然不能完全都做，但是变革的效果确实已经很明显了。

我们不希望看到的结果

你可能会认为，部门总监在自己的职位上已经有足够多的工作要做，他们没必要再做其他的工作。如果部门总监做一线经理的工作，那么他的上司——事业部副总经理的工作就会被迫下降到部门总监级别，这就是为什么许多事业部副总经理的工作往往会损害企业发展的原因。部门总监应该帮助事业部副总经理，一起努力，使事业部门的短期生产效率提高，并能够在两年之后继续保持，从而帮助事业部副总经理实现工作业绩。所以，我们非常不希望看到的第一个结果就是：**让事业部副总经理去做本属于部门总监的工作。**

第二个我们不希望看到的结果与第一个相关，即**部门总监负责管理公司技术人员和专业人员的日常工作**。这种工作本应该由一线经理负责，但是，如果公司不要求一线经理做这份工作，或者其他人在做这份工作，一线经理就不会学会管理和领导。相反，他们还有可能会回到自己以前的工作角色中，重新做起技术人员或者专业人员的工作。企业的自我管理者（一线员工）能够很快地看出是谁在具体"负责"自己的工作，然后如果在工作中遇到问题，就会直接去找这个人或者有权力解决问题的人。

第三个我们不希望得到的结果是，**部门总监只制定了短期运营计划。**就如我之前所强调的那样，对于部门总监来说，仅仅制定一个为期一年或者时间更短的运营计划的框架是不能被接受的，因为该职位上的许多重要业绩的提升或其他问题都需要从长远的角度进行考虑。此外，如果部门总监

表6-1 部门总监必须完成业绩的详细定义（以A公司为例）

要求具备的工作价值观	业绩领域	全面业绩	要求具备的行为和能力	发展需求指标
• 通过一线经理实现业绩 • 培养领导者 • 与其他部门合作 • 提高生产率 • 折中方案	技术/专业/运营业绩	• 实现了个人目标，也实现集体目标，在实现过程中做出适当的调整 • 完成方案/项目业绩 • 采取正确的折中方案对本年和未来年的科学运营业绩提升有帮助 • 做了优化 • 提供科技方面的辅导，确保业绩得以实现 • 分子委员会成员 • 为成班制定者提供研究信息 • 试验协议 • 为相关战略的制定做出贡献，并促进战略的执行 • 供应商管理（预算） • 外包 • 研究报告最终定稿方案的可行性	• 为自己和所在团队设定目标，并附加具有挑战性而又可以实现的衡量标准 • 在面临较其复杂而又恶劣的环境时，能够保持坚韧 • 在自己的发展规划中，贡献自己的力量 • 能够识别和采用必要的关键财务指标衡量业务的表现 • 将自己部门内的相关发展计划与整个公司的发展战略相结合，并根据需要进行调整	• 部门总监没有时间进行思考，也没有时间进行反思，因为他们要么在检查部门的日常工作，要么在扮演个人贡献者的角色 • 他们可能不愿意传递坏的消息
	领导业绩	• 沟通愿景和企业发展目的 • 榜样行为 • 制定继任者计划 • 实现信息的纵向和横向传递 • 辅导员工/培养员工 • 使员工获得成功 • 战略性输入（规划）	• 所有的部门成员理解并支持公司的发展愿景和战略 • 以身作则，践行价值观 • 挑选并培养未来的领导人和部门总监 • 由合适的领导负责合适的工作 • 建立和培养有变革的热情典范 • 建立可复制的业绩执行能力，而不只是孤立的胜利者 • 亲自倡导使用新的、更好的举措，促进变革和创新，确保他人这样做也感到安全 • 在变革过程中，明确每个人的工作角色，设定清晰的目标，有效协同员工 • 将短期目标与员工的长期发展志愿以及公司的业务目标结合起来 • 明确地说明员工从一个层级上升到另一个层级的业务需求结合能力 • 调整对员工的特殊需求或者不同环境下的特殊需求 • 个人的特殊需求或者所欠缺的特殊需要 • 为目前的空缺职位或者将来的空缺需要聘用/选拔最优秀的人才	• 在管理者的辅导，反馈以及责任澄清上没有花足够的时间 • 可能会优先考虑与同行经理者的相处时间，而牺牲对管理者的辅导 • 储备人才 • 可能会根据技术或者职能知识选拔管理者

管理业绩

- 做决策
- 授权
- 质量引导
- 制订计划，确定工作中的决策方案
- 对问题做出回应
- 业绩评估和奖励
- 提高生产率
- 实现信息流动
- 业务增长与扩展
- 与自己的部门以及其他集团融为一体

具体表现：
- 改进运营流程，提高运营效率
- 一线经理也要负责管理工作，因此要对其亲自进行管理辅导和培训
- 团队要对自己的工作重点和项目采取一定的措施确保运营按计划进行
- 要及时做出困难的决定，即使该决定可能不受欢迎
- 跨职能能进行合作，能够促使业务融合和业绩的实现
- 授权和确定工作的轻重缓急，能够为工作思考和确定长期规划赢得时间

优秀表现：
- 在工作领域内保持一种积极负责的文化，例如明确责任归属，并进行建设性地实施跟进
- 使运营流程与其他流程协同一致
- 充分利用个人以及团队小组的工作职责，标准加以设想
- 利用好每一次机会认识每一位员工，对他们进行辅导，使其实现更好的工作业绩
- 建设性地表达不同意见或不受欢迎的观点，修改团队的角色和职责，提高团队的业绩水平

不良表现：
- 当一线经理不能按照计划完成任务时，部门总监要亲自参与到管理工作中
- 在横向联合方面做得不够
- 可能不经调查，贸然指责他人，没有解决问题的同理心，只了解一些偶发性的事件
- 在业绩管理上，对不能交付业绩的经理比较仁慈

关系业绩

- 客户关系
- 监管关系
- 同事关系与其他职能部门的关系
- 部门合作关系
- 对其他外部关系部门的认知

具体表现：
- 在同事之间以及整个职能部门内部尽快实现信息共享
- 横向进行无边界管理
- 在工作规划、项目设计、工作流程中表现出能够考虑职能部门需求或从全球角度思考
- 从其他职能部门关系网中为公司谋取利益

优秀表现：
- 对客户需求、问题和需要优先处理的事情详细、清楚的了解——坚持不懈地寻找各种新方法，以改善和提高所提供的服务质量
- 能够放开下属对人持有的偏见和强烈信念，积极听取他人的意见
- 充分考虑其他人的需求和利益，在与他们的沟通中加入与其相关的信息
- 当其他部门同事加入需求时，与它们部门一起分享知识

不良表现：
- 不重视与客户和合作伙伴之间的交流沟通，可能是将这项工作授权给他人来做或者是完全忽略了这项工作
- 与客户、合作伙伴之间的沟通风格以"告知"为主，缺少沟通和倾听不同的沟通方式
- 在与同层级同事的会议上，或对待不同的需求和不同的观点可能会没有耐心
- 没有外部网络关系

视野 20.10.1

- 管理与领导创新

具体表现：
- 在管理工作中能够发现和采取新的方法
- 为了提高工作业绩，能承担计划中的风险，并从错误中吸取教训

优秀表现：
- 对于那些能够带来重大价值和持续发展的领域，不论其是否由自己负责，都要引进流程、操作和管理实践提升的方法
- 能够应用跨职能知识，在制定创新型解决方案时，显示出创造能力和远见
- 采取行动并授能他人，去改善运营效率流程，增加可靠性和运营价值

不良表现：
- 不愿意冒险，因此不承担风险
- 没有兴趣学习管理、领导技能及各种实践活动

只注重短期业绩的话，通常来说他们还没有做好走向事业部管理者岗位的准备。他们不但没有锻炼出事业部管理者所需要的工作技能，而且看待业务发展的方式也不对。我过去供职过的许多公司都责怪部门总监层级实力不够强，但是他们往往没有意识到的是，让部门总监像一线经理那样进行工作和思考，恰恰是削弱了他们的实力。部门总监和事业部副总经理在工作技能和工作价值观上存在巨大的不同，因此要将部门总监提升为事业部副总经理是一件很困难的事。如果部门总监能够被明确地要求在正确的层级上做正确的工作，尤其是做具有长远意义的工作，那么他们就更容易得到晋升。

最后，也就是第四个我们不希望得到的结果是，**部门总监总是问一些错误的问题**。如果部门总监询问一线经理后者将采取什么样的行动来加快生产速度，或者保证按期完成任务，那么部门总监很可能会亲自参与到此类行动中去，因此这样的问题就是错误的。而较为合理的问法应该是：一线经理打算采取什么样的行动，才能使企业运营速度更快、生产力更高、经营更有效。相比之下，正确的问题则是：一线经理是否需要更优秀的人才、更完善的经营流程、更高的经营标准或者完全不同的经营环境等。**对于部门总监来说，问出正确的问题，也是最难掌握的技能之一。**

平心而论，没有哪一家企业不希望自己能够拥有更高的生产效率，尤其是在商业环境不确定的时候。要提高生产效率，拥有一名高效率的部门总监才是关键，但是要成为一名优秀的部门总监并不容易，最主要的原因有：

- 事业部副总经理越俎代庖，做了本属于部门总监的工作；
- 部门总监所接受的培训和一线经理的培训一模一样，或者与事业部副总经理一样，所上的培训课程都相同；
- 部门总监由于错误的原因得到提拔，他们在以前的工作岗位上并没有学会如何管理下属员工；
- 部门总监往往被问一些错误的问题，就如一线经理也总是被问到错误的问题一样；
- 企业往往会将部门总监的工作等同于一线经理的工作；
- 部门总监有一半的直接下属都是个人贡献者。

在我所工作过的企业中，还没有哪一家企业对部门总监这一层级做到正确的定位。因此，你还可以设想自己的企业或许能够做得更好，这是完全可以的。所以，企业要培养优秀的部门总监，必须要做到以下几点：投入一定的时间和精力来研究并准确理解部门总监这一层级，选择合适的人来担任部门总监，使部门总监充分了解该职位和其他职位的职责区别以及它们之间的微妙联系，并确保事业部副总经理能够不乱用自己的权力，做自己分内该做的工作。

第 7 章
一线经理：促成业绩的实现

显而易见，对于一名个人贡献者（自我管理者）来说，个人工作中最珍贵的事情莫过于有一位好的老板。优秀的老板能够让员工轻松愉快地工作，在不增加工作压力的前提下使艰巨的工作任务能够快速完成，并负责解决对员工工作中遇到的各种问题。相反，工作效率不高的老板往往会使员工在工作中感到不愉快，甚至厌恶工作，他们不但会给员工增加无谓的工作压力，也会使员工感到摸不着头脑。

从一家企业的角度来看，80%~90%的员工都归一线经理管理，所以，一线经理在很多事情上都会对企业其他管理者产生最直接的影响，诸如员工的士气、工作积极性、工作态度、工作满意度、产品质量以及挽留员工等方面。如果一线经理的工作做不好的话，就会使自己的下属员工工作心情不愉快、工作收益不高，而且在大多数时候都充满抱怨。在这种情况下，企业所生产的产品质量就会下降，同时客户也会直接受到影响。

一线经理是企业内最直接负责产品生产和服务提供的管理者，他们要负责监督整个生产流程中每一阶段的实际工作，并直接管理从事实际生产产品和提供服务的所有员工。最重要的是，他们要负责让企业内合适的员工能以合适的方式，在合适的时间内，完成应该完成的工作，而且要保证完成工作的成本最低，产品质量优异。要做到这些，并不是一件容易的事情，因为他们虽然负责这些工作，但是在涉及资源的合理使用、工作时间的分配以及工作需要满足什么样的标准上，都没有很大的话语权。一线经理是整个生产链条中直接负责生产产品和提供服务的环节，他们往往被要求完成一定的生产任务，却缺乏完成任务所需要的足够支持。

企业所有的优势和劣势在一线经理的办公桌上都能体现出来。例如，如果企业有一份完美的工作规划的话，那么一线经理工作中所需要的资源就都会到位；如果企业能够做好招聘工作，而且企业又确实适合工作的话，那么企业就能获得所需要的人才。但是，在企业内，由于运营计划不周、招聘没有效果、缺乏沟通，这些都会直接影响到一线经理实现工作业绩的能力。即使是经营再好的企业或者生意，也会存在一些问题，因此，作为一线经理，就必须有足够的资源解决各种问题，从而交付产品和服务。能否为客户提供优质的产品或者服务往往归结于一线经理和他们团队的聪明才智。在本章中，我将遵循和上一章同样的模式，主要讨论对于一线经理来说至关重要的基本经营业绩、整个工作以及一线经理所不应该实现的工作结果。不同的一线经理，他们所管理的团队组成成分相差很大，针对这一点，我在本章的后半部分会详细讲解，并深入讨论各种组成成分的深层含义。

至关重要的基本业绩

当人们想到一线经理的时候，很可能首先想到的是管理、辅导、给予反馈以及诸如此类的一些信息。其实，这些都是一线经理工作中应该掌握的东西，但是在本章中，我将集中讨论他们应该实现的工作业绩。

为客户提供他们所需要的质量优秀而又成本低廉的产品或者服务，必须要建立在几项至关重要的基本业绩上才能实现。这些基本业绩为个人贡献者在工作中实现优秀业绩提供了共同框架。虽然说在企业一线经理这一层级，有许多业绩需要实现，但是，以下几项业绩却是最能体现该层级工作特征并区别于其他管理层级的重要业绩，应该得到最优先的考虑：

- 提供明确的工作背景介绍；
- 建立工作联系；
- 建设团队的能力；
- 完成工作任务；
- 做到平衡的关怀；
- 掌握管理技能。

案例

丽塔在一家小型保险公司担任业务发展专员，这是她从市场专业学习毕业后所从事的第一份工作。她被聘到这家公司已经工作了有几个月了，但是参加工作这几个月以来，丽塔感到越来越烦躁。

丽塔的老板名叫乔，乔将他的大部分工作时间要么用于亲自拜访客户，要么用于分析销售和市场数据。丽塔的同事，即其他的业务发展专员也常常不在办公室里，而是出去拜访客户了。这样做造成的结果是，不论是丽塔自己团队里的同事还是自己的老板，丽塔都无法求助，没人能帮助她熟悉自己的工作，于是她将自己的工作时间用来分析市场状况、了解市场上的竞争情况，并自己学习熟悉公司的产品以及销售流程。丽塔觉得等着让乔帮助她学习掌握工作中必需的知识和技能看起来是不可现实的，因此她自学掌握了工作中的一些基本知识和技能。

经过六个月的学习，亲自走访市场部门安排给她的客户，丽塔想到了一个新的产品概念，于是她热情十足地将这个想法呈给了乔，乔表示他会将这个想法提议给更高的管理层级。丽塔问乔自己是否能直接将这个想法呈给高级管理层，但是她得到的答案是，高级管理层内没有人认识她，乔说他会将这个想法呈上去。

在经过长达三周时间的等待之后，丽塔终于等到了回复。乔告诉丽塔，公司的高级管理层认为她提议的产品生产想法并不符合公司经营战略。于是丽塔问乔公司经营战略是什么，乔回答说公司的经营战略是通过引入新产品、进入新市场，从而加速公司的成长。然后丽塔问某种产品是否符合公司经营战略的参考依据是什么（即依什么而定），乔回答说要符合公司的战略，该产品就必须要得到总裁的"青睐"。

在听到这样的答案之后，丽塔决定找一份新工作，她在第二周就辞职了。

丽塔这样做是正确的，乔没能为丽塔提供我们所要求的一线经理应该完成的经营业绩中的第一项，即给下属提供明确的工作背景介绍。没有人帮助她开展新的工作，没有人告诉她公司的具体情况，帮她解释"在这里我们是如何工作的"，也没有人教给她如何做才能在整个生产管理体系中推行新的产品生产理念。因此，像丽塔这样一名新聘用的但是拥有巨大发展潜力的员工，乔的做法不但不能将她的价值最大化，相反，他的做法只会让丽塔离公司而去，尤其是乔还处在一线经理的管理位置上，却不能为员工提供一个明确的工作背景介绍。

明确工作背景介绍

当一名个人贡献者（新进员工）第一天到公司来报道的时候，他们应该得到该职位所要求的一切信息，才能去完成他们的工作。他们必须要有清晰的职位描述、完成工作所需要的工具、关于需要做什么工作的指导、工作规则或标准、工作重心以及很多其他的事项。优秀的一线经理会为员工提供所有这些信息和工具，帮助新进员工理解新的岗位要求，他们不会简单地将所有的事情一股脑地都丢给新进员工去做，压得新进员工喘不过气来，相反，他们会首先将所有的信息汇总起来，然后按照一定的顺序分类教给新进员工，这样新员工吸收起来也更容易。

然而现实的情况是，**一线经理要意识到，不论他们对新员工讲了什么，都会受到其他同事说法的影响**。同事在说法中会增加他们个人的看法，结果可能和老板的说法大相径庭。例如，同事可能会说"不要工作得太累，这样做不值得"，或者"这个老板不好，不要总顺着他说的去做"。因此，为了帮助新进员工尽快熟悉岗位，老板必须要为他们提供明确的工作背景介绍。明确的工作背景介绍能够为这些新加入的员工提供一个框架，帮助他们以一种正确的方式进行思考，并合理地去开展工作。明确的工作背景介绍包括：企业的经营目的、目前业务状况、职能介绍以及部门存在的价值。明确的工作背景介绍能够为员工指明应该将工作精力花在什么地方，并帮助新员工克服与新同事之间发生冲突的情况。听起来就像这样："因为我们公司希望能够保持住服务供应商第一的位置，所以我们必须按期交货或者争取提前交货，但是这项业务已经错过交货日期了，所以我们每个人必须要加油，再努力一些。"

一线经理要认识到，那些对他们或者他们的上级来说显而易见的事情，对于个人贡献者来说，可能就不那么显而易见的了，尤其是对于刚进公司的新员工来说更是如此。一线经理掌握了各种汇报信息和其他相关信息，这可以帮助他们更好地为员工提供明确的工作背景介绍。这些信息有助于个人贡献者开始自我管理。只有了解了公司的工作背景介绍，才有可能做出正确的判断，从而做出正确的选择，这样，才能去做正确的工作。

建立工作联系

一线经理会为自己的员工和自己建立好几种不同类型的联系。首先，建立与公司价值观的联系，这种联系是建立在对企业价值观非常有益的基础上，任何一个层级上的管理者都要求员工对公司持有积极的看法，理解公司的价值主张，并愿意将这种积极的看法传递给他们周围的人；按上述观点行动的员工有能力确保把事情做正确。其次，一线经理能够将自己的工作小组和公司，与其他的工作小组联系起来，以便大家能够共同努力，实现公司的价值。这种联系的意义已经不仅仅是简单的团队合作，也是能够使大家共同努力，去做能够让公司取得成功所必需的工作；为了公司的利益愿意做额外的工作也是这种联系的一部分，例如："我知道现在已经下班了，但是我真的必须要完成这份报告（这份修正报告或者这项客户服务需求），因为事业部总经理今天就需要它。"当一线经理能够很有效地开展工作联系时，他手下的员工就能够感受到自己与团队、与业务、与公司之间是相互紧密联系的，自信心也很强。员工了解了他们在什么情况下能发挥作用和如何发挥作用有助于建立联系。

提高团队能力

一线经理要对自己团队的员工进行辅导和培训，因此大多数个人贡献者都是从自己的老板那里学会如何开展工作的。但是，如果一线经理对团队做了培训和辅导，还做了其他典型工作，还不能将团队建设成一只有能力的团队，他们所做的这些工作就没有什么意义了。专注于工作的最终状态（团队能力）能够使各项行动更有意义，而且也能帮助一线经理决定需要哪些必要的行动。从考虑团队利益出发，一线经理在某些时候需要开除某些员工或为他们重新分配岗位，而不是采用辅导或培训的方式。为了使公司发展、取得成功，一线经理必须要实现他所承诺的价值。如果培训和辅导没有创造什么价值，那么以结果为导向的经理就会做出其他的选择。培训和辅导固然重要，但是注重生产力的一线经理有时候必须要走出他们的舒适区，关注其他的工作。正是由于这个原因，一线经理经常会觉得提高团队工作能力是一项极具挑战性的业绩。开除某一位员工或者重新分配他的工作岗位从来都不是一件容易的事情，同样，让每一位员工的工作能力都得到持续的提高也是一件十分困难的工作。或许衡量一线经理的最好方法就是看他建设了什么样的团队能力。提供明确工作背景介绍和建立工作联系是建设团队能力的两项重要工作。一线经理付出的努力能达到的最佳效果，就是建立一支在任何条件下都能实现工作业绩的团队。

促进任务完成

做什么活动不重要，重要的是要有结果。换句话说，优秀的组织和不良的组织的区别就在于工作的完成："如果工作没有完成，客户没有得到应有的服务，我们就不会停止工作。"高绩效的一线经理不仅仅关注搭建蜂窝的活动，他们还要确保这些蜂窝能够产出蜂蜜来。

我们在餐馆中最能体会到干活和完成任务之间的区别。你进入餐馆，会有一位服务员问你是否要喝点什么，你告诉他水就可以了，但是十分钟过去了，服务员还没有把水送上来，于是你又叫另一位服务员把水端来。或许这一次水很快就上来了，或许还和上次一样，迟迟没上。因此，你就会想，在这些服务员看来，他们的工作是什么呢？是仅仅向顾客问候一句需要什么（当然要面带笑容地问），还是先询问顾客的需求，然后去满足顾客？抑或是先询问顾客的需求，然后马上去满足他们的需求？这个问题的答案取决于业务部门或者一线经理对业务完成情况所设的标准以及对执行标准强调的程度。如果餐馆设立的标准是先询问顾客需要什么，然后在服务员愿意服务时再提供服务，这应该是不大可能的吧。

我之所以使用这个餐馆的例子，是因为在餐馆中我们经常可以看到很多工作完成或者没有完成的例子（其实餐馆经理也看得见这些情况）。其实，良好的办公氛围的建立同样也需要完成所有的工作，而如果工作任务没有得到妥善执行的话，常常就会对工作氛围的建立带来更为严重的负面结果。同样地，大多数组织机构的业务完成标准的设置和餐馆很相似，都是使用这样的标准来管理任务执行情况的。工作中要考虑一些重要的细节，例如核对最近发生的事实，以确保所呈报的报告中信息的精确性和及时性；要挖掘事情的根本原因，而不只是针对表面现象做出回应；在信息发布之前，要从其他渠道求得验证；要考虑病人的身体健康，在手术完缝合之前记得移除剩余工具。不论是公司的业务还是公司本身，如果工作任务没有完成的话，企业就会遇到真正的麻烦。一线经理是领导层中能够确保工作任务完成的最后一道防线，完成工作任务是一家企业必须要做的事情，绝不是"做到了会更好"这么简单。

实现平衡关怀

在这里说"平衡",我的意思是一线经理必须要找到一个合适的度,要掌握好对员工的关注和情感投入的程度。要做到这一点,在很多层面上来说都是一个挑战。有时候,要做到不偏不倚、不厚此薄彼,其实很困难,因为一些管理者总是和一些员工沟通起来更为友善,不只是因为这些员工工作业绩比较好,而且也因为他们的人品和性格的关系。在工作中,一线经理也会发现他们自己的关怀等式会失去平衡,他们要么关注整个组织结构太多,关注自己的下属员工太少,或者正好相反。

根据我的导师沃尔特·马勒的观点,企业管理者应该营造一种"认同氛围"。他认为管理者应该告诉自己的员工"我很认同你以及你所做的工作",从而给整个团队一种自信感。这是体现公平关怀的一种方式,如果管理者做到了这一点,他就会相应地收获到来自员工的忠诚和关怀。

关怀也包括对客户的关心、对企业发展的关心、对业务经营的关心。一线经理是企业中支持并鼓励员工工作的前沿力量,而且他们也是企业发展取得成功的第一线领导者。平衡的关怀包括对客户的关怀、对自己员工的关怀以及对公司业务发展的关怀。如果一线经理能做到平衡的关怀,那么对这三方都会有好处。然而,如果企业的管理者降低了标准,或者为自己的员工找借口的话,那么他们的关怀就不平衡了,他们以牺牲企业代价来保护自己的员工,顾客也得不到应有的服务。当然,并不是所有的"关怀型"管理者都会降低业绩标准,但是,这种事情发生频率之高也足以让人忧虑。同样,如果一线经理太偏爱某一位员工的话,也会伤害到整个团队的运作,因为不得宠的员工会觉得他们在团队中不那么重要;这样一来,当这些觉得自己"不重要的"团队成员认为他们工作的业绩标准应该像那些得宠的员工一样降低的话,那么企业经营业务的完成就会变得很难实现。

不论在什么情况下,如果对公司的利益关注超过了对员工利益的关注,其结局也会同样的糟糕。当然,有时候也会出现例外的情况,这也是合情合理的，因此一线经理必须要做出自己的判断。此外，如果对客户的关注超过了对员工和对公司业务的关注，就会造成一种不可平衡的状态。

最后，为了使企业发展获得成功，企业需要平衡所有股东的利益，尤其重要的是客户、股东、员工以及整个团体的利益。所有的领导者都应该学会这种平衡艺术，如果领导者关心所有股东的利益，并将这种关心也教给一线经理这一层级的话，这种平衡艺术是很容易学到的。

掌握管理技能

在企业中，一线经理是其他所有管理职位的信息提供者（只有总部职能部门的员工例外）。一线经理要学习掌握的基本的技能包括计划、授权、激励、辅导、反馈、业绩评估以及奖励分配等。在实践中锻炼这些技能，从部门总监处获得反馈是培养能力的过程。一线经理在这一层级上发展，想要速成是不可能的，因为以上技能的掌握都需要通过深度实践，需要完全掌握才行。同样，那些只注重完成技术性或者专业性工作的管理者也会错过不能学习各种管理技能的机会。

新上任的一线经理会面临很艰难的过渡阶段，通常他们可能无法快速而有效地开展工作或者得不到相关帮助。在面对我们目前为止讨论的几项重要的工作任务（明确工作背景介绍、建立工作联系、提高团队能力、促进任务完成和实现平衡关怀）时，需要一线经理从关注自我发展转向关注整个团队的发展、关注客户需求和业务的发展。但是，大多数一线经理新上任后，仍然会保持只注重自我发展，直到他们学习掌握了一线经理应该掌握的基本技能之后，这种情况才会有所改变。

对于新上任的一线经理来说，不光学习掌握各种基本技能需要花费他们的时间，而且观念上的转变，即从认为自己是"一名普通员工"转为自认是"老板"也需要花费时间。对于他们来说，从以前只重视通过自己的努力实现工作成果转向重视团队的工作成果，则是观念上的主要转变，尤其是对那些成就感很高的个人贡献者来说，升任一线经理的时候更是如此。

对于个人贡献者来说，签约接受一线经理这一职位（成为老板的角色）和这份工作（通过其他人的努力实现自己的工作业绩）就是他们工作取得成功的重要标志。因此，如果这两项标志不出现的话，他们很可能不会去学习并掌握管理方面的技能。正是由于这个原因，部门总监必须要定期对一线经理的工作进行监督，以掌握他们有没有取得新的进步。

一线经理要实现的业绩

- 明确工作背景介绍；
- 建立工作联系；
- 提高团队能力；
- 促进任务完成；
- 实现平衡关怀；
- 掌握管理技能。

一线经理促进业绩实现要达成的结果

- 明确工作目的；
- 明确工作优先次序；
- 建立工作标准；
- 做出正确的判断；
- 关注下属发展和职业成长；
- 对员工进行奖励和认可；
- 实现技术性和专业性的工作业绩；
- 促进团队合作；
- 及时的沟通。

一线经理独特的角色

一线经理都负责团队管理，但所管理的团队差异性会很大，这取决于团队的职责以及其他的一些因素。从这些因素出发，对一线经理面临的挑战进行了解，能够帮助我们深入洞察一线经理具体的业绩，所以不同的一线经理为了实现生产效率最大化，必须要调整他们的行动和工作价值观。下面，我们来具体看看一线经理的分类以及他们所管理的团队。

销售经理。一位销售经理一般领导十位销售专员，由于工作地方不同，这些销售专员不能经常见到彼此，他们之间要建立起工作联系就比较困难。此外，销售专员因受经济利益的驱动，会尽可能多地把时间用在和客户打交道以及销售上，而不是和老板或者自己的同事交流沟通上。由于销售专员主要依靠电子邮件和电话与自己的上级以及同事沟通，所以销售经理必须要为销售专员们建立起联系。

财务分析经理。不论是在产品业务中负责领导三位分析专员的财务分析经理，还是在银行业务中负责管理一支借贷专员小团队的企业借贷专员，都属于交易经理这一类型。他们都是能够提供高水平价值的实干家，而且他们的团队都是由受过良好训练的专业人员组成的，这些专业人员不仅能够为一线经理提供支持，而且能够独立地开展工作。员工都不希望老板以传统的管理方式对自己实行太多的管理，他们认为，一线经理层级关注实现工作业绩非常重要的六项职责，是很难做到或者说是没必要的。但是，部门总监还是特别强调这些交易经理必须学会如何管理。

工厂领班。工厂领班一般会管理很多的计时工，因此他们通常不需要亲自去做工作。但是他们所面临的挑战是让自己的员工能够接受公司所定义的工作背景介绍，而不是由第三方（比如他们自己组成的协会）或者工厂其他部门的同事定义的工作背景介绍。如果工厂领班不能成为对工作背景介绍进行沟通的主要负责人，业绩也不会理想。

工资经理和账户支付经理。他们所领导的团队主要由职员和少数专业人员构成。他们所从事的工作往往重复性强，比较乏味，工作任务的完成通常以规定的付账日期为主，如发薪日或者账单支付到期日。由于这项工作属于行政工作范畴，重复性强，因此工作团队往往会对这项工作感到厌倦，而不再那么上心。在这种情况下，一线经理的工作挑战就是要防止自己的员工在工作中变得漫不经心。

工程经理。无论是工程经理带领的由本科生组成的工程师团队，还是**研发经理**带领的由科学家组成的团队，由于他们受教育程度较高，通常都不希望受到太多的管理，而且许多人也不需要管理。对于这些个人贡献者来说，追求专业发展和申请参加培训是他们工作的驱动力。因此，工程经理和研发经理在日常工作中，往往没有机会锻炼提高他们自己的管理技能。但是，一线经理必须保证按时完成工作任务，而不能只是一味地做试验。

销售呼叫中心经理或**客户服务呼叫中心经理**。销售呼叫中心经理或客户服务呼叫中心经理所负责的团队员工数量可能会达到30人。一般来说，这些经理会首先对自己团队内的员工进行培训，然后依靠打电话和发送电子邮件来管理他们。一线经理可以帮助个别团队成员处理比较麻烦的电话和异常情况，但是通常情况下，一线经理都苦于无法和员工建立良好的联系，因为员工大多数时间都在接电话或者在工作台与客户联系，所以他们工作中的主要联系人就是客户。因此，对这类一线经理来说，如何能让员工与公司紧密联系，将客户的种种需求和关注传递到公司的相关负责部门是他们面临的最大挑战。

项目经理。项目经理所管理的团队成员会随着项目的变化而变化。在项目进行时，他们是项目团队成员；在项目结束后，他们或者加入另一个项目团队，或者回到自己的职能部门。项目经理一般来说管理项目任务，而不是团队中的人员。对他们来说，要做到平衡关怀是很困难的，因为他们是以项目任务为导向的。此外，学习人才发展技能对于项目经理来说也是一项困难的工作，这是因为项目经理很少会有时间或者动力去培养一个临时团队。如果员工被分配去完成一个项目，那么项目经理更应该关注的是员工能力的培养，而不是仅仅注重工作任务的完成。

合同工。合同工正在成为企业劳动力大军中的主要力量。管理这些合同工会遇到一些困难。合同工可能会在家里工作，有时仅为企业工作很短的时间，有时为公司提供公司内目前没有人掌握的特殊技术和能力。虽然说在管理上，合同工并不会受到太多的关注，但是事实上，他们应该得到比全职员工更多的关注。对他们来说，工作背景介绍和工作联系很少甚至几乎不存在。因此，公司应该为他们明确工作背景介绍、建立工作联系，以使他们能以正确的方式完成工作。如果合同工有机会长期与公司合作，那么也需要培养和提高他们的工作能力。在公司的未来发展中，使用合同工是很重要的，因此，管理者学会对他们进行合理的管理，确保他们能以正确的方式完成应该完成的工作任务也将是很重要的。

除了以上所列的八种情况外，一线经理还会面临很多其他的情形和挑战。例如，管理工作中一直处在运行中的铁路（火车）司机团队，或者管理工厂和办公室中的维修工人都会涉及建立联系和能力提升的问题。这样的工作团队很难有机会聚在一起。虽然说团队的组成不会从实质上改变预期工作业绩，但是，它却能改变业绩的实现方式和取得业绩的难易程度。

一线经理的整项工作

为了实现最佳工作业绩，一线经理在工作价值观念上必须经历重大的转变。事实上，在观念上从一名个人贡献者转变为一名一线经理是一次非常彻底的转变，这要比其他任何从一个层级过渡到另一个层级的转变都彻底，这种转变就好比从一名电影演员摇身变为一名电影导演，或者从一名体育运动员变为一名教练。这两种类似的情况能够帮助解释一线经理所要面临的转变，电影导演并不参加电影演出，但是却能够指导演员配合演出好的电影；教练并不亲自参加比赛，但是却能指导运动员合作。在这两种情况下，单单只是个人表现好是远远不够的。拍一部电影，就必须要得到观众的喜欢，否则就是一部失败的作品；同样，团队必须在比赛中获胜，才算得上优秀的团队。电影导演和体育教练需要平衡许多的变量因素，包括谁应该进入演员的阵容中，或者谁应该进入比赛团队里；他们对自己在团队中的角色掌握到何种程度；他们与演员团队或者团队内其他的成员在工作中合作得怎么样；当需要他们的时候，他们准备好了吗；谁需要耗费导演或者教练更多的时间；谁应该被替换下去等诸如此类的问题。新上任的经理在以前的工作中从来没有思考处理过这些问题，即使是有经验的管理者，面对这些问题也会很头疼。很多时候，他们所遇到的这些挑战会使一名新上任的一线经理回到个人贡献者的思维模式上——他们渴望回到生活还比较简单、充满更多乐趣的时候。在一些情况下，如果不是职责所在的话，他们又会在工作上延续个人贡献者的做法来解决一些问题。

如果一线经理想要避免这种情况的发生，他们就必须要明白定义"一线经理整项工作"的业绩标准是什么。他们需要认识到，一旦升任一线经理后，不论在实际工作上，还是在工作态度上，都不能再回到以前了。如果他们想做一名绩效优秀的一线经理，他们就必须要掌握、接受和应用正确的技能，用于这个层级的管理中。

为了帮助你了解完成一线经理整项工作的业绩标准是什么，下面我将举三个例子。

表7-1是一个业绩标准的样例，它定义了一线经理"整项工作"的具体内容。这家特别的公司在不同的国家拥有很多业务单位，负责生产和销售快速流通的生活消费品。对这家公司来说，能够快速执行是企业成功的关键，因此，公司的管理标准是第一位的。此外，这家公司也是一家以市场为导向的企业，因此也要考虑不同的客户要求。因为不同国家的法律和习俗不同，在经营中遵守当地的法律和习俗是必需的，因此在讨论中，我们也加入了"CSR"（country social responsibility，国家社会责任）这一项。

这家公司在明确工作价值观转变上做得非常好。他们明确指出，希望每一个人都有正确的工作价值观，这是取得持续成功的一个关键要求。

表7-2和表7-3中提供了一些例子，说明一家资源型企业是如何区别对待两种不同的工作人群的。表7-2中提供了对运营一线经理的工作标准要求，他们的工作几乎完全是日常生产、安全和团队合作。表7-3提供了专家经理的工作标准要求，这些专家负责管理接受过良好训练的专业人员（如工程师或者会计）团队。他们工作的重点是提高整个团队所提建议或者问

表 7-1 一线经理的"整项工作"

工作价值观的转变	业绩领域	全面业绩	卓越业绩	技能、知识和经验
• 由通过个人努力和团队合作实现工作业绩向通过他人努力实现工作业绩转变 • 从关注本人的生产率向关注团队的生产率和其他个人贡献者的生产率转变 • 从身为团队中的一员向开展工作和建立一个有效、成功的团队转变 • 从计划自己的工作向计划整个团队的工作和担负起业绩管理工作转变 • 从重视专业工作标准向重视管理工作转变 • 从培养高品质的个人工作技能向培养管理技能转变	管理业绩 • 明确工作重点 • 制定工作计划 • 执行管理制度和流程管理 • 解决问题 • 生产率 • 合规(《萨班斯法案》、审计、当地税收制度、劳动力规章制度等) • 项目管理 专业/技术/运营业绩 • 实现关键行为指标 • 销售/营业额/成本 • 预算和费用管理 • 客户满意度 • 对客户/供货商的影响和决策 • 信息分析、共享与报告 • 项目支付	• 根据本部门或者职能部门的工作目标,明确本人和团队的工作重点 • 所有的员工主要有清晰的工作方向、工作责任和达成一致的当前和可衡量的工作目标 • 建立控制系统,确保工作任务及时完成,防止意外情况发生 • 确保个人和团队完全遵守公司内部的政策、工作流程、工作标准以及当地的法律法规 • 确保生产率逐年递增;个人和团队要不断减少浪费和那些不增值的工作 • 在预算的范围内,通过团队合作按时生产出符合规格的产品、服务,提出有效的建议 • 实现所有的关键性任务和关键行为指标 • 工作项目达到所需要求,并帮助实现职能战略①的工作目标 • 分析客户满意度调查结果,制定相关的行动计划 • 制定培养忠诚客户(外部客户和内部客户)的管理流程,确保实现目标 • 合理分享专业性的/技术性的/运营性的相关发展机会和变革内部信息 • 合适的供货商在合适的时间,以合适的价格推出合适的服务项目② • 准确、及时地完成所要求的汇报	• 所采取的管理措施被同事效仿 • 制定决策,解决问题,并为同事的工作目标 • 每一位个人贡献者和整个团队的工作都达到了目标要求 • 所有关键性工作目标和关键行为指标都超额完成 • 在预算范围内,实现新的(或者额外)的工作业绩 • 通过与客户和供货商为业务伙伴,实现额外价值	• 子职能经验和专业知识 • 组织技能和时间管理技能 • 预测问题和及时回避问题的能力 • 进行逻辑思考的能力 • 制定高质量决策的能力 • 授权 • 对职能战略完全了解 • 项目管理技能 • 对公司政策、业务流程、工作步骤和体系有所了解并能够解读 • 做出正确、合理的判断 • 本部门业务的一般商业实践 • 全局观 • 阅读和理解市场数据及洞察各种竞争性手段的能力 • 驱动业绩实现的能力 • 理解决策对于成本和收益的影响

第7章 一线经理：促成业绩的实现　　151

人才培养业绩
- 团队优势
- 团队发展
- 辅导和反馈
- 继任者的发展与培养
- 人才招募
- 员工培训

行为表现：
- 所有的团队成员帮拥有并有能力使用所要求的技术能力
- 辅导和反馈是日常工作的一部分，在业绩评估中不会出现意外情况
- 所有员工都有当前的发展计划，并能积极地去实现这些计划
- 继任者的培养发展计划得以实施
- 合适的人选在合适的岗位上工作，实现工作目标
- 新聘用的员工有挑起更大工作任务的潜力

结果：
- 其他的部门或者职能部门愿意聘用本部门的团队成员
- 绩效杰出的员工愿意在自己的团队中工作
- 成为其他领域愿意申请的教练

能力：
- 识别人才，选择人才
- 辅导技能
- 有能力创造学习环境
- 能够教授（公司）企业文化的能力
- 反馈技能

领导业绩
- 将集团/国家/职能部门的战略方针转化为本地和部门内的工作目的与方向
- 将变革管理明确传达给团队接受
- 定期对员工的工作表示认可，工作业绩
- 对于现工作业绩不佳的情况，要迅速解决
- 奉行企业价值观和业务操守守则
- 领导层的更换
- 业绩管理
- 员工保留
- 激励/认可

行为表现：
- 将集团/国家/职能部门的战略方针转化为本地和部门内的工作目的与方向
- 将变革明确传达给团队，得到团队的接受
- 定期对员工的工作表示认可，提高了员工的工作业绩
- 对于现工作业绩不佳的情况，要迅速解决
- 奉行企业价值观和业务操守守则

结果：
- 被认为是能够领导高绩效、多元化一线团队的榜样
- 团队的工作效力超过同事的团队
- 在一线经理这一层级，是奉行企业价值观和方向的榜样

能力：
- 有能力解读职能战略和文化①
- 有能力实施改革
- 有能力为工作业绩设立明确清晰的标准
- 高尚的工作操守
- 有能力根据情况合理调整领导风格
- 有能力识别对于个人工作业绩非常重要的激励因素
- 处理冲突

关系业绩
- 客户/供货商/供应商
- 职能部门的利益相关者（同事、管理者、职能社区）
- 意见领袖和其他重要的利益相关人
- 跨职能部门团队合作

行为表现：
- 与客户/国家/供应商直接接触，采取双赢的解决方案
- 与同事和经理保持开放式的沟通，确保没有"意外情况"的发生
- 与内部利益相关者发展互相信任的关系
- 与其他职能部门合作，能够确保职能部门工作业绩的提高

结果：
- 能够建立与各职能业务关系，确保公司在各国集团独特业务单元集团层面知识得到满足
- 在制定工作计划和目标时，考虑了多个业务单元的需求

能力：
- 有能力促进业绩目标实现的各种关系
- 有能力进行有效的沟通
- 对国家/业务单当前所处状况的了解
- 有能力解读实践相关的知识
- 与当地需求技能和思维工作重点
- 团队工作技能和思维
- 有能力开发出双赢的问题解决办法

152 第二部分 每一层级领导者的预期业绩

(续)

业绩领域	全面业绩	卓越业绩	技能、知识和经验
增长和新业绩 • 新型技术/运营/专业建议 • 新创意 • 技术/职能创新 • 系统、流程以及标准的改进和提高	• 对新知识新思路感到好奇，通过应用这些知识和思路促进了业绩改进与提升，在这方面有良好的记录 • 相关流程和项目不断得到改进 • 新的业务方案得到成功实施	• 能够发现和利用职能流程/项目改进的新方法或新建议，业绩超出团队目标 • 在团队中，"不断提高"已经成为一种"生存方式"	• 愿意试验，尝试新的想法 • 拥有流程改进技能 • 掌握产品和行业知识 • 在（企业）自己的职能范围内，能够对标最佳实践
国家社会责任业绩 • 理解相关政策 • 健康、安全和环境保障 • 雇主的声誉	• 国家社会责任战略和项目得到团队的充分理解，并加以正确实施 • 有整项健康、安全和环境保护程序及规程①，并能遵照执行 • 工作地点的环境状况（物理状况）有利于生产率的提高，员工的健康和安全 • 确保公司在当地事务能够帮助强化公司形象① • 奉行企业公民的职责	• 积极争取与社区的合作机会（如在教育机构进行演讲） • 国家社会责任方案被同事效仿 • 在国内做企业公民的榜样	• 有能力大力宣传并实施健康、安全和环保政策 • 完全了解企业的各项政策

① 对当前战略非常重要的项目。

表 7-2 运营一线经理的工作标准要求

指导原则：①通过他人实现工作业绩；②促进员工敬业、培训和服务他人；③扫除阻碍团队业绩表现的障碍；④从团队合作到团队建设；⑤为他人的成功负责；⑥奉行并推广企业价值观；⑦从做个人计划转向为实现团队业绩做计划；⑧从实现个人工作业绩向为各户提供业绩成果转变

业绩领域	全面业绩	卓越业绩
业务、财务和技术业绩 • 实现交付目标 • 实现成本目标 • 实现质量目标 • 实现生产率目标，如马力处理 • 实现成本目标，如矿物再生/分类按吨	• 个人和团队都能实现目标业绩要求，遵守到期时限以及质量标准 • 为创造持续不断的业绩，促使员工一致同意业务目标，方法和措施 • 通过高生产率而实现的工作业绩不断提升	• 在工作目标完成、准时交付、保证质量方面，经常超出期望的要求 • 通过新的方法实现新的业绩成果 • 在实现业绩方面，为一线主管设定标准 • 生产率效能都能逐年大幅度提升

领导和增长业绩
- 明确的、协同的以业绩为导向的目标
- 变革管理、促进员工敬业度和沟通交流
- 个人能力与团队能力：知识、技能和经验水平（包括培训和辅导）
- 团队效能、有动力和健康
- 新概念付诸实施，流程得到改进

- 团队成员拥护企业愿景、业务方向和部门目标，对上述内容也能清晰地描述
- 对变革能进行有效沟通和实施
- 该认可的做认可，积极处理业绩表现问题
- 个人贡献者和所有团队成员都实现业务发展目标
- 寻求新的方法和机会，来改善工作方法和流程，并加以应用
- 创造一种具有包容性的、积极健康的工作氛围，激励团队去努力实现比上一年更好的工作业绩

- 员工愿意在管理者的团队工作
- 变革的需求得到认可，并得到整个企业的拥护
- 挑选出来做辅导师或者辅导教练
- 制定标准，提供经常性的反馈
- 其他的管理者要积极为自己招募直接下属
- 大量的提升建议得到实施（按每一个团队成员）

管理业绩
- 工作安排：人力、资源、资金和工作
- 资源供应与资源可用性（做工作所需要的人力和工具）
- 计划付诸实施
- 监督进展、汇报，采取改正行动

- 实现团队目标的工作已经完成，项目目计划已经确定
- 在合适的时间，让合适的人从事合适的工作
- 分配工作时，对工作量也做了平衡
- 控制系统和措施到位，确保及时实现工作业绩
- 在合适的成本范围内，有合适的资源可用
- 为所有的团队成员创造安全的工作环境

- 为资源可用性、计划交付和进程监督设定标准
- 通过持续的规划和控制系统的建立取得的业绩
- 过同事及最好的实践
- 提供创新性解决办法

客户与关系业绩
- 客户/供应商方面的知识、关系需求和客户满意度
- 按照服务水平协议、交付结果
- 与员工之间的关系
- 团队的工作效能（自己的团队和他人的团队）
- 知识共享、团队内互相帮助

- 与经理、同事、团队成员的工作关系
- 对客户需求获得完整的认识，并将该认识付诸应用实施
- 对其他部门、职能、客户或者零售商有所了解，并在此基础上建立合作关系，以促进工作业绩的实现
- 积极建立合作关系，以全面了解情况，实现工作业绩

- 制定的计划和目标全面支持了其他团队的工作
- 最大化利用各种网络关系，以实现杰出的工作业绩
- 同事，并创造新的思维方式

表 7-3 专家经理的工作标准要求

指导原则：①通过他人实现工作业绩；②促进员工敬业、培训和服务他人；③扫除阻碍团队业绩表现的障碍；④从团队合作到团队建设；⑤为他人的成功负责；⑥奉行并推广企业价值观；⑦从做个人计划向为实现团队业绩做计划；⑧从实现个人工作业绩向为客户提供业绩成果转变

业绩领域	全面业绩	卓越业绩
业务、财务业绩和技术业绩 • 目标产出结果 • 实现了既定的结果，制定了咨询解决方案和措施 • 实现意见，创造了价值，防止价值受损害 • 实现成本控制目标 • 实现风险控制目标 • 实现质量目标 • 实现生产率目标，如周转时间、项目投资收益率	• 不论是个人还是团队都能实现目标要求，遵守到期时限以及质量标准 • 为创造持续不断的业绩，促使员工一致同意业务目标、方法和措施 • 所取得的结果有大幅度的上升	• 在工作目标完成、准时交付、保证质量方面，经常超出期望值的要求 • 通过新的方法实现新的业绩成果 • 在实现工作业绩方面，为一线主管设定标准 • 生产效率和效能都能逐年得到大幅度提升
领导和增长业绩 • 明确的、协同的以绩效为导向的目标 • 变革管理、促进员工敬业度和沟通交流 • 个人能力与团队能力：知识、技能和经验水平（包括培训和辅导） • 团队效能、有动力和健康 • 新概念付诸实施，流程得到改进 • 个人发展，技术性技能和知识水平，如创新技术	• 团队成员拥护企业愿景、业务方向和部门目标，对上述内容也能清晰地描述 • 创造一种具有包容性的、积极健康的工作氛围，使得团队能够积极投入，并激励团队努力实现比上一年更好的工作业绩 • 对变革能够进行有效沟通和实施 • 该认可的就认可，积极处理业绩表现问题 • 个人贡献者和所有团队成员都实现发展目标 • 寻求新的方法和机会，来改善工作方法与流程	• 员工愿意在管理者的团队内工作 • 变革的需求得到认可，并得到整个企业的拥护 • 挑选出来做导师或者辅导教练 • 提供经常性的反馈 • 制定标准 • 团队的行为规范是积极寻求新的知识和想法，推动增长 • 大量的改善建议得到实施（按每一个团队成员）

第 7 章 一线经理：促成业绩的实现

管理业绩

- 工作安排：人力、资源、资金和工作
- 资源供应与资源可用性（做工作所需要的人力和工具）
- 计划并实施
- 监督并汇报所取得的进步，并采取改正行动
- 服从既定政策和标准，如质量标准和风险控制政策
- 决策质量和问题解决质量，如建立、完善或者购买应用

- 有到位的工作计划和项目计划，实现主要的团队工作目标
- 在合适的时间，让合适的人从事合适的工作，分配工作，平衡工作压力
- 控制系统和措施到位，确保及时实现工作业绩，不会发生意外情况（数据跟踪，全员质量管理，销售跟踪）
- 在合理的成本范围内，有合适的资源可用

- 通过持续的规划和控制系统的建立取得的业绩超过同事及最好的实践
- 其他经理要积极为自己招募下属

客户关系业绩

- 了解客户和客户需求
- 客户满意度水平以及与客户沟通
- 与员工之间的关系（纪律方面的问题和抱怨处理）
- 服务水平协议交付
- 供应商与承包商之间的关系、协议与管理

- 对客户需求获得完整的认识，并将该认识付诸应用和实施
- 与老板、同事、团队成员、客户以及供应商建立有效的工作关系
- 按照需求、建立可用的、强大的外部合作网络
- 对其他部门、职能、客户或者零售商有所了解，并在此基础上建立工作关系，促进工作业绩的实现
- 积极建立合作关系，以全面了解情况，实现工作业绩

- 制定的计划和目标全面支持了其他团队的工作
- 最大化利用各种网络关系，以实现杰出的工作业绩，并创造新的思维方式

题解决办法的质量、开发团队成员的技术能力以及建立对于专业发展来说十分重要的外部关系。

我是从两家不同的公司中得到这些例子的，在这里想说明，公司所设定的业绩标准必须要反映出一项工作的本质，在一线经理这一层级，存在许多不同的管理人群，因此设立不同的标准也是必要的。

一线经理做出的结果，哪些是我们不希望看到的

在企业内，虽然一线经理代表的是企业内层级最低的第一领导层，但是这并不意味着他们所实现的工作业绩就没有高层领导者实现的工作业绩重要。事实上，你甚至都可以这么说，至少从某种意义上来讲，一线经理所实现的工作业绩要更为重要。作为一线经理，如果能顺利实现该层级所要求的工作业绩，你就帮助高层领导者大大提高了实现工作业绩的概率，因为如果最底层的工作做好了，高层领导就会有一个坚实的业绩基础。例如，如果有一线经理没能提前掌握工作中所需要的基本管理技能，那么从实现业绩的角度来讲，他的成长很可能是有缺陷的，因为他也将会失去担任较高层级工作所必需的基础技能和团队建设技能。此外，由于一线经理这一层级要实现产品和服务交付工作，因此如果管理不善的话，就会威胁到其服务客户的能力。

因此，企业要密切关注一线经理所实现的工作业绩的类型，如果某业绩对于该层级来说并不恰当，那么就可能预示着该一线经理对自己的工作层级定位不对，在错误的层级上工作，那么他的工作很可能处在个人贡献者的层级上。下面我将列举一些关键性的指标，如果出现以下任何结果，就表明一线经理的工作并不符合他所在的层级。

技术性、专业性工作业绩成为一线经理最主要的业绩贡献。如果企业管理者还坚持去做他之前所在职位上的工作，或者有选择性地去做最适合他们的工作的话，那么他们就不能学会如何从事管理工作。在一些情况下，一线经理去从事一些技术性或者专业性的工作是可以的，比如说教授员工

或者向员工做展示的时候、遇见紧急情况需要处理的时候或者处理特殊问题的时候。但是,如果一线经理将超过1/4的时间都用来从事技术性或者专业性的工作,那么他的工作就存在问题了。这样的一线经理由于没有学到管理技能,因此也耽误了他团队的成长。

独处。如果管理者上班时大多数时间都关上门,自己待在办公室度过;或者待在电脑前;或者不在办公室,而是出去亲自拜访客户去了,这就意味着管理者很少与自己的员工接触。虽然说工作中将自己与他人隔离有时候是需要的,比如说个人贡献者的工作,但是如果独处成为一种行为模式的话,就会出现问题。对于一线经理来说,将自己与员工隔离这种行为模式意味着他们没有能力或者不会与自己的员工进行足够的沟通,因而不能成为一位工作有力的一线经理。他们必须要从上任开始,就学习如何与自己的团队进行沟通,如果他们不这么做的话,就预示着他们在工作中不会创造出适合这一层级的业绩要求。

失衡。就如我们之前所讨论过的一样,企业管理者对所有的员工和整个企业都表示关怀是一种工作中需要的业绩。失衡就意味着管理者的关怀出现了不合理的倾斜,同时也意味着企业的生产力会最终受到负面影响,因为那些不被重视和关心的员工就不会再像以前那样尽自己最大的努力去工作了。此外,管理者还有可能犯这样的错误,即偏重企业的利益而牺牲团队的利益,在做出任何决策或者变动的时候,团队总是处于利益受损地位。例如,他们往往根据字面意义来解释所有的企业规章和流程,期望员工按照他们"批准的方式"工作,殊不知,这阻碍了团队采用更好的业绩完成方式工作;高效的一线经理会有意制造一些例外情况。相反,以牺牲公司的利益来偏袒员工都会对工作联系造成损害,也会损害公司的利益。

与员工竞争。一线经理与自己团队内的员工在工作上进行竞争是对以前所在层级工作的延续。现在,在升任一线经理之后,他们的职位要求应该是提高员工的敬业度、支持员工的工作并教会员工如何开展工作。一线经理与员工在工作中开展竞争是不公平的,因为他们有更大的优势——掌握更多的资源和信息。当一线经理最大化地利用这个优势，来"告诉他的员工完成任务的最佳方法是什么"的时候，他们就是在滥用自己所在管理职位的权利。当一线经理与员工之间的竞争已经发展到很明显的时候，一线经理就需要接受培训和辅导，帮助他们将自己的角色和身份从一名团队成员转为一名团队领导。

切记一线经理的角色和个人贡献者的角色是有区别的

除了以上列举的四点之外，还存在其他的情形，表明新上任的一线经理还没有完成从个人管理者到一线经理的角色转变。本书的第 10 章中讲述了这里所涉及的其他情形。当这些情形具体化成有形的时候，部门总监或者接受过培训的人力资源部人员应该尽快干预。如果新上任的一线经理并不适合管理工作，那么尽早将他替换，这样做对每一位员工来说都是很好的。**及时将不适合做管理工作的一线经理替换掉，能够防止团队内的员工利益受损，也能防止他们因为一线经理管理不善而对整个公司失去信心。**从短期来看，一线经理通过亲自拜访客户，提高企业的销售额，或者以很高的熟练程度设计软件开发看起来是有用的，但是从长期来看，一线经理从事这种个人贡献者应做的工作不仅会损害企业的整体利益，而且会损害员工的个人利益。

案例

马戈刚刚从事一份新的工作，对于处理工作中所遇到的各项挑战，她非常感兴趣。她由负责加利福尼亚南部区域的采购分析师被提升为亚洲区战略性采购经理。她接手的团队内有 10 名同事，但是这些同事过去在工作中都没能完成所需要完成的工作业绩。马戈的新上司名叫乔，乔让马戈尽快敲定新的合作合同。于是，马戈与自己的直接下属分别开了一个简短的会议，然后她亲自去了解市场情况，并与主要供应商那里的重要人物进行了会面。而对于她团队内的 10 名同事，马戈没有新的要求，而是让他们仍旧从事着当时正在做的工作。

鉴于马戈丰富的产品知识和与供应商开展谈判的高超本领，她在供应商那里成了大红大紫的人物。截止到第一年年底的时候，马戈的工作成果超过交付目标23%，并为公司新增加了5家新供应商。现在，她要求自己的团队去做一些后续工作，确保所有的订货单都得到供应、以合理的方式吸引一些新的供货商并通过质量检查。6个月之后，马戈的工作业绩已经超过她新制定的更高目标18%，但是工作中出差的旅途奔波让她开始觉得这项工作乏味无趣。这时候，当她的一家重要供货商提供了一个高级管理职位让她从事所有网络业务时，她急忙抓住这次机会，一方面能够赚更多的钱，另一方面工作中的出差奔波也大大减少了。

乔非常生气，因为马戈的离去意味着他需要从头再来。虽然采购越来越多，但是他的亚洲采购团队工作起来仍然效率不高，如果他不能找到像马戈这样合适的人选来接手这一工作，他确信亚洲的业务交付一定会下跌。虽然说现在工作团队的工作能力提高了，但是整个采购团队里面，没有一个人的能力充分发展到可以取代马戈的角色，或者能够运用马戈的工作方式来驱动交付业绩的完成。乔现在觉得，如果马戈能让自己团队内的同事提高工作能力，参与到出差和谈判中的话，也许乔就能把马戈留下来了。

显然，马戈的工作方式并不能很好地服务于整个公司，但是，由于她在工作中带来了不断增加的采购业绩，所以这个问题就被掩盖住了。新上任的一线经理可以使公司的工作业绩得到提高，但是，如果他所负责的团队内其他成员的工作能力没有得到合理的提高的话，这种业绩提高只能是暂时的。其实，在每次有采购需求的时候，哪怕只让一位团队成员参与进来锻炼，久而久之，就可以让他们自己去开展谈判，即使是这么简单的工作，如果当初这么做了，也可以在马戈离开之后，改变目前所处的局面。因此，乔同意在将来的工作中，将把这项工作作为一项必须履行的工作要求。马戈说她知道培养员工、发展员工很重要，但是在她的工作中，老板只看重采购业绩，她工作的好坏也只通过采购业绩来评价。

第8章
个人贡献者：交付产品和服务

个人贡献者（或者叫自我管理者）应该创造怎样的工作业绩呢？这样的提问虽然不太妥当，但这却是一个非常重要的问题，不论是个人贡献者还是一线经理，往往都无法回避这个问题。许多一线经理想当然地认为，对于个人贡献者而言，只要给他们一个工作描述，给他们划定一个专业领域，提供大致的工作指导，他们就会知道自己应该做什么。而事实上，许多个人贡献者对自己究竟要实现什么样的工作业绩只有一个非常模糊的概念。更糟糕的是，对于工作中所要求要实现的工作业绩，他们往往会产生错误的认识，因此将大把的时间和精力浪费在错误的事情上。本章的内容我也写进了另外一本书中，该书是关于上级领导要如何帮助一线经理弄清楚这样一个问题，即作为一线经理，他们应该让自己的员工实现什么样的工作业绩。同样，如果一线经理不能帮助自己的员工明白这一点的话，个人贡献者可以通过自己的努力去弄明白。

个人贡献者是所有劳动力中数量最庞大的群体，个人贡献者的头衔名目众多，如销售员、工程师、分析员（化验员）、招聘人员、交易员、律师、程序设计员、设计师等。个人贡献者在工作中只负责管理工作任务，而不参与人员管理，只是有时候他们会应要求带领一个由自己的同事组成的团队去完成某一个项目，但是这样的工作安排只是临时的、短期的，而不是他们工作中永久性的一部分工作。

在个人贡献者这一层级，要求工作人员具备各种不同的工作技能和能力。可能有少数企业只要求个人贡献者掌握一种技能即可，但是在大多数企业内，都要求该层员工具备多种技能。在上一章节里面，我讨论了个人贡献者群体，识别出这个群体所带来的管理上的挑战。对于个人贡献者来说，掌握多种不同的技能和工作能力是对他们是一项永远不变的要求，因为这一层级需要完成各种不同类型的工作。虽然说工作多样化管理起来比较困难，但是如果思考质量、工作技能、工作经历、工作能力以及工作方法在较高的水准上，那么就能防止竞争者对你公司的猜测，也会防止企业内产生自满的情绪。一线员工掌握多种不同的技能，就能够实现多种不同的工作业绩，只有掌握了多种技能，才能帮助企业在不同的领域创造佳绩，获得与众不同的经营特点。

个人贡献者层级的工作目的

在企业内，个人贡献者这一层级负责生产产品、销售产品以及提供服务。除了这一项中心工作任务之外，该层级还会以其他的方式为企业增加价值。虽然说如果在支持性岗位上工作，可能实际工作中并不会接触到产品，但正因为有了个人贡献者的工作，才能使其他人员生产产品成为可能。一般来说，个人贡献者所在层级是企业所有层级中开销最小的一个层级，因此如果领导层级能够亲身参与到其中的话，他们就会帮助尽量控制产品和服务的成本，使其低于原有的成本。如果管理得当，这一层级就能够创造出非常优秀的业绩，因为这一层级正是技术性人才和专业性人才聚集的地方。通过锻炼新的技术技能、掌握新的知识，个人贡献者可以以创新的、更好的方式生产产品和提供服务。通过与自己的同事以及管理人员开展合作，个人贡献者可以加快产品和服务的生产过程，提高产品的生产效率。

此外，与客户直接打交道也在个人贡献者的工作中占很大一部分，他们能够通过提高产品和服务的质量、确保交付产品和服务的及时性、保持乐观有益的工作态度以及开展各类创新活动来影响客户对企业的态度。

可能对你而言，以上所讲都是很显而易见的道理，但是，我之所以要反复讨论这一点，是因为个人贡献者这一层级往往需要服从于企业更大更重要的工作计划。相对于企业期望个人贡献者所实现的工作业绩来说，他们所接受的培训和沟通比较少。因此，我想强调的是，个人贡献者这个层级如果被忽视，对企业来说是非常不利的，该层级对企业所产生的影响，要远远大于它看上去所能产生的影响。结合之前我们用过的类比，可以说：即使导演的技能再好，片子的成功与否还是决定于参加演出的演员。

让个人贡献者明白他们需要实现什么样的工作业绩，能为他们提供什么样的工作资源，及时向他们做出反馈以帮助他们不断提高，这些都是使企业实现最大价值并取得成功所需要的关键管理任务。这也是业绩梯队中通常出现问题的地方。如果企业的管理层能够做好他们该做的工作，那么个人贡献者也就更能够做好他们的工作。

（**注**：本章我将重点讨论如何判断个人贡献者工作有效性的方法，即①他们的工作时间实际是如何分配的；②他们与同事的沟通有多少；③什么时候会遇到挑战，会发生什么事情。协商单位的小时工不在讨论之列，因为他们处在不同的位置上，关于他们的情况，可以写另外一本书。）

个人贡献者应该实现什么样的工作业绩

对于个人贡献者来说，生产产品和提供服务是首要的工作任务，但是这并不是他们工作的全部。个人贡献者在工作中，还必须为该层级其他工作的实现做许多非常重要的支持性工作，以帮助该层级实现最大的价值。但是，我并不会将所有重点都集中在详细讲解专业化的个人贡献者所应该实现的特殊贡献，例如，程序员写代码的技术性细节，或者交易员是如何做成一笔交易的，等等。相反，我会将重点放在每位员工需要实现的基本工作业绩上，这些基本工作业绩决定着个人工作的成功与否以及是否能够帮助业务获得成功、企业实现繁荣发展。这包括以下几点：

- 个人管理；
- 合作；
- 使客户满意的思维模式；
- 公民权利和义务；
- 不断学习；
- 创意和创新；
- 影响力；
- 建立关系。

个人管理

个人管理是所有管理工作的基础，因此在这里会着重讲解。这意味着个人要去了解企业对个人的需求，需要考虑如何通过自我控制去实现这种需求。**对个人贡献者的考验就是要去做需要做的工作，而不是做你喜欢做的工作。**最伟大的管理思想家彼得·德鲁克在他的作品中认为，管理要通过设定目标和实施自我控制来实现。然而，企业往往会热衷于通过制定目标进行管理，而忘记了自我控制在这里也扮演着同样重要的角色。其实，实施自我控制要比设定目标和跟踪业绩实现起来难度更大。要实现自我控制，需要进行以下几种考虑比较周到的活动：

1. **了解并掌握需要完成什么样的工作任务**。理想的状况是，老板会对员工讲清楚需要做什么工作、什么时候完成以及为什么要做。业绩梯队就是按照该思维而建立的。但是在很多情况下，老板不会说明所有需要完成的工作任务，而只会说明其中的一部分。因此，个人贡献者必须要自己询问老板或者同事，弄清楚需要完成什么工作任务，或者要实现怎样的预期工作业绩。如果个人贡献者自己不主动询问，而是坐等老板下工作指示，那就是浪费公司的钱财。所以，不论是在哪一层级工作，都需要主动积极。如果没有这项要求的话，员工就会将大把的时间浪费在从事次要的或者是第三位的，甚至是与自己根本就不相关的工作上。每一位员工必须要养成快速获取信息的习惯，尤其当得到的答案不够清楚或者找不到老板的时候，这种"获取"信息的方法就显得更加有用了。

2. **工作计划和时间管理**。工作中制定一个清晰的计划，想清楚要采取什么行动、什么时候采取以及采取这样的行动需要什么资源，这对于提高个人生产效率来说具有根本的意义。我曾经对成功的领导人士做过几百次的评估，从中学到了很关键的一点，那就是，**凡是工作效率高的领导，他们的工作计划都要比其他人做得好**。而个人管理的核心是对时间的管理。

3. **掌握必需的工作技能**。掌握工作技能的办法其实有很多种，但是其中最好的办法是来自老板的辅导。在接受任务开始阶段，最好要承认自己还不能完全把这项工作做好，这样讲听起来有点风险，但这总比工作做得不正确或者犯错要好得多。如果老板不能或者不愿对你进行辅导，同事就是最好的学习资源。观察同事工作、向同事询问不懂的问题、午饭间与同事交流（当然，前提是你所供职的公司要有午饭时间），以及与同事合作都是可行的。在企业外寻求帮助，比如阅读资料、向专家请教和交流也是非常有用的，但是可能没有这样的资源。在尝试与犯错中学习也是一种可行的学习方法。同样，向老板或者同事吸取经验，听取他们对问题的看法，也是一种实惠而又可行的办法。这种办法以非正式形式进行更好，但是最好是在一项非常重要的工作完成或者失败后马上进行，效果才会比较好。要仔细分析工作中的每一个阶段和步骤，分析哪些是可行的、哪些是不可行的。

4. **主动要求反馈**。要学会主动要求反馈，而不能等着老板主动提供反馈，这是一项非常有价值的工作技能，因为老板不会每次都主动反馈（原因有多种，其中包括有些老板不愿意提供一些关键或者负面的回馈）。将寻求反馈应用到工作中，对工作取得成功来说非常重要，同时还会开启更多的可能。同事会有许多的工作经验要分享，从中我们可能会发现他们曾经也走过同样的学习道路。因此，向同事征求反馈，可能会得到你想得到的答案，同时也避免了将来与同事之间可能出现的问题。要尊重这些反馈，要将得到的反馈应用到工作之中，即使这么做很痛苦，但对于自我管理来说却是非常重要的。

5. **学会管理自己的情绪**。当面临一项工作任务或者一项挑战的时候，所需要做的是努力而又冷静地看待所要实现的工作任务以及思考实现任务的最佳方式是什么。对工作任务抱有热情是非常重要的，但是在个人贡献者这一层级，员工需要学会控制自己的情绪，以确保自己的情绪不会阻碍工作的正常开展。例如，当一位个人贡献者被派给一项他觉得太过初级的工作任务的时候，他可能会觉得非常生气，这样一来，他生气的情绪就会使他以一种粗心、得过且过的态度来开展这项工作；但是，工作中不用心又会导致许多的问题，而需要重新去做这项工作，又会花费大量成本和时间。通过学习管理自己的情绪，员工可以思考企业或者公司在正常情况下是如何开展某一项工作任务的、这样开展工作的好处是什么以及在决定要做什么工作之前，是否已经想到了比较好的执行办法（即更实惠、更快捷、质量更好的办法）。这时候，就需要在很大程度上进行自我约束。对于一家企业来说，如果每位个人贡献者都只根据自己的情绪来开展工作的话，那么企业就不能创造自己的品牌，也不能兑现自己的诺言。

6. **承担解决工作中遇到的障碍**。在企业内，当工作业绩没有实现的时候，个人贡献者往往会归咎于各种障碍，这是一种非常普遍的做法，但是这样的借口却是不能被接受的。绝大多数时候，之所以不能实现工作业绩，是因为个人贡献者这一层级的员工没有学会去解决工作中的障碍。为了实现工作业绩，需要有人来"承担"解决工作中遇到的障碍：为克服障碍、移除障碍或者寻求帮助解决困难而承担起责任，有时候需要制定一份新的计划或者采取一种新的方法，有时候只要努力工作即可。**不论在什么情况下，将失败、超过规定到期日、成本超支、质量低劣等问题的原因仅仅归**

结于某一项工作障碍都是不能接受的。工作中总会遇到障碍，因此要求个人贡献者在工作中找到克服障碍的办法是完全合理的，而不能一味地抱怨所遇到的障碍，或者直接去找老板要办法而没有任何建议。更好的安排利用时间，学习掌握一种新技能并创新地去克服障碍都是自我管理的一部分。

7. **负起责任**。完成分配到的工作任务是个人贡献者必须要做到的事情，但是，许多员工自从进入企业开始，就已经习惯了在不能完成工作业绩的时候找借口或者责备其他人的不是。更为常见的是，他们甚至都不花时间或者努力去确保完成所分配到的工作任务。制定工作计划，确保能够按时完成工作业绩，花费自己的精力，运用工作技能来实现工作计划，都是个人管理中例行的一些工作。但是，只有当一项工作是正确的、完整的、与其他工作相联系的，而且被客户接受的时候，才能说这项工作真正完成了。**努力工作与在工作中担负责任并不是同一个概念**。将整个工作任务或者整个项目的所有方面放在一起并使之形成一体才是最有价值的。也许只要努力工作，看起来就已经足够了，但是事实上，它只在需要做的工作中占很小的一部分。

实现自我管理并不容易，这项工作不仅要求高，而且浪费时间，但是，企业应该认识到，帮助个人贡献者掌握这项技能将会对企业的持续发展大有益处，例如：可以减少企业内需要的领导人员，大幅度提升客户服务质量，并为企业打造自己的竞争优势提供真正的资源。

合作

在企业内，团队合作对于工作的有效开展是非常重要的，但是，这并不是说每一项工作都能够或者应该通过团队合作（或者在小组内）来完成。对于大多数个人贡献者来说，可能大部分时间都是自己一个人工作。正是由于这个原因，在个人贡献者这一层级，开展合作这项技能是一项非常重要的业绩。因为工作很少会进展得比较顺利，所以往往需要在时间安排上、工作方向上、工作内容等方面做出改变。当需要做出改变的时候，当实施新措施的时候，当到期时间提前的时候，或者当项目需要缩减规模的时候，个人贡献者之间就应该自动地开展合作。个人贡献者应该改变工作方法，开始加班，放弃自己喜欢的项目，与其他职能部门共享自己拥有的资源或者技能，等等。如果他们不以这样的方式进行合作的话，企业的生产效率就会受损。如果某些员工不合作的话，还要浪费老板的时间和精力来说服他们，劝导他们，或者是斥责他们。并且如果有一位员工不愿意合作的话，往往就会引起其他员工也来效仿。这样一来，在企业最需要工作速度和生产效率的时候，反而每一项工作都会变得缓慢并且难以开展。愿意合作的员工能够适应形势变化，根据情况开展工作；而不愿意合作的员工则会在工作中放缓速度，拒不前进。

使客户满意的思维模式

对于大多数个人贡献者来说，在工作中都看不见现实中的客户，但是每一位员工都在为客户服务。企业人力资源部门的招聘人员需要招聘那些具有良好客户服务技能和服务意识的员工。财务部门可以做成本分析来帮助降低成本，以使客户最终能得到一个较为合理的报价。工程师可以设计一些客户容易使用并会保持使用的产品，供应链上的员工可以安排较为方便的产品和服务交付日期以及次数。

我在这里要让大家注意的是，客户满意业绩不包括也不应该包括"内部客户"满意度。拥有内部客户（即企业内一个职能部门为另一个职能部门服务）会使企业建立错误的衡量标准和方法，并创造出不利于团队合作的内部关系。例如，"我们生产制造部门是你们人力资源部门的客户，因此你们最好设计出我们想要的方案来"。生产制造部门所做的一切工作，比如说，保证产品质量、完成交付、成本管理，都应该对真正付钱购物的客户有利。人力资源部门需要而且也应该和生产制造部门共同合作，帮助增加客户价值，而不只是在他们设计和交付的方案内生产价值。

个人贡献者应该为自己培养一种以业绩为导向的思维模式，即从付钱购物的客户开始考虑，然后在自己的工作中划清界限。如果员工是在销售或者服务部门工作，这个界限就可以在工作中直接体现，但是也有可能该界限会先经过销售部门或者生产制造部门、设计部门，然后才能够到达他们那里。理解了这一点之后，员工就会在谨记客户满意度的前提下，去思考和开展工作。

做企业"公民"

每家企业都有影响每一位员工的经营目标和需求，有每位员工必须遵守的一整套行为准则和规章制度，而且不论成功或者失败，都是建立在所有员工共同努力的基础上，从这个意义上来讲，企业就是一个社区。个人贡献者是这个社区中最大的群体，因此他们会对企业将来发展成为一个什么样的社区产生很大的影响。**如果企业的发展憧憬、标语等都得不到个人贡献者这个群体的追随和尊敬的话，那么它们就没有任何含义。**我曾经得到的最差的服务是由这样的一些人提供的，他们的衣服纽扣上都带有"全面保证质量"这样的字样；在另外一个案例中，恰恰是站在写有"顾客至上"这样的横幅下面的服务代表人员却提供了非常差的服务。

作为一名个人贡献者，在工作中执行分配到的工作任务、避开各种麻烦、对老板毕恭毕敬是远远不够的。**个人贡献者要学会的是：将为了公司的利益而做正确的工作培养成为一种内在的意识。**要做到这一点，不仅仅需要在大家面前努力表现；相反，它意味着个人贡献者要主动去承担一些比较难以实现的工作任务，或者当有同事对公司持有不客观、不公平的负面意见时，能站出来为公司说话。个人贡献者还必须要学会在工作中保证工作质量符合标准要求，工作计划与公司的经营战略相一致，使命性的重要工作要首先完成。每一名个人贡献者都应该真正充分理解公司的发展前景、发展使命和经营理念，这样不论他们是否正在公司这个社区中开展工作，都能在将来采取正确的方法开展正确的工作，这是我们能够而且应该对他们抱有的期望。企业"公民"是一个比较宽泛的概念，附带有广泛的责任——从尽自己最大的努力去做所有工作任务，到与公司外界人士进行交流，支持公司目前的经营决策与战略。

不断学习

在业绩框架内，你可能永远都不会想到学习这个概念，但是**在个人贡献者这一层级，学习对于业绩实现来说非常重要**。在一家企业内，大多数的技术型知识人才、专业型知识人才和操作型知识人才都集中在个人贡献者这一层级的人群中，许多人能够被招聘进公司，就是因为他们所具备的知识、培训经验和技能，而且资深人才还有数年的工作经验和经过锻炼的专长。这一层级的集体工作能力是企业的一大笔财富，企业必须要不断培养他们、发展他们。保持现有的集体工作能力，并不断改进提高各种技术，是一项非常关键的企业业绩要求。企业的其他层级会分析研究企业的发展现状以及企业在新技术方面的投资情况，但是，个人贡献者必须要不断地开展学习、吸取经验，例如，他们可能还需要改变工作方法，以利用新的技术和新的经验。

个人贡献者还需要了解客户的需求、了解具有竞争力的工作方法和市场情况，他们需要适应不断改变的客户需求和市场状况，需要很好的个人管理能力和不断地学习，以使自己能创造出合适的工作业绩。在这些不断变化的情形之下，企业的经营战略也会发生变化，个人贡献者也需要紧跟这种变化。

个人贡献者还必须要及时了解环境状况、经济发展趋势以及社会变化，因为这些因素也会以某种方式影响到个人贡献者这个群体。

想法和创新

作为一家企业，只有内部不断地涌现新的想法和创新，才能不过时和落伍。新的思想和创新能够为解决客户问题提供新的方法；为企业获得新的竞争优势，或者保持企业已有的竞争优势；帮助降低企业的生存成本，提高其生产产品和服务的质量。作为企业内最大的劳动力群体，个人贡献者应该是新思想和创新的最大贡献者。他们拥有技术和专业技能，他们能够和客户直接会面，而且他们看问题的视角常常比较新鲜，因为他们中的很多人与其他层级相比，进公司的时间都比较短。**由于一些个人贡献者可能不愿意将自己的想法贡献出来，或者不知道该以什么样的方式贡献出来，所以老板需要将这一点明确化。**

企业对拿薪水很高的工程师、科学家、会计以及其他的专业人员寄予了很大的期望，希望他们能够创新。但是，对于那些刚进公司的新人或者还处在初级职位上的员工，一方面他们可能会觉得自己好像缺乏可靠性或者权力基础，因此不能提出新的想法，尤其是不能提出与众不同的或者包含有风险的想法；但是，另一方面正是这些个人贡献者，是最不希望保持现状的员工，他们希望通过变化能够让自己在企业内出名。这两种矛盾的因素，加上他们看问题新鲜的角度、技术专长以及他们在企业员工内所占的数量（他们在企业的员工中占着很大的百分比）都意味着：个人贡献者应该被鼓励在工作中不断创新。对许多公司来说，这里的挑战是学习如何鼓励这部分员工，使他们创新，而不是以遵守规则和服从的名义去压制他们提出新的想法。

影响力

即使个人贡献者这个层级的员工不需要对其他人直接负责，但是他们常常处在一个会引起变化的职位上，或者说他们的职位会使他们的上级同事向一个新的、更好的方向上发展。通过综合考虑我到目前为止所讨论的各种工作业绩，个人贡献者就能够明白企业需要什么，或者哪些方面能得到提高和改进。如果个人贡献者没有任何影响力的话，企业或者是业务就会失去这部分潜在的价值。

影响力的意思是：个人贡献者的想法能够被别人听取，他们的工作能够被效仿；在重大事件上能够征求他们的意见；并且在开展讨论的时候他们发表的意见能够占多数。**如果个人贡献者的想法有深度并且合理，如果他们将学习到的东西应用到实践中且一直有效果，而且他们有积极的态度，那么他们就能够对同事和老板产生影响。**因此，个人贡献者必须要理解，他们可能会得到任何一个机会使自己变得有影响力，但他们需要花时间做一些必须要做的工作，才能让自己成为有影响力的员工。

建立关系

建立关系是个人贡献者所要实现的最后一项最基本工作业绩，这项工作业绩对于该层级的成功来说是非常关键的，但是这项工作业绩却常常被忽视掉——很少有个人贡献者需要负责为企业建立各种牢固的关系。就如我们之前所讨论的一项工作业绩——合作一样，建立关系是涉及人际交往能力的。但是建立关系却是一项比合作范围更大更广的工作业绩，需要有能力建立和保持多样化的关系。建立关系不仅需要顾及他人的感受，而且要学会和各种不同的人群开展富有成效的、创造性的工作。

你的目标应当是让别人对你有一个正面的评价，但是要做到这一点，需要花费很大努力，需要愿意倾听他人的想法并支持他们。一些评价虽然很好，但是对于企业的业务发展却没有多大的价值，例如，"她人真的很风趣"，或者"他总是会听我提出的问题"。其中最重要的是关系。良好的社交关系可以让生活变得更加轻松愉快，但是好的工作关系可以使工作做得更加成功。员工应该希望与他人之间建立关系，而不是"不得不"与别人进行合作。因此，**要求个人贡献者与每一位员工在工作中都建立良好的关系应该是企业的一项明确的规定，而不只是碰碰运气。**

完整的工作任务

由于个人贡献者这一层级的工作任务种类繁多，因此要定义该层级完整的工作任务是有挑战性的。表8-1是一个很好的例子，说明了如何才能对该层级完整的工作任务进行定义。表8-1详细列出了企业所需要的工作价值

表 8-1 某公司为个人贡献者制定的业绩标准

业绩领域	全面业绩	卓越业绩	需要发展的指标
所要求的工作价值观 • 接受企业的价值观和文化 • 达到行业标准要求 • 积极寻找新的、更好的方法来实现工作业绩[1] • 将管理和工作中的挑战联系起来 • 尽早找出问题，寻找解决问题的方法			
运营/技术/财务业绩 • 个人或者项目/方案的业绩 • 成本目标 • 个人目标或者项目和方案目标以及到期时限 • 工作订单 • 在销售方面对客户的影响 • 分析的准确性、及时性	• 销售、项目、程序成本在预算范围内[1] • 实现所有交付目标和达到时限要求 • 在所有方面都达到专业标准 • 根据安全、质量指导方针和惯例实现工作目标	• 所有既定目标都超额完成，交付任务日期都早于目标交付日期 • 交付的工作质量成为同事们的榜样 • 使用创新思维，改进工作流程，增加额外价值	• 无法按时交付任务和赶上进度 • 安全标准和质量标准受到损害 • 浪费资源[1] • 不了解标准
自我管理业绩 • 工作计划和组织 • 成本、质量和及时 • 资源的有效利用 • 业务单元的成功 • 措施和控制	• 制定个人计划，确保按时交付结果 • 个人计划与工作单元内/外相关计划符合 • 解决工作中遇到的阻碍[1] • 没有对问题进行早期预估	• 通过个人时间管理使生产力得到大幅提高[1] • 个人和他人在工作流程方面的改进 • 提高了工作团队的业绩[1] • 个人的成长成为团队实践为团队设定了发展标准	• 过度社交 • 缺乏专注和承诺 • 急于完成 • 变来变去

类别	必须达到的行为	期望达到的行为	不可接受的行为
领导业绩 • 影响 • 个人发展 • 团队合作、团队表现 • 价值观、道德观	• 将正确的信息在正确的时候，以正确的方式传达给正确的人群 • 团队密切配合促成团队成功 • 个人的工作行为要与企业的价值观和道德观相一致 • 通过个人能力的发展，更好地支持工作方案或者工作流程的改变①	• 通过个人影响使同事接受变革 • 通过创建新的工作流程，提高企业的生产效率①	• 不能够推销自己的思想 • 在沟通交流上不够努力 • 抵制变革 • 不能按公司价值观行事
关系业绩 • 客户、承包商关系 • 与同事、其他职能部门和业务部门的关系 • 支持老板和整个团队 • 建立关系网络	• 与老板及同事建立良好的工作关系，能够为企业创造出协同作用 • 要养成经常提问的习惯，比如"我能帮您做什么呢？"以及"我妨碍到您什么了吗" • 与同事和其他关键的相关人物（如客户）建立合作关系，共同完成工作任务 • 把团队和企业的成功放在实现个人理想和志向之上①	• 与同事之间建立有效的工作关系，成为大家学习的榜样 • 通过外部关系，实现所需要的业绩① • 经常帮助职能部门内外的同事取得工作上的成功	• 坚持自己的意见 • 对同事的需求或者请求熟视无睹 • 忽略老板的存在，开会之前不做准备，在与老板 • 将个人置于团队之上
客户/患者/用户业绩 • 产品安全和效力 • 了解用户需求和期望 • 对企业、老板进行反馈	• 达到并为客户创造价值的要求 • 客户的反馈对产品生产和工作流程改进产生影响① • 严格遵守企业的安全规定	• 在客户知识、客户发展趋势的理解 • 客户需求方面成为大家愿意请教的对象（市场细分、购买方式）的对象① • 客户对质量的反馈会导致重新制定方案和计划	• 对客户的问题不关心 • 对企业的质量和安全标准不了解 • 与客户没有任何联系

① 对于获得新的战略主动很重要的项目。

观，从而为思考工作预期以及建立一种正确业绩（像公民权利和义务以及创新这类工作业绩）的思维模式提供了框架。同时，工作价值观还能够明确企业的管理关系，表明管理关系是一种积极的关系，在这种关系中，个人贡献者应该让老板获悉各种消息。采用这样的工作价值观意味着个人贡献者将会接受关键的工作要求。

表8-1展示了一家公司建立的业绩标准，这家公司这么做是试图进行一些重要的战略改变。他们实施了一项重大的改进方案，所指定的这些业绩标准传达了对每一位员工所要求实现的业绩的程度，对于那些战略性的改变而言，有星号的项目都非常重要，而且能够帮助每一个层级明白他们应该做出什么样的贡献，这些贡献是有具体说明的。

表8-1中个人管理业绩和领导业绩的分类，展示了该公司是如何进行沟通和承诺致力于最大化利用每一位个人贡献者的能力，同时也详细列出了公司利用个人专长和促进个人提升的期望。

这些期望同样也要被衡量，对于个人贡献者这个群体来说，为卓越业绩设定清晰的标准尤为重要。刚走上社会的毕业生和其他刚进公司的新人常常都是想要一份事业，而不仅仅是一份工作。想要"挤到前面去"、做更多具有挑战性的工作、为公司做更大的贡献、赚更多的钱或者获得其他形式的回报都是正常的。对实现卓越绩效的要求进行定义，能够帮助每一位员工理解，要达到什么样的标准才能被认为是有很大的发展潜力或者是在事业上追求快速成功的人。为卓越绩效提供具体的实现标准，能够帮助员工将工作的中心集中在真正重要的工作上，而不是次要的或者根本就不重要的工作目标上。当然，并不是每一位员工都希望接受更大的挑战，但是那些愿意接受挑战的员工都能够从明确的工作定义中获益良多。

这家公司没有依靠老板来一一定义哪些努力或者工作行为是不能接受的，相反，这家公司选择在业绩标准文件中将其中一部分列出来了。以这种方式进行定义，有利于个人管理，也给出了一些容易理解的标准，这些"需要发展的指标"（第四栏）将帮助公司每一个层级在如何运营方面做出改善，打破他们作为领导养成的一些坏习惯。

我们不希望看到的工作结果

"需要发展的指标"项目中也说明了一些不利于达成预期目标的工作态度和实际行动。除了每一栏所列出的具体内容之外，这些指标也显示出了以下三点个人贡献者经常表现出来的有害的品质：

愤世嫉俗。愤世嫉俗往往容易破坏信任和信心。当员工变得愤世嫉俗的时候，他们面对严格的管理要求和重要的企业方案时，不会正确地进行回应，而"这样做是不管用的"和"他不知道他正在做什么"则成了他们的口头禅。在开完会离开的时候，或者刚刚听完重要的工作讲座的时候，经常可以听到他们这么说。**个人贡献者应该表达他们合理的担忧，他们需要谈论具体的工作而不是展示自己的态度**。愤世嫉俗这种情绪是有传染性的，因此老板必须要尽早消除这种情绪，避免它演变发展成为下一个有害的品质。

抵制任何变革或者任何新事物。比起愤世嫉俗，这一品质虽然要容易认定得多，但是却同样的麻烦。这种抵制会以多种方式出现，如消极拒绝（不说"反对"，但是从来也不说"赞同"）、工作效率降低、工作中不尽全力、拖延争执期。如果员工有合理的理由，当然是可以进行抵制的，但他们也应该征得领导的允许，提出他们自己的看法。一旦决定做出，就不能再抗拒了，而应该马上结束。

自我陶醉。这种品质在目前似乎比以往任何时候都要盛行。在谈话中，自我陶醉的出现方式就是"这都是关于我的"这样的语言，比如"只要我们是在谈论关于我的事，我都很乐意和您交流"。一般情况下，自我陶醉的人都不善于与同事合作共事，除非团队合作的目的是让这些自我陶醉者取得个人成功；他们都有非常远大的理想和大胆的计划，但是这些理想和计划都几乎和与老板或者业务的设定目标没有关系。这类人不会支持自己同事的工作，不会花时间和精力在团队工作目标的实现上，也不会配合团队积极有效地开展工作。

让卓越业绩成为可能：技术性业绩梯队

在大多数公司里面，都会有专业人员、工程师、科学家、客户关系经理以及其他的个人贡献者，他们负责为公司创造卓越的工作业绩，但是并不想做一名管理人员。当他们的工作能力不断提高，达到工作的最高要求时，他们所掌握的技术职位或者专业职位就是公司所能提供的最高职位了，这时候，他们就开始不安分了。他们希望做更多的工作，赚取更多的报酬，但是现在公司已经不能为他们提供这样的选择了，所以他们也不想拿同样的工资而去做更多的工作。因此，这部分员工就开始向同事和老板抱怨，他们失去了工作的热情和献身精神，工作业绩也因此受损，从而开始到处寻觅，试图另找一份工作。

然而，当卓越业绩的员工已经明确表示，自己更喜欢在个人贡献者的职位上工作时，就不要把他们放在一线管理者的岗位上了。无奈之下，公司只好将那些感到不满的、业绩优秀的员工提升为一线管理员，这样做的目的是想挽留这些员工。有时候个人贡献者会拒绝公司的提升，有时候他们也会勉强地接受这样的提升，或为了赚取更多的金钱、权力或者挑战。有少数人会正确地转变自己的工作价值观（转向另外一个管理层级），因而成了非常优秀的管理者，但是他们中的大多数人仍然会继续做技术性或者专业性的工作，因为他们之前所接受的培训就是这方面的工作，也是因为这方面的工作而取得了成功。**但有时优秀的个人贡献者也会变成很一般的管理者。**

在我所工作过的公司里面，几乎都存在这种现象，领导梯队在公司的底层出现瓶颈，因而业绩梯队无法实现。如果你遇到这种现象，最佳的解决措施就是建立一个技术方面的业绩梯队。**通过创造一系列更加具有挑战性的、工作范围更广的职位，你会为员工提供一个更具有价值的晋升选择，而不是失去能力极强而又精干的技术性人才或者专业性人才，使他们流失**

到其他公司，或者创造出一位根本就不想从事管理工作的管理人员。

技术性业绩梯队中提供的是一系列越来越具有责任感的个人贡献者岗位，这些岗位会对职能部门、业务部门或者整个企业的效能和方向产生影响。通过处理技术性或者专业性方面的最大挑战，这部分员工能够为公司增加自己独特的价值。为了弄清楚对于一家大型公司，技术性业绩梯队是如何运作的，请看图8-1。

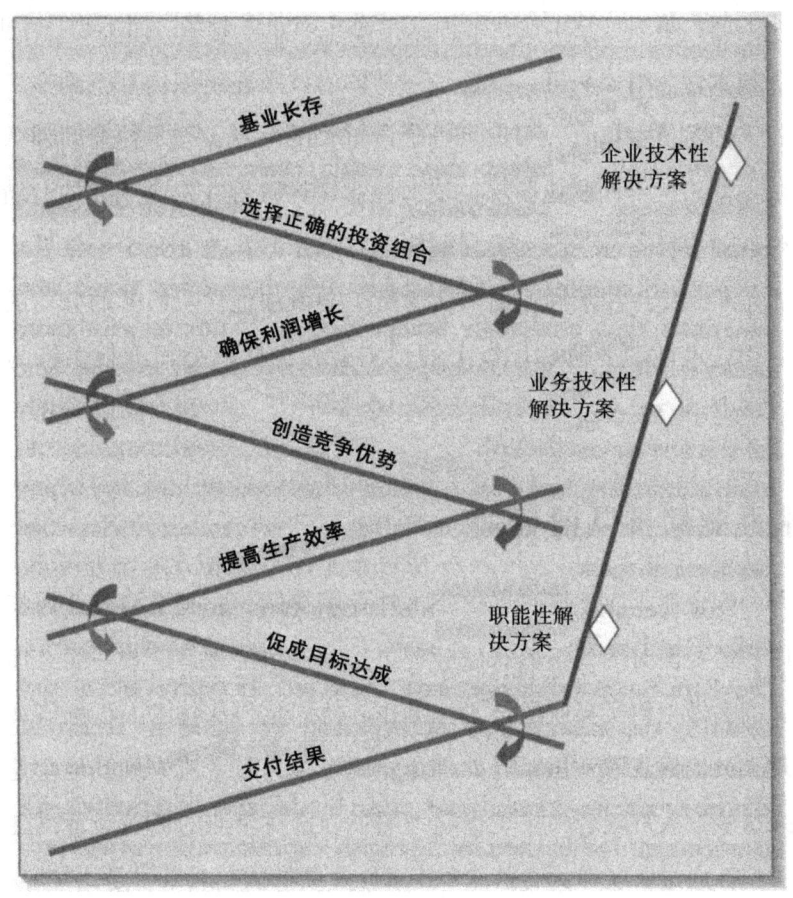

图8-1　技术性业绩梯队

技术性业绩梯队能够帮助提高职能部门、业务或者整个企业对技术性领域的理解，将新的技术带到企业中，从而影响企业的战略性发展方向。管理整个企业内部专业技能的使用是一项非常基础的要求。

乍看起来，你可能会突然觉得技术性业绩梯队和技术性职业阶梯非常的相似，技术性职业阶梯提供的是更高层次的职位，通常是为工程师或者科学家提供的，这些职位能够帮助职能部门甚至是业务部门解决困难的技术性挑战。技术职业阶梯能够通过创造一个可定义的职业发展道路来帮助企业留住顶级的技术性人才。

然而，技术性业绩梯队和技术性职业阶梯是不同的，主要的差异体现在三个方面：第一，技术性业绩梯队旨在实现业务业绩，而不是技术业绩；第二，技术性业绩梯队可以促进某一具体的技术在组织内部得到推广和使用，让人们对技术负责；第三点也是最重要的一点，技术性业绩梯队的实施目的不同于技术性职业阶梯。技术性业绩梯队旨在提高企业的业绩，而技术性职业阶梯是为了帮助提高职能的技术水平，主要是为了帮助个人提升技术水平。使用技术性业绩梯队的员工会参加他们所服务的公司的员工会议，而技术性职业阶梯层级上的员工会参加他们公司老板主持的员工会议。

技术性业绩梯队的好处

每一家企业都应该有自己的技术性业绩梯队，尤其是当企业面临以下困境时：需要面对一些不愿意做管理工作的一线经理，这些一线经理会本能地又回去做他们所喜欢的技术性工作，他们觉得从技术人员价值观过渡到管理人员价值观非常困难。如果企业的个人贡献者流失到其他企业，或者如果这些个人贡献者失去工作动力的话，这对企业的成功经营也会产生重大影响。通过业绩梯队建立一个技术性业绩梯队相对来说是比较容易的，如果能在这方面做一项小投资，就能够获得一系列回报：

- 如果高水平的技术人员能够理解公司，那就可以充分地利用这些专家人员去解决困难的业务问题。这也是技术性员工应该参加职能部门、业务部门或者公司员工会议的一个原因。

- 应该更加积极地对知识进行管理。更高水平的技术性专业人员有责任将知识转移给公司内其他的个人和业务部门。
- 吸引并设法留住高层次的专业人员。在其他公司工作感觉自己的职业发展受到阻碍的技术性或者专业性明星员工会发现，技术性业绩梯队非常具有吸引力。员工想要接受业绩梯队上另外一个职业层级上的挑战，获得向上发展的机会，而技术性业绩梯队就为他们提供了这样的挑战。
- 职能部门、业务部门和企业层级的战略在制定时应当考虑较前沿发展的技术信息。事实上，生产技术产品的公司所采取的战略方向要基于于对当前和未来技术能实现什么业绩的理解。
- 通过取得技术进步而实现的产品或者服务上的创新是公司实现竞争优势的一个很好的途径。
- 管理者可以集中精力管理员工、资金、客户以及未来，这是因为技术管理是以职能部门、业务部门或者公司为导向分开管理的。
- 技术性业绩梯队不会给公司带来额外的成本，也不需要增加新人。通过技术性业绩梯队，可以帮助那些技术能力强但管理能力差的一线经理转变成为有效的管理者。在不增加新人的时候，有时候利用数量较少但是能力较高的管理人员，反而可以实现同样甚至更好的业绩。

一些企业发现，虽然技术性业绩梯队帮助公司识别出在梯队里有哪些工作要做，但在现实中他们缺乏能做这些工作的人才，所以他们有可能因此要为公司增加一些员工。如果招聘工作进行顺利，这些招聘的人才就会为公司增加巨大的价值。

定义技术性业绩梯队

本章前半部分详细地讲解了对个人贡献者所期望的业绩，这些业绩同样也适用于技术性业绩梯队上的每一位员工。但是，技术性业绩梯队能否超标完成这些预期的业绩，才是区分这两个业绩梯队模式的不同之处。如果要详细描述这些附加要求的业绩，使其与你所在的职能部门、业务部门或者公司相关的话，这是需要经过仔细思考的。以下内容将有助于进行这方面的思考：

层级	附加预期业绩
企业层级	• 企业的技术性战略方向 • 所应用的技术要满足整个企业的最高标准 • 全球认可的专家 • 对企业并购给予建议
业务层级	• 业务战略方面的技术信息 • 业务团队会员 • 在整个业务部门内应用同样的技术 • 对业务性问题提出技术性解决方案 • 成为收购交易团队中的一员
职能层级	• 通过业务辅导实现知识转移 • 领导技术性项目 • 采取技术性解决方案，增加职能部门的竞争优势 • 新产品构想 • 业务上的导师关系

你可能需要对所建议的业绩清单进行添加或者更改，但在这份清单中要能够具体地反映出业务挑战。不论这份清单的内容最后是什么，**它都应该帮助技术型员工学会从他们所在层级出发来思考问题**。在确定完成这些业绩的人选时一定要慎重，不要急于迫使他们去完成这些业绩，因为现实中完全有可能出现这样的情况：你手里根本就没有任何合适的人选来做这项工作，或目前正在从事管理工作的人员，没人愿意再回到技术性业绩梯

队的岗位上工作。记住，实现这些业绩是首要的目标，如果内部没有合适的人选，没有必要一定要从工程师中去提拔某个人。

表 8-2 通过实例说明了一家企业是如何建立一个简单有效的技术型业绩梯队的。这家企业曾经是行业内的技术领袖，但是由于缺乏专注，在行业不景气的时候也没能聘请到新的大学毕业生，所以公司就失去了行业领导地位。公司建立的技术型业绩梯队成为外部招聘指导性纲领，公司将该梯队用做聘用和发展候选人的依据。通过使用技术型业绩梯队去沟通岗位要求和设立岗位的目的，对公司重建在行业中的领导地位很有帮助，沟通变革更加容易和清晰。在同候选人讨论时关注所期望的业务影响和所要求的思维模式，而不只是关注技术方面的贡献。由于有了技术型业绩梯队的帮助，公司的招聘工作不像以往因追求高水平技术型人才而遇到重重困难，现在候选人非常愿意接受公司的聘请，即使是那些对技术或者专业有强烈愿望的人才也无法拒绝这份工作的诱惑。

表 8-2 技术路径级别

层级和业绩贡献	描述	预期工作业绩上的主要转变
咨询技术顾问在企业内建立技术能力	• 全面技能的技术专家，80%~90%的时间都用来做技术性工作，10%~20%的时间做他人的导师 • 在全球范围内对技术性问题进行咨询、分享经验、培训和发展他人	• 应用具体的技术知识，能够通过提供重要的数据、专业知识以及建议支持决策的制定
主要技术专家创造竞争优势	• 建立技术卓越管理框架 • 确保最佳实践能够被理解和遵循 • 采用正确的手段对重点关注的技术领域进行调研，确定技术方向和执行计划 • 沟通业务战略，对于复杂的技术和业务问题能制定解决方案	• 注重调查研究、为专门的技术领域开发技术方法和标准，以支持项目、地区与企业的计划和战略
首席技术专家改变行业内开展业务的方式	• 在总部工作，总是能够影响行业和企业的战略 • 为了实现战略计划，开发对行业和企业能力有影响的流程、技术与概念 • 通常来说，这个人有远见，是国际论坛上的领导者	• 紧密围绕新的战略目标制定技术战略 • 如果在行业内不能为改变技术做出贡献，为公司创造战略机会就是一句空话

The Performance Pipeline

第三部分
如何成功实施业绩梯队

第 9 章
建立实现业绩梯队的大环境

对于业绩梯队模型来说，不论在建立的时候考虑得有多周到，模型自身并不能成功。业绩梯队模型的成功需要企业具备实现该模型的"大环境"，而且这个"大环境"会影响到每一位员工的工作业绩和整个企业经营的成功与否。为了帮助你更清楚地了解这个"大环境"指的是什么，这里想借用一个关于耕地的比喻来进行解释。你可能会觉得做这样的比喻很奇怪，但是还请耐心听我说完，因为这个比喻能帮助你真正理解在自己企业所处的大环境下，如何才能有效地使用业绩梯队模型。

将企业所处的大环境想象成土地，在这片土地上，种植了企业的员工，因此，这片土地就会养育出各种类型的业绩成果，比如优质的服务、及时的绩效反馈，但同时也会抑制其他类型业绩的生长，如对客户反馈的速度或创新。

如果大环境是"土地"，员工是"种子"，被种植在这块土地上，这时领导的角色就变成了耕种的"农民"。领导既可以是"种子"，也可以是"农民"，对于其领导而言，就是"种子"，对于其下属员工而言，就是"农民"。在工作中，领导就应该做出一个农民应有的贡献，即选择适合的种子

（员工），将种子以正确的方式播种在土地上，对土地进行分析，然后根据分析的结果进行土地改良，移除土地中的岩石块和各种杂草（各类工作障碍），并且充分考虑气候的影响。截止到我写这本书的时候，至少气候环境（商业气候）并不有利。

就如我在导论中介绍的一样，我们目前正处在一个变数极大的时期，很多因素都还不确定。因此，作为农民就要培养积极的工作态度，并在工作中敢于冒着丢失作物的风险。此外，照料好自己的土地还需要做以下的工作，包括移除那些会抑制种子生长的障碍物，尤其是那些会耗尽营养物的杂草和其他植物，必须要除掉。添加像业绩梯队这样的营养物，这样很可能就会带来良好的结果，种子（即员工）将会成长并生产出最好的作物（给客户带来附加价值）。

这里需要强调的是，你不能期望业绩梯队来为你完成所有的工作，你对大环境因素越是了解，越是在大环境中下功夫，业绩梯队的运作效果就会越好，公司的经营状况也会越好。

自我测试

当出现以下几种简单的情况的时候，你所在的企业会做出什么样的反应呢？了解了以下这几点，就能够帮助你大致了解企业的业绩大环境：

- 当你有一个新想法的时候，企业会倾向于鼓励你去实现这个想法，还是会告诉你这个想法对企业来说并不适合？
- 当你需要企业尽快做出一项重大的决策，来完成一项交易的时候，企业会允许你在提出之后自己做决定，还是要求你层层汇报，直到获得最高领导层的批准？
- 当你工作开销超出预算的时候，你是想知道是否会有人在乎这件事，还是你觉得自己会受到某种惩罚？
- 当你意识到自己工作的领域里存在某个问题的时候，企业是希望你能立即将整个情形如实告诉自己的老板，还是希望你汇报的时候能够将情况描述得好听一些，还是希望你推迟汇报，期待问题能够自己解决呢？

很明显，还会有许多其他企业自我诊断的问题，对这些问题的回答能够清晰地反映出你所在企业的大环境。你需要决定的是，所处的这种企业大环境是否能够帮助你的领导实现所要求的工作业绩成果，这对于企业是否能按照其希望的那样发展是至关重要的。也就是说，了解土地是不是支持所需要播种的种子的生长，是任何一位农民都应该做的一件大事。

如何定义企业的大环境

你所在企业的业务环境或者业务情况是由各种各样的要求共同决定的，有些要求被继承下来难以改变，例如，企业的创建者多年前提出的某些要求已根深蒂固，比如说创建者最初为企业设定的远景、经营使命和企业价值等，正是这些要求确定了企业的文化，并指导着企业的经营。然而，大多数的要求都来自你或者你老板所做的决定，例如你目前所选择并在使用的运营模式（或许你在选择这个经营模式的时候并没有进行充分的考虑）。运营模式会决定如何进行决策，应该使用什么样的决策流程，选用什么样的标准以及一些特定类型的工作应该在哪里完成。你所选择的管理实践措施也会对业务大环境进行加强，例如，如何进行组织设计，招聘什么类型的员工，目标设定体系，发展员工的流程，业绩评估与认可的方式以及如何对待工作业绩较差的员工等。企业内每一位领导都会受到这些变量的影响，因此，企业的大环境要比企业的文化更为重要，而且大环境很少会是处于中立的状态，它要么对企业的发展有利，要么对企业的发展有害，你需要做的是清晰了解企业大环境中哪些要求对企业是有益的，哪些要求是有害的。

为了让你构建的业绩梯队在使用的过程中能够有效地发挥作用，你可能需要改变其中一些，甚至是所有的要求，这样做是支持你目前正在努力追求的新业绩，或者在新的业务环境中取得成功所必需的一个步骤。但是，改变其中任何一项要求都是一个很大的挑战。因此，首先要有一个清晰明确的"需要改变的要求"，然后全力以赴、坚定地去执行。这种类型的挑战并不适合那些胆小懦弱的人，因为总是会有那么一大批人在工作中愿意保持现状而不愿意做出任何改变。同样，现存的许多要求通常都含糊不清，不论是针对其展开讨论还是实施改变，都会非常的困难。我们要注意的一点是，在改变与企业大环境相关要求这一点上，企业内经验丰富的主管或者十分具有影响力的高级主管通常都是持最大反对意见的，他们可能是公开反对，也可能是比较"狡猾"地表达反对意见（如消极攻击行为）。为了解决这一问题，你必须清楚要做出哪些具体的改变，然后经常就这些改变与他们沟通。这样的战略可能并不能化解所有的阻力，但是能够帮助你化解较大阻力。

我之所以要强调改变要求的重要性，是因为一些企业会过度地依赖于业绩梯队，希望通过它来实现所有需要的业绩成果。但是，从业绩的角度出发来看，大环境是非常重要的。更具体地说，对于大多数企业而言，大环境通常需要进行三种类型的改变：与战略计划不相匹配的文化因素和运营模式因素的改变；运营模式太小不能满足业务增长的需要或业务规模的需要；组织设计需要改变，包括在组织中权力没有足够下放的情况。下面，我们就来更加详细地探讨一些最有可能的改变。

文化方面的要求

通常来说，企业文化不是由一个因素而是由几个因素构成的，这些因素和过去取得的某些成功相关。现在看看之前所做的耕地比喻，我们可以将组成的文化因素看做一棵树的树根。树根通常是看不见的，但它对于一棵树的健康成长有着非常大的影响。若这些像树根一样的文化因素能够很好地嵌入的话，它们就会成为驱动大树健康成长的动力源。当一家企业或者某一项业务需要发展的时候，其中的一些"树根"是会阻碍其进步发展的；如果"树根"与企业的业务要求不相符合，那么企业就会难以成功。请看下面的案例。

案例

通过非常有效的战略分析，一家载重汽车运输公司决定将更多的精力投入到物流方面，这家公司曾经在很短的时间内，通过大量的并购活动，快速地成长起来。该公司是通过充分利用自己的资产来赚钱的，如汽车租赁（配备驾驶员或者无驾驶员）、卡车休息站、维修设施等。对于这家公司来说，对其资产进行全面了解是非常重要的，比如说公司共有多少资产、这些资产都在什么地方以及资产目前处于什么状态等。对于汽车司机来说，他们会面临长途运输带来的风险，因此他们必须要学习和掌握正确的汽车维修要求，并遵守公路安全要求，这一点非常重要。载重运输是需要做出很大投资的，因此为了确保这项业务取得成功，公司需要对载重运输的资本回报率进行监督，判断何时需要投资购买新的载重汽车。

从另一方面来说，物流是一项类型完全不同的业务。物流包括所有与货物提取、货物运输、货物储存、组件或者产品交付相关的因素，它通常需要政府参与检查或者清关。有时候，包装和改装也是其中的一部分工作，但是，最核心的要求是：选择最佳的运输方法，将入境产品组件和物资运输给生产商，然后再将生产完成的产品运送给客户或者消费者。在这里，最主要的挑战是：解答以下问题最佳的选择是什么，现行项目或者长期项目的最佳合作伙伴可能是谁，以及如何才能及时了解货物的运输目的地。这家公司还要对不断发展扩大的客户需求做出回应，例如在其他国家开展业务的客户；同时也要对不断升级的客户服务期望做出回应。因此，需要开展许多新的工作，而且完成这项工作的方式与传统的载重汽车运输方式大不相同，所以这个时候学习是相当重要的，学习应当是企业需要建立的文化。

正如你可能想象的那样，这家公司的领导都在努力去实现从事物流工作所需要的各种新要求。如果进一步研究领导们的行为表现，就会得出这样的结论，即从文化角度上来说，领导们展现的是文化的"知晓者"而非"学习者"。

文化根源	观察到的做法	潜在价值观
知晓者	避免犯错	了解公司
	对资产领域有很深的了解	拥有运营经验
	能够使用核对清单	拥有控制力

"学习者"所要求的做法和价值观与文化的"知晓者"都非常的不同：

文化根源	典型的做法	潜在价值观
学习者	从错误中吸取教训	创新
	改变当前的做法，向更好的做法转变	不断改进
	进行研究	需要寻找最佳实践和新的办法

对新文化要求是在了解已有文化的基础上，同时学习新的文化，这意味着现在对文化的要求已经从之前的"完全了解所有的文化要求"发生了一个很大的转变。这就意味着需要在每位领导的工作中加入新的要求，即学习要求。正如前文所述，对领导的评价应该从以下两方面入手，即他们是如何从错误中吸取经验教训的、是如何开展变革和做出改进的，而不是一味地固守旧习、避免冒任何的风险。物流工作中涉及的挑战有许多方面，而不仅是公路上的。如果企业文化没有发生这样的改变，那么对于目前集中精力发展物流的这家运输公司来说，业绩梯队就永远不能帮助其实现潜在的业绩成果。

同样地，另外一项文化上的转变就是从一个家庭文化根源转变为团队文化根源。在过去，这家汽车运输公司的大环境中非常强调家庭和家庭价值,公司的首席执行官非常强调员工对公司的忠诚和奉献的重要性,这样,员工就会依赖于首席执行官的指导,"总裁会怎么认为呢"就成了员工常常自问和问别人的一个问题。

当公司要实施物流战略的时候,需要引进许多新员工来担任新设立岗位的工作。新的岗位需要新的工作技能和经验,帮助公司向物流方面转变,但是新员工招聘工作却不顺利。外部的候选人已经察觉到他们的需求和公司的大环境并不相符。公司要求业务部门和职能部门提供内部候选人,但是这些部门却没这么做。因此,公司做了一项深入的分析,结果显示,"家庭式"的公司大环境中存在一些明显的阻碍性因素。

文化根源	观察到的做法	潜在价值观
家庭式	招聘和我们一样的员工	跟我们很类似的人
	从公司内部招聘	对公司比较忠诚
	外部竞聘者必须是专家	进入壁垒
	对待新员工审慎行事	保护团队成员
	"老板总是对的"	无论总裁想什么,他总是对的

因此,需要一个不同的企业大环境,来对这家以物流为重心的公司进行合理的人员配备,这里采用了一个以"团队"为基础的方案:

文化根源	典型的做法	潜在价值观
团队式	招聘那些能够为公司贡献最多的人	重视人才
	不论是团队或个人业绩,都要予以奖励	获胜
	淘汰业绩不佳的员工	关注高绩效
	和所有员工保持良好的沟通	促进合作

"家庭"是一个排他性的概念,在这样的概念下,如果你不是出生在这个家庭,或者你没有被"领养"到这个家庭之中,那么你就不可能成为这

个家庭中的一员。"家庭"与"知情"一起，就成了极端的"排他"了。家庭会受到以下想法的约束，即"父亲（首席执行官）是最了解情况的人。"相应地，公司所有的重大决策都要向上传递到总裁那里去，才能做出最后的决策。一家人可以一整天吵架打架，什么事情也没做成，但是当一天结束的时候，他们仍旧是一家人。而"团队"则不一样，它需要具备执行的能力，因此那些能够执行的人会非常的受欢迎。如果团队成员一整天相互争斗，什么事情也没做的话，那么他们很快就会解散。

因此，公司引进了以团队为基础的衡量标准，设定了许多目标。这样一来，团队合作就成了招聘员工的一个标准，也成了企业总裁会议议程上一项需要定期讨论的议题。但是这并不意味着要摒弃公司内以家庭为中心的所有文化，而是要将家庭文化中最优秀的部分（即精髓）与新的团队要求相互结合起来。企业要一如既往地珍惜那些好的价值观念，譬如忠诚和关怀，但是对于业绩表现不好的员工可以不付出任何代价就通过考核这种现象，则坚决不能继续保持下去。

当这家汽车运输公司的大环境发生转变，并且开始采用业绩梯队的时候，这家公司在美国客户眼中，已经成为第三方物流公司中的首选公司。

其他文化因素

在文化要求方面，企业必须要做出的转变可能会涉及所有方面，范围很广泛，但熟悉其中一些比较常见的转变还是很有用的。下面我将着重讲两点，最近几年来，我发现这两点越来越突显，并且可能会对经营业绩产生很深远的影响。

从传统上来讲，零售商和报社一般都以短期目标为导向，但还会存在很多大环境因素，促使领导者参加相关的培训，具有能从长期的角度来考虑业务的思考能力。例如，对于服装零售商来说，就需要根据季节的变化做出季度性的思考，这一点是非常明显的。客户对于下一个季节服装风格的狂热追求，以及廉价出售本季度的存货或者是过时样式和颜色，都需要经营者具备从长期角度思考的能力。在一个生产经营的循环流程内，各项工作通常都是在不同的国家完成的，这样就需要企业鼓励在经营模式上以年度为单位进行思考。与生产循环不同，战略循环一般都是采取季度思考的模式。一些零售商曾经和我争论说既然时尚和流行都是不可预测的，那么我们为什么还要做长期思考和计划这样的工作呢？

但是，品牌特色、采购、合作关系、人员、设备（仓库）、信息技术以及资金这些都需要长期的思考和前期策划，而且这些因素对零售业领域的经营业绩产生的影响越来越大。服装零售商常常会在自己的公司之外寻找首席执行官人选，他们之所以这么做，是因为他们没有从长期角度对培养和发展员工做出必要的规划。除此之外，过度的扩张也是一个普遍存在的问题，零售商只应对当下的客户需求，缺少对长期需求的分析。很明显，对于企业的高层领导来说，长期的思考和规划会让他们做得与众不同。因此，当我们现在回过头来看业绩梯队的各个层级的时候，长期思维模式就是对高级别管理人员的一项新要求，而短期思维模式则仍然是对一线经理和个人贡献者的要求。

文化根源	观察到的做法	潜在价值观
短期思考	短期思维模式	注重当期业绩
	无止境地努力工作	付出努力就能成功
	非常注重当下的事	马上完成工作任务

文化根源	典型的做法	潜在价值观
长期和短期思考	经常思考战略性事情	持续的竞争优势
	建立关系	长久的合作伙伴关系
	发展、培养领导人员	业务能够继续
	健全的资金配置流程	获取长久的成功

在所有需要实现的文化转变中，最普遍的转变之一就是从交易性思维向系统型思维转变。金融服务公司所展现出来的就是交易性思维，在这种

思维模式下，不仅公司需要付出巨大的代价，而且客户也会感到厌烦，在现今的市场中，系统性的思维模式不仅能够提高客户的满意度，而且还能够降低经营成本。现在，如果再向那些已持有信用卡的客户或根本不可能消费得起的客户做市场营销，已经就没有任何意义了。

如果能对客户进行一个系统、全面的了解，即从我们已知的情况和能够了解到的我们想了解的情况出发，那么就会在金融服务上创造出更加稳定的业绩，成本也会大大降低。交易性思维看到的只是零碎、片段的情况，而系统型思维考虑的则是全面的、整体的情况，它会将各种片段联系起来，分析他们是如何相互影响的。

文化根源	观察到的做法	潜在价值观
交易性思维	短期思维	签订新客户
	侧重于我所在组织的发展	实现我的目标
	各类计划没有相互结合起来	个人获胜就行
	在不同层面上发生冲突	我个人的成功

文化根源	典型的做法	潜在价值观
系统型思维	寻找联系	系统型思维
	从整个企业出发	我们的成功
	建立连续的产品	留住新老客户

强调一下，我并不是说不应具有交易型思维，这种思维模式也应该是领导的一种技能，同样也是评估领导的一项标准，但只有交易型思维是不够的。现在世界正在逐渐变小，新的市场进入者也使得市场竞争愈演愈烈，而且世界性事件会对每个企业的发展带来影响，因此，任何企业都无法承受领导只具备交易型思维所导致的后果。

在这一点上，你需要回顾一下自己的企业所推行的文化改革方案，这种变革所付出的努力是否足够，是否能够创造出一种新的企业大环境，转变对所有领导层的要求？不幸的是，答案是否定的。横幅标语、口号、海报以及各种演讲宣导都不能带来最根本的变革。虽然对于企业来说，理解变革的需求并清楚了解变革的内容的确非常有用，但是，如果每个人都能够负起责任来，致力于以新的方式做出新的业绩，这才是变革最根本的驱动力。业绩梯队会有助于个人职责的转变。如果企业有自己的业绩梯队，并且该梯队可以重新组合分配与变革相关的新业绩职责，并设定新的标准，文化的变革就可能会更为容易。要牢记业绩与变革之间的关系，正是这种关系创造了出色的业绩成果。

运营模式

刚刚成立的新公司、小型公司、规模稍大的公司以及比较传统的公司通常采用的是以创建者为基础或者具有家长作风的运营模式。为了能够维持运营，公司绝大多数的决策都是由公司老板或者创建者做出的。对于这样的公司来说，经营中所支出的是自己的资金，使用的是自己的创意和想法，赢得的也是只属于自己的声誉，那么企业就会尽可能长时间地紧紧抓住和保持这一运营模型，这是这类企业的运营准则。当企业老板或者具有家长式作风的总裁认为需要开会的时候就开会，企业领导自己完全掌控着会议日程和讨论安排，而总裁身边的人通常都会以事务性为导向，他们只能奉命完成任务。只有当证据很具有说服力的时候，首席执行官才会考虑放手一些工作或者下放一些权力（如建立新的机构需要进行现场管理）。企业的经营愿景、使命和价值观，是首席执行官定义成功的基础，因此他们会频繁地对这些概念进行解释。对于这样类型的企业领导来说，说服每个人加入公司，并让他们按照公司的理念工作是最重要的事情。而继任的领导者通常也会采取同样的管理风格。

如果企业经营取得成功，不断发展壮大，这种最初的"交易型模式"就会开始收缩。原本企业因为有一位果断的领导者，因此决策制定快速，但是现在却因为大老板负责事务过多，只能排队等候。新员工从各自心事重重的领导者那里所得到的企业愿景、使命和价值观并不一样。因此，要让企业保持盈利，需要更加严格和更好的程序来解决这些问题。换句话说，这些企业需要一种全新的、不同的运营模式。

案例

C公司曾经是中西部一家小型的地区性服务供应商，公司在创建的时候，创建者提出的经营理念非常清晰和引人入胜，正是有了这个基础，C公司才大胆地选择进入一个比较难以经营的行业。在最初的几年里，公司并没有多少金融资产储备，只能为生存下去而努力打拼，即使是公司的专家，也同样参与服务人员的工作，而创建者则负责公司的业务运营等日常事务，随时解决出现的问题。最初的十年非常艰难，但在市场上公司开始逐渐得到大家的接受和认可。公司开始与客户签订合约，对服务感到满意的客户越来越多，大家都口口相传公司的成功，这样，公司的新业务就不断增加。

但是，随着公司业务的增长，就需要另请一些高级总裁来领导公司主要的职能部门，并共同参与公司决策。公司的决策不再是由老板一人来决定了，而是由一个小组，即董事会共同对可选项目进行讨论，然后做出最后的决定。但是，公司的老板，即现在的"董事会主席"仍然对很多关键事项拥有最后的决定权。

随着公司业务的不断增长，公司的新办公设施也不断增加，要么需要建立新的场地，要么需要购买新的设备。C公司成了一家在全国范围内进行广告宣传并在各地拥有客户基础的大型公司。公司的在职人员多达几千人，营业额超过了10亿美元。这时候，做出决策所需要的速度非常快，而且决策数量也相当巨大。新来的高级总裁觉得有必要建立类似战略性的规划流程，高层管理者每月要定期召开工作会议。但是，大家对这些努力喜忧参半，因为他们不确定这样做老板是否会满意。

这样的运营模式会造成工作量过大，随着工作的不断进展，工作过程中会出现越来越多的不满和沮丧；职能部门的领导拒绝共同合作；在产品供应、生产流程和用户分配等方面，运营设施之间的冲突也逐渐显现出来，这些冲突既没有得到有效的管理，也没有得到解决。如此，我们看到，C公司的规模已经过大，不再适合使用目前的运营模式了。

但是，更换公司总裁或主要领导者并不能改变这种情况，这样的问题并不是人的问题，而是公司大环境的问题。真正的原因是公司的运营模式已经不适合目前的现实情况了。公司现在需要的是一个全新的运营模式，在这个模式之下，公司的各项决策要能够在合适的层级上、以合适的速度完成；同时，公司还需要采取一套更有规律性的措施，增加新的产品和服务类型，以确保所有的使用者都能得到同样水准的服务。所以，有必要对未来和实现过程进行战略性规划；加大对领导层的培养，增强他们的领导能力，建设学习型的组织，这都是新的要求。

为了对所需要的改变进行准确的描述，公司的总裁和董事会主席同意对运营模式进行较大的改变（见表9-1）。需要对"土地"进行改良，这样才能在合理的成本上不断实现客户价值。C公司对产品质量流程、领导能力培养以及战略规划都做出了巨大的调整，以确保每一位设施的使用者都能按合理的标准享受到同样质量的服务。

C公司不仅详细说明了公司当前的形势，而且还对可能出现的未来也详细进行了解释，以告诉所有的领导者这一新运营模式的可行性。他们需要让大家明白，只做出一点点改变来适应当前的形势是不够的，每一位领导者也都应该清楚，今后还会面临更多的变化，只是这些改革都会以一种易于控制的步骤实施。

组织设计

企业所做出的任何一项抉择，都要定期审查。由于企业是不断发展的，会不断组建新的组织结构，所以就需要不断修改原来的工作设计，建立更加顺畅的工作流程，并对权力进行重新分配。我曾遇到过的关于组织结构中需要进行哪些变革的事例，能够帮助我们更清晰地理解这一点。

表 9-1 C 公司运营模式的改变

	过去	现在	将来
	小型企业运作模型 "少数几个优秀人才" 从创立之初到现在	较大的企业运作模型 "一个强大的团队" 从现在到未来 5 年	世界领先型企业模型 "世界一流的实践做法" 5 年之后
方向	• 有远见的产品概念 • 有远见的领导	• 有明确方向和职责清晰的划分：以战略管理、客户导向为主	• 企业是一个整体：拥有团队合作能力和最前沿的实践
文化	• 较高的忠诚度和家庭式的企业文化	• 以高度的责任感学习企业文化	• 根据业务和大环境现实重新定义企业文化
领导	• 坚定的企业价值观和对领导工作尽职尽责 • 谨慎地制定战略和决策	• 对"（企业）领导"进行明确定义，要有关注业务和关注人才的观念，这一点很重要，将公司建成员工最愿意工作的场所 • 在客户、董事会、员工、供应商之间建立透明、坦诚、直接的企业关系	• 预测和展望未来 • 拥有最好的领导者，成为最佳的工作场所
管理模型	• 企业运营导向型，注重短期效果 • 运营流程纪律性和责任性不够，没有单独明确	• 用新型的管理模型来加强流程执行纪律、团队合作能力和提高速度 • 营造创新、合作的工作大环境 • 保持服务、品牌、领导的连贯性	• 在每个层级都有创业者精神 • 在创新、以客户为中心的服务上成为世界领导者 • 发展拥有前沿服务水平的战略组合
	某一领域下的较窄的业务	有激情、有力量加快变革向主流、差异化的业务迈进	所定义的未来业务是可实现目可见的，并受到大家尊敬
	愿景、使命、价值观、客户承诺、员工契约		

从官僚主义到主人翁责任感

企业专栏作家和其他权威人士告诉我们，管理是一个逐渐逝去的概念，现在是时候做一些新的事情了。虽然管理中确实有许多糟糕的做法，但这并不意味着管理的结束。从具体观念上来说，这只意味着"糟糕管理"的结束——"糟糕管理"通常是官僚主义管理模式的贬义标签。在你设计自己的业绩梯队时，你需要时刻牢记企业大环境相关的问题，因为如果你所在的公司是一家官僚作风极其严重的组织，你会发现这样的组织结构会妨碍业绩梯队的执行，你需要对这个问题给予关注。官僚主义会严重破坏业绩梯队的有效性，因为官僚主义气氛浓厚的机构会把管理者和领导人的责任与权威交给职员、辅助人员、审计人员、会计以及类似的职员。领导者们会失去主人翁感，这时候，顺从和冷漠就会取代本该有的工作动力。不论"官僚"在公司的哪一个层级，领导者都会觉得"有其他的人在做我应该做的决定"。造成的结果就是，多数美国大型企业都会有许多的领导尸位素餐。他们不会设法去做任何重要的事情，但是他们会去参加重要的会议，譬如预算会议和战略会议，以便能够稳固他们在公司的地位。他们可以打球、喝酒，并且还拥有宽敞、明亮和设备齐全的办公室，但是他们不去会想办法对任何事情进行改进或者改变。主人翁责任感的丧失会损害企业各个层级的业绩。

领导业绩需要系统的支持、激励和指导才能实现，绝不是靠压制或削弱权利实现的。正是由于这个原因，在你开始建立业绩梯队之前，首先需要分析组织的决策权是如何分配的。此外，还要确定官僚主义对管理者和领导者所造成的影响程度，如果影响程度很大的话，就需要重新建立体系，以便员工能够拥有真正的主人翁感，这样他们才会有工作积极性。通过下面的故事，你就可以看出，在经过这样的体系重建之后，工作业绩会发生很大的改进。

案例

一家比较保守的保险公司经过决策，打算进入卫生保健和投资银行业务，将这两个行业作为自己经营使命以及客户风险管理的自然延伸。在过去的一些年里，为了使企业拥有更大的控制力，公司设计了庞大的企业官僚体制，以回应各种规章制度和频繁的政府审计。但是这些大量的控制措施对卫生保健和投资银行收购工作并不非常适用，因为这些单位的领导对工作受到干扰表示十分不满：控制程序并不适合交易的要求，由于还需要了解各种新型的挑战，并加以管理，被收购公司的领导就忽视了这些公司的指令。

企业的总裁决定对公司的工作方式重新定义，第一个主要的决定是发布企业要遵守的行为政策——这些政策能够告诉你必须要做什么才能取得成功，而不是你不能做什么。例如，保险行业、卫生保健行业以及投资银行业通常采用的奖励政策彼此都有很大的不同，因此，要找一种适合所有这些行业的单项奖励方法不太可能，试图让企业的人力资源部门设计出一套适合所有行业的方案也不会非常有效。最好还是建立起一个适合自己所在行业（保险、卫生保健、投资银行）的奖励体系，只要该体系在建立时符合我们的原则就可以了。

第二个主要的决策就是，改造权力与控制流程，以便领导者能够有更大的决策自由和更大的责任感。例如，可以建立预先评审系统——该系统要求在实施任何计划或者方案之前，都要首先将该计划或者方案呈交公司的董事会成员进行讨论，但是该系统并不会赋予董事会成员单方否决权。董事会成员如果对某一项计划或者方案持反对意见，他们可以直接与自己的直接下属沟通，或者向首席执行官反馈，但是他们并不能单方扼杀掉某一计划或者方案。

结果，通过采取以上这些及其他反官僚主义措施之后，公司成功帮助自己的员工成长为工作成效更高的管理者。被收购公司的领导者也接受了那些授权政策以及权力与控制流程，不但帮助他们提高了工作效率，而且在公司的结构下也会工作得更加仔细、更加投入。

从滥用电子沟通方式向有组织的沟通方式转变

如果企业的员工每天都滥用各种电子沟通方式，那么企业的业绩梯队就会被堵塞。我并不是一名勒德分子⊖，我也认识到电子邮件、智能电话以及其他新技术能够帮助领导者提高工作效率，但是，在很多情况下，如果太过于随便地使用电子沟通方式，不但不能帮助提高企业的业绩，甚至还会使企业的业绩受损。

在这种大环境下，想要召开一场连续不中断的会议都可能难以实现。如果会议期间没有听见电话铃声响起，仅仅是因为与会者被要求将手机调成静音了，那么短信息就会悄无声息地发挥它们的破坏作用。工作中如果沉溺于电子邮件、语音邮件、短信息、推特以及其他的电子交流方式，就有可能会引发业务危机，其中一个比较明显的业绩代价就是领导没有时间与自己的直接下属会面沟通。他们每天工作的第一件事就是待在办公室，逐一阅读电子信息并依次回复，连在办公室到处走走看看，与员工面对面交流的时间也没有了。相对于面对面的交流来说，会议的效果并没有那么明显，因为开会的时候，没有人能够一次集中精力关注某个讨论太长时间，最多几分钟而已。

因此，我们要如何重新改变我们在电子沟通上的各项政策，以便能够促进工作业绩实现，而不对业绩效果造成损害？当我还在一家大型的南非公司工作时，一位年轻人针对电子邮件的使用提出了一些建议和规则，针对我提出"我们应该如何解决这个问题呢？"他花费了一晚上的时间，起草了以下这些可能适用的规则：

- **不要抄送。**如果你不是某件事情利益相关方中的主要一方，那么你

⊖ 勒德分子指的是 1811~1816 年英国捣毁纺织机械抗议资本家的团体成员，他们都厌恶、害怕工作中的新技术。——译者注

就不应该被通知到，没有人需要什么事都知道。
- **不要将事件逐级上升**。在你还没有做出反应之前，就不应让你的老板首先听到牢骚或者负面的判断。
- **邮件沟通不要超过两次**。如果你发出了两份邮件，收件人也回复了两份邮件，但是问题仍没有解决的话，你们就必须要面对面地交流了。
- **在上午十点到下午两点之间不要发送邮件**。在每天的工作时间内留出一段零邮件的时间，以便每位员工都能有一段无邮件时间。
- **在邮件中进行简短的答复**。可以在邮件的主题栏中直接回复"是"或者"不是"这类肯定或否定的答案，这样接收邮件的人就不必打开邮件查看了。

这家南非的公司删除了"抄送所有人"这一项功能。一些杂志文章也开始谈论"周五零邮件日"。虽然我不会冒失地说我能够为这一普遍存在的问题找到一个解决的办法，但是我现在的确知道，每一个想要采用业绩梯队模型的企业至少应该建立一些自己的规章制度，防止电子邮件、手机电话以及类似的电子沟通工具给工作业绩带来负面的影响。在我看来，针对以上的问题，至少部分答案应该是，建立更好的沟通流程或者以能够提高沟通方式设计工作岗位。

从组织随意增长到有纪律性的建设

你所处的组织结构也许会导致领导者失败。有几种常见的做法会导致领导技能无法得到有效的培养，或者低估了领导者的工作价值。最大的错误就发生在那些只有两个、三个或者四个直接下属的领导者身上，尤其是处在较低层级的领导者身上。因为直接下属较少，他们没有足够的领导工作，连一天的工作时间都无法排满，更不用说一周或者一个月了。通常情况下，当初设置这些领导职位是为了奖励那些在技术上或者专业上非常优秀的贡献者，但是，这些高绩效员工的领导性任务或者管理性工作并不饱和，无法填满其一周的工作时间，因此他们会去做一些技术性的工作来为企业做贡献。

案例

在一家领先的健美产品生产公司里，业务的快速增长使企业的员工数量提高了近30%。该公司卓越的经营使命和成功的产品，使得公司成了最有吸引力的工作场所。公司的高层管理人员为了提高招聘效率，放慢了招聘的进程。通过与一线经理和部门总监进行工作访谈，我们发现，超过75%的一线管理者的工作都是由部门总监来完成的。每位一线经理平均只拥有2.5个直接下属，因此他们将95%的时间都用来做技术性的工作了。所有从技术人员提升到一线经理的员工，都会为自己寻找一个替代人选，即使他们会继续做相当一大部分的技术性工作。部门总监则直接负责一个由25~50人组成的团队的所有管理工作，即使他们并没有真正掌握应该如何开展管理工作。如此一来，公司的管理陷入混乱，公司失去了对较低层级各项工作的控制。

高层管理人员抱怨说，他们永远都得不到自己想要的结果，当他们只需要一份简单的工作成果时（比如希望拿到大众汽车这种水平的结果），他们总是会得到一份"镀金"的结果（比如奔驰的梅塞德斯这样的水平结果）。即使那些不再适合经营战略的方案，也不会被马上停止执行，他们总是会根据自己对经营使命的理解，继续按原方案工作。这家公司因为提高了产品价格，所以在财务收入上取得了成功，虽然消费者为购买产品支付了比以往更多的费用，但员工却感到很困惑，变得不高兴。这时候恰当的解决办法是减少管理者和领导者的数量，提高其业务素质，扩大其管理控制范围，加强培养其管理技能。最终，这家公司被另一家公司收购，收购方发现了这个问题并给予解决。

改进工作大环境的建议

为企业的业绩梯队创造一个更好的生存环境，其实有很多种方法，我已经提到很多，从改变文化因素到重建运营模式，再到对电子沟通实施一些控制等。但是在这里，我还是想回头去讲讲之前提到的耕地比喻，以此来结束本章内容。下面是一些更为具体的建议。

定期对"土地"进行检查。不要依靠顾问或者其他外部人士来告诉你"土地"出现了什么情况，相反，你要定期与自己的员工会面，不论是以单独的形式还是小组的形式，但是要确保这个会面的小组要能够代表所有层级的员工，还要保证每个季度有10%的领导确实这么做了。针对他们的工作，问一些诸如以下的问题：

- 在你的工作中，哪一些是在合适的时间、以合适的方式完成的？
- 在你的工作中，什么工作没有完成，或者是以过高的成本和代价完成的？
- 有什么因素帮助你完成了工作？
- 什么因素会阻碍你完成工作？
- 应该做出哪些改变，才能将工作完成得更好、成本更低、速度更快？

不要急于做出回应或者做出承诺，你应该首先与很多人进行谈话，了解清楚目前的工作方式和变化趋势。尽量要避免责备员工或者随意评价员工，因为这并不是有关个人的事情，而是关系到整个大环境，即这是关于"土地"的问题，而不是关于"种子"的问题。要让每一位员工都清楚你做了什么，得出了什么样的结论，在得到他们的反馈之前，请不要做任何事情，因为也许他们在第一次和你沟通时并没有说清楚他们真正的意思是什么，但你会发现，很多问题我们在本章节企业大环境类型中已讨论过。

移除那些阻碍"种子"生长的"岩石块"、"杂草"及"其他障碍物"。在向大环境中加入任何东西之前，要首先移除障碍物，看看会发生什么事情。很少有每一个问题都需要单独解决的情况，因此，移除其中一些障碍物就会使其他的一些问题也随之消失。如果没有其他的标准，可以考虑最先入手解决那些最常被提及和最常被注意的问题。以下是一些有关障碍物的例子以及移除障碍物的办法：

- 应该将那些不参与管理的领导者分配到其他的工作岗位上，让他们能在新的岗位上发挥出自己的特长，但是如果他们在工作态度上有问题，就应该将其免职。
- 将那些需要和员工沟通的信息即刻与大家分享，并根据信息接收者的正面回馈度量信息的效果。
- 企业高层所掌握的决策权应该下放，至少要尝试着去这么做。
- 应该要求那些压制新想法的组织每个月都提出新的想法。
- 应该要求那些不愿意学习的员工，敦促他们也使用同行业或者客户公司所采用的实践措施或做法。

检查并确保所有员工的工作与公司的方针政策协同。要确保企业的战略、生产能力以及员工的能力都能做到协同。最好能从以下几个方面进行思考：

- 根据企业的战略，我们需要做什么呢？
- 这件工作分配给员工了吗？哪些工作还没有分配，哪些是应该要分配的？
- 我们的工作流程、做法和工作价值观能够促进我们的工作吗？
- 我们的员工所做的工作是企业战略所需要的吗？

你的继任者计划的进度就是检验工作是否协同的一个很好的工具。

如果你改变了"耕种"的方法，那么新的方法一定要透明，并且要承诺去执行。要让自己成为榜样角色，需要引起别人的注意，提出的新方法要具体，要对方法进行宣讲，要不断跟进和衡量效果，甚至在员工会议上展开讨论等。还有很多混乱的东西需要清理，还需要取消或者替换许多根深蒂固的做法，而且还要应对来自公众或个人的阻力。如果你只是以一种试验的心态去做，那么你永远也不会做出任何的改变，或者说你的反对者还会确保你的试验不会奏效。

使用现成最好的工具。业绩梯队的一大优势就是它使用起来非常的容易。你可以逐层定义你所想要的结果,在几分钟内你就可以对每一位员工改变的要求进行一一明确,并与他交流,而不需要花费几天时间。业绩梯队能够帮助改变企业的大环境,而改变后的大环境反过来又能帮助业绩梯队更有效地发挥作用。

第 10 章
促进业绩梯队层级间的过渡

在全世界一家又一家的企业调查过之后，我注意到许多领导都在错误的层级上工作。他们并不是不愿做，也并非无所事事，他们也会交付结果，但是他们所交付的结果却不是他们应该交付的。他们已经得到提拔，级别和待遇提高了，但是他们并没有做新的工作。相反，他们还是固守着以前层级上的工作。也就是说，新的领导者没有完成在层级间的过渡。他们没有实现预期的业绩，直接后果就是他们的老板需要替他们完成业绩，反过来，老板的老板也需要在工作上降低一个层级，实现低一个层级的工作业绩。这样，工作业绩逐层下推，不仅增加了领导的成本（因为享受着 X 层级上待遇的领导做的却是 X－1 层级上的工作），而且还会使高层级主管身陷当下的工作中不能分身，其实他们本应该关注企业的未来发展，同样，较低层级上的管理者也被下推去做更低层级上的工作。虽然这样的问题在各个企业都会存在，但是这并不是说企业内每一个层级上每一位领导者都会存在这样的问题，即在任何一家企业里，还是有个别的领导者会因为一些原因可能在正确的层级上工作，一些领导会在一部分时间里在正确的层级上工作，但是还有一些领导总是会在较低一个层级上工作。这种不一致的现象可能会掩盖绩效上存在的一些问题，因此，千万不要因为发现约翰和玛丽在做正确层级的领导工作，就想当然地推断比尔和琼也在正确的层级上做正确的领导工作。事实上，你可以认为在你的公司内，至少会有一定比例的领导者没有在正确的层级上发挥作用，这才是比较合理的推断。

为员工和企业带来风险

几乎每一位新上任的领导在刚开始工作的时候，都要实现一定的工作过渡。她可能需要从同一企业内一个较低的层级过渡到一个较高的层级，或者需要从一家企业过渡到另一家企业（同一企业内的岗位横向移动可能并不需要太多的过渡，但是这种情况并不多见）。在过渡的过程中，并不能保证过渡者能够充分掌握所需要的各种技能，以促使他们在新的职位上取得成功。因此，在掌握新技能、实现新层级上所要求的业绩之前，几乎所有的领导都处在职业风险的考验之中。如果领导者都处于风险之中，那么企业也会因为同样的原因而处于风险中，如此一来，任何层级上的预期业绩都可能无法实现。

因此，领导者的过渡就不只是一个"人力资源上的问题"了，仅仅通过辅导是不能解决该问题的。层级间的过渡应该被看做重大的企业问题，并像解决重大企业问题一样来解决。虽然说一个领导者的失败并不会导致整项业务或者整个企业的失败，但是，如果许多领导者都不能顺利地实现过渡，或者较高层级上的领导岗位过渡失败的话，叠加的影响当然会将整个业务或整家企业拖垮。试想一下，在你的企业内是否存在这样的情况，即领导者享受的待遇要高于他所从事的工作，但是他们并没有提高所在职位上需要的工作技能。有可能最大的风险来自高层级上的工作（即为企业设定未来发展方向并为此做准备）没有得到实现。在这一问题上，企业往往不够重视，在面对问题时并不会以应有的严肃态度去解决它。接下来，我们将为你提供有效解决该问题所需要的机会和工具。

找出问题所在

可以将业绩梯队用做一项诊断工具,帮助我们找出问题所在。要解决问题,首先需要弄清楚为什么会出现这样的问题。针对员工为什么会在错误的层级上工作这一问题,我们将会对其中一些原因仔细进行探讨。就像你接下来将会发现的一样,有时候,问题的根源在于企业本身或者是业务本身;有时候,问题是因老板而引起的;有时候,新上任的管理者则要为各个层级间的联系不紧密而负责。我会在这里提供很多解决问题的建议,但是首先我们还是来讨论所遇到的问题是什么。

企业中存在的问题

企业处理问题所采取的各种方式,都与它的文化高度相关,或者只是一些习惯的做法,但是,其中一些做法会严重阻碍层级之间的过渡。

过渡问题 1:选择了错误的人选

一些企业并不擅长为工作岗位选择合适的任职人选,它们或者没有任职人员的业绩数据,或者没有有效的评估方法,或者没有勇气在候选人与管理职位之间做出正确的匹配。它们可能会选择做出安全的选择,而不是正确的选择,或者他们会因为政治权宜之计而去选择聘用某一个人(如公司应客户的要求去聘用客户妻子的堂兄妹)。同样,公司也常常根据资格大小或者忠诚度来决定人选,而不会根据工作能力或者工作潜力做出选择。如果选择了错误的人选,就会将幸福转变为苦难。对于员工来说,如果能被选中去担任一个非常关键的工作岗位,可能都会为此感到高兴,但是当他们发现自己原来并不适合该管理层级上的种种要求时,就会变得非常的不开心。芝加哥大学的米哈里·契克森米哈赖教授对幸福所做的大量研究工作也明确地显示,当我们面临的挑战和我们所掌握的技能之间能够匹配的话,这种状况就会实现。在追求挑战和目标的时候,要相信我们有能力实现它,这样就会产生真正的幸福感。那些能够成功应对挑战的人,即那些能够实现所在层级业绩的员工，是最有可能被提拔的。成为一名新领导者，或者被提拔到一个较高的层级上会使幸福感置于风险之中，即使你已经掌握了新的技能，实现了新的业绩，但是你还会感觉自己与新岗位的要求有一定的距离。在以前所在的层级上体会到的幸福感，可能在新的职位上很长一段时间内都体会不到，如果所掌握的技能永远不能应对所面临的挑战，员工在该职位上哪怕多待一天，都会感到痛苦无比，而所要求的业绩可能永远也无法实现。

过渡问题2：文化障碍

在知晓者的文化（参见第9章）背景下，总裁是不能容忍管理者犯错误的，也不能容忍新的管理者不知道问题的答案，所以使得新的管理者不敢承认他们缺乏相关的管理知识或技能，也不敢去寻求帮助。在这样的文化背景下，许多管理者都苦于无法顺利实现层级间的过渡，因为他们需要学习的新知识和技能，都必须在总裁的眼皮底下进行。一般来说，管理者之间是不愿意主动分享知识的，因为知识就是权利的来源，因此新任命的领导或者刚刚提拔的领导者在学习掌握新岗位所需要的各项技能的时候，可能就会遇到很多困难。在这种情况下，他们的过渡只能是一个比较缓慢的过程，而且发展的也不完整。在一些情况下，处在知晓性文化中的管理者最后的结局就是，由于他们没有途径掌握新工作层级上有效开展工作所需要的知识和技能，最后仍然在做以前工作岗位上的工作。

在许多情况下，家庭式的企业文化会将资历大小和忠诚度，而非工作能力和发展潜力作为员工晋升的基础，那些进入公司时间最长的员工，或者那些会大力支持老板的员工往往会得到晋升，但是由于管理层通常无法对工作能力进行充分的评估，因此得到晋升的领导者可能还无法应对遇到的新挑战。他们为了保险起见，就会继续固守以前的工作内容。如果企业总是根据资历大小或者忠诚度来决定领导者晋升的话，就可能意识不到这个问题。看似"正常"的事情实际上可能会对整个企业的工作业绩带来毁灭性的影响。

互不往来的文化会对实现层级间的有效过渡带来一种特殊的挑战。互不往来主要指的是抑制信息的自由流动，阻碍企业内、企业之间建立关系的各种壁垒。与其他职能部门、其他组织之间缺乏对话，会使得领导者过渡到新的层级非常的困难。需要进行工作岗位过渡的管理者经常会努力向其他众多的管理者学习，这些学习对象既有自己所在职能部门之外的，有时候也有自己本部门内的其他管理者。典型的是，这些管理者学习的范围比较狭窄，而且学习内容也往往没有针对性，相反，他们学到的是不与他人分享的文化，这样，他们本身也很快会成为问题的一部分。久而久之，管理者将自己与企业内其他的职能部门或者组织机构隔离开来，而且在他们看来，这也变成了"正常"的事情。由于管理者的参照系仅限于他们能够看到或者接触到的，因此工作岗位定义和预期工作结果不一致。

在这里，我也要提到另外一种会阻碍业绩实现的组织环境，即低效率的企业文化。当然，没有哪一家公司会有意识地去建立这样一种企业文化，或者会去承认自己的企业内存在这种文化，但是，这种文化的存在却比我们想象的要更为普遍。这种文化的明显特征有：任务刚刚完成就行，刚好符合预算，将含有事实性错误的报告呈给上级，并且能够容忍业绩效率差的员工。新的领导者或者知道，或者很快就会学会这样一种理念，即"足够好就已经足够了"。由于工作设定的标准太低，因此实现完全的层级过渡、实现所有需要的业绩就成了不可能发生的事情。

过渡问题3：组织设计不佳

许多公司和企业的组织设计并不非常合理，岗位角色定义不清晰，企业内缺乏促进各项工作开展和信息沟通的联系，预期的工作业绩也不明晰。这样的企业环境必然会导致企业授权不够。而领导者出于保护自己的目的，都会非常关注细节。为了确保重要的工作能够完成，他们会对工作过程中的每一个步骤都进行细致的管理，因为他们对组织没有信心。当企业有针对性地去组建工作委员会或者工作小组来解决问题、处理机遇的时候，我们可以说这家企业的组织不够严密。**如果企业内的组织工作正确，新的挑**

战工作应当由适合的管理者承担，而不是交由一个工作委员会或者工作小组负责。当然，有时候也会交由工作委员会或者工作小组去完成某些工作，但是组织井然有序的企业不会在一出现问题迹象的时候，就会去组建这些组织的。

在一家组织结构不佳的企业中，那些新晋升的领导者都会发现，要过渡到一个新的层级，并在新的岗位上有效地开展工作，几乎是不可能实现的。他们并不真正了解自己目前的新工作，而且新的工作本身也并不明确。对工作业绩会带来更大破坏的是，那些工作技能、工作效率最高的员工通常会被分配到工作委员会或者工作小组里面，因此他们就会有一个或者更多耗费时间的特殊工作任务，而这些工作任务反过来可能会产生其他的工作角色和任务。大量的困惑和不确定因素也会阻碍层级间的过渡。在层级间的过渡中，仅仅用一个新头衔来阐述新的层级上的新工作角色是远远不够的。

源自老板的问题

老板的角色对于成功过渡具有决定性的作用，而且也能帮助员工在工作中发挥最大的潜能，实现业绩。但是，就像我们看到的那样，员工往往会因为以下两个原因不能有效地发挥他们的作用。

过渡问题4：老板考虑不周

我在这里用了"考虑不周"这个词，但是我不是说这些老板不会和新晋升的员工讨论他们的工作预期、目标、挑战、战略、问题以及需要会见的人。然而，当我们谈到需要重视层级间过渡的具体要求时，老板们总会在以下的一些问题上考虑不周：哪些工作应该放弃，新层级的工作和原有层级有什么不同，角色过渡后在时间分配上需要做出什么样的改变以及如果不能实现过渡会带来什么样的后果。但是，新晋升的员工会觉得，向老板提出上述这些话题会比较困难（因为他们并不希望在第一次与自己的老板谈话时，就让老板把自己看成一个对什么都不了解、实力较弱的人），所以这些本来很重要的事情在一开始就不能完全浮出水面。因此，作为老板就有义务首先就这些谈话和下属沟通，想想老板本人曾经经历过的类似过渡经历，老板就应该知道谈论这些话题的重要性。

同样重要的是，老板要找到合适的人员，需要精心设计选拔流程，他们需要了解所提拔的人选相对于新的职位来说，其优势和劣势分别是什么。最好在新的管理者上任的第一天，老板就和他们讨论他们的优势和劣势以及在新职位上需要承担的责任。如果老板不能及时地利用这一时机做这件事情，那就属于工作疏忽，因为新上任的管理者需要知道，对于新工作层级上的工作要求他们在哪些方面还没有准备好，然后他们就可以有针对性地采取行动了。

过渡问题5：新领导被众多信息所淹没

有时候，老板会给新的或者新近任命的领导者太多的信息，使他们感到应接不暇。在大多数情况下，老板会在两种明显的情况下犯这样的错误：一是当新的领导者被期待应该是一位救星或者当初聘用他是为了解决很多问题的时候；二是当市场形势严峻、工作业绩下降、工作团队效率不高，使得老板工作负担过重或者感到无力承受的时候。当企业处境不佳时，上述这些信息在人员选拔的过程中很少会全部透露给候选人，因此许多新的领导者会发现，在他们接手新工作第一天，就会被各种坏消息狂轰滥炸。一般来说，这些新的领导者在面对这样比较悲惨的处境时，都会选择首先解决那些要紧的事情，而不是那些重要的事情。他们会赶紧去处理问题，却不花时间来思考角色的过渡过程和制定合理的工作安排。新领导经常是这样进入角色的，一旦这样进入就无法停下来了，他们忙忙碌碌，被推着向前走，难以发挥该层级领导应当发挥的作用。

源自新提拔人员的问题

新的工作有可能会使新提拔的管理者比较激动、感到有趣和有动力，也有可能让他们感到担心、恐惧或者无法抗拒。即使老板能够以平和、不情绪化的方式对待挑战，许多新任命的领导者或者是领导者初次面对挑战时会表现出非常情绪化的行为，这样就会带来严峻的挑战，因为太过强烈的感受会淹没理性的判断，也会导致员工做出不理智行为。

过渡问题6：并不希望做该项工作

那些工作中比较成功、能够享受自己工作并且能与同事处理好关系的员工看起来"是可以提拔的"人选，因此他们会被要求职位晋升。许多人都会接受较高层级上的职位，成为管理人员，因为新职位会给他们带来身份的变化、报酬和权力的提升。但是，自觉或者不自觉地，他们可能并不想去做这份新的工作，他们可能已经喜欢上了自己以前职位上的工作和周围的同事，并且觉得他们是"被强迫"去接受职位晋升的。因此他们没有动力去学习和成长自己，没有动力去处理新职位上不熟悉、比较困难的工作，他们只是尽可能做得最好，但是，他们并没有按该层级的要求去履行职责。

过渡问题7：对新的工作并不重视

对于那些在某项特殊的情景下接受过教育或者培训、在该情景下取得了成功并因为该成功而得到奖励或者认可的员工，他们是不愿意放弃先前的成功的。第一次加入管理层做管理工作或者得到晋升，成为更高层级的管理人员，并不意味着他们就甘愿放弃那些多年来对他们有重要意义的工作。虽然说底层管理者晋升到更高的层级做管理者通常也会发生这种情况，但是初次管理者尤其会纠结在这件事上。对他们来说，与客户一起工作、亲自接触产品或者服务、分析数据以及引进新人才等通常是这个层级最有价值的工作。因此，他们也是从这几个领域来评判自己工作的价值。大多数企业通常忽视以下这些工作的价值，如教导、辅导、反馈、关注未来而不是仅仅关注短期结果以及处理业绩较差的员工等。因此，要在正确的层级上发挥作用，通常需要在工作重心上进行彻底的改变；在较高的管理层级上时，教导和辅导等都是非常关键的工作。如果工作重心不发生转变的话,所做的工作也不会发生改变。

过渡问题8:不能与同事建立良好的关系

虽然说得到晋升后,身份变了,但是与以前的同事相比,与新的团队在一起可能并不那么有趣、那么开心了,或者新的团队工作效率并不如以前的团队那么高。不论是什么原因,新任命的领导者与他的新团队之间总是存在一定的距离。常见情况是,刚刚开始在一个自己不熟悉的领导职位上工作的时候,新的领导者会认为自己不是团队里面的一员,他们会怀念自己以前工作中的同事。实际上,这种把自己认为是团队外一员的想法可能源于他以前与该层级上的老板打交道的经历——该老板对他(即新的领导者)管理不善,或者他与该层级上的其他人之间有过负面的经历,因此,新提拔的管理者就会选择回到他以前的工作上,仍然与自己的老同事老朋友打交道。所以,层级间的过渡就在这一点上失败了。

过渡问题9:自我陶醉

一些领导上任之后,就会叫停所有工作,直到他们弄清楚所有情况,表示认可或者同意后才能继续进行这些工作。下级员工往往会觉得这样做很让人沮丧,或者会带来很大的破坏性,他们会觉得他们认为非常重要的工作被一个"新手"给阻挠了。那些以这种方式工作的领导者总是希望通过自己的这种做法能够让自己变得舒服、有水平,能够掌控一切,但是他们没有意识到,他们这么做是将所有工作都变成"关于他们自己"的工作,而不是关于团队内其他所有人的工作。当他们进行痛苦的审查、为项目重新寻找合理的理由、查看许多旧的观点的时候,他们就开始与自己的员工疏远了。更糟糕的是,喜欢自我陶醉的领导者常常还意识不到自己给员工带来的痛苦。因此,他们所带来的敌意影响了下属对他们作为领导的接受,而且还常常会降低员工的表现。

过渡问题10:过早实施重大创意

宣告重大的新战略或者新计划,然后开始重大的新工作,当然会非常的诱惑人。"我们的工作要改一改了",这看起来是一个最受欢迎的切入点,尤其是在较高层级的职位上更是如此，但是，像这样的声音却会引起恐惧、愤怒、兴高采烈、狂热或者是不确定感。会让人觉得预期业绩是否能够实现是没有任何保障的。将精力都投入到这么大的创意中，而不是用于清除各种业绩障碍或者解决问题，会对业绩造成伤害。有效执行工作常常需要首先处理好小事情，但是，如果员工将精力都集中在学习重大发展的美好蓝图上，小事情常常就会被忽略掉。除此之外，在直接下属没有弄明白新的重大创意主要涉及什么、在未接受他们在其中所扮演的角色之前，他们可能并不会全身心地投入到与大创意相关的工作中去。我这里并不是说领导者应该回避去做大的创意思维，我只是想说领导者在突然将新创意提给直接下属之前，首先需要一个合理的期限。

过渡过程与行为认知

我已经花了将近40年的时间，来寻找各种办法，以帮助员工成功地完成角色过渡。行为科学有一定的帮助，但是却从来不能回答最核心的问题，即"为什么新任命的领导往往不能做正确的工作呢？"从逻辑上来说，让新领导做正确的工作并不那么的困难，只要花上一点点功夫就能确定具体的要求是什么了。但是，所有类型的员工（不论是积极主动的，还是不够积极主动的，工作中反应敏捷的还是反应比较迟缓的）通常都会努力地去实现要求他们实现的业绩。领导梯队当然能够帮助诊断问题出在哪里，但是员工头脑中会产生一些其他的想法，这些想法会驱使员工做出一些难以理解的适得其反的行为。

在参加了一位首席执行官在悉尼郊外举行的一场远程会议之后，我与彼得·伯罗（Peter Burow）分享了我在引导一个项目时的发现。彼得是布里斯班市的一名作家兼咨询师，专注于研究神经科学在工作和个人生活中的应用，而不是向大多数神经科学家那样只集中精力研究大脑是如何工作的，却不把相应的知识应用到实践中。彼得是少数几位将自己的研究观点用于企业实践中的学者之一。我真的非常欣赏他的观点，一起工作的时候，我们共同发明了一种动态的工具，该工具能够帮助加快管理者在层级之间的过渡。这件工具会考虑大脑是如何工作的，并且识别为什么一些行为（比如说在既定的层级上不能实现预期的业绩）看上去不够理智。

人的大脑既有一个理性系统，也有一个直觉系统，或者叫感性系统。理性的大脑是用来处理我们以前从来没有经历过的新情况的。相比之下，感性大脑或者直觉大脑能够让我们进入到对过去发生相似情况时所保留的感性记忆中，几乎与此同时会根据上次的行为应对目前发生的情况，以此做出快速的反应。理性大脑往往会根据所掌握的原则或者框架进行思考，然后行动，因此反应比较缓慢，一次只能处理一件事情；感性大脑反应很快，但是常常出错，这是因为它会想当然的认为新发生的情况就是旧情况的一个翻版。理性系统和感性系统都会对我们做决策产生影响。

实际上，我们周围世界所发生的事情通常首先会经过我们大脑中感性系统的过滤。如果某一情况完全是新的，比如在一个新的层级上做新的工作，这个信息就会被传递到理性大脑中，由理性大脑进行评估，并根据具体情况做出合适的反应。如果这个新的反应与过去的经历能够结合起来，那么个人就会将新的想法转化为实际行动。但是，如果他之前从来没有采取过相似的行动，而且对预期的结果也不熟悉的话，新的想法往往就会保留在大脑的理性区域中，仅仅是一个打算或者想法。只有当大脑的感性区域感觉到舒服的时候，个人的行为才会发生改变，才向新的想法靠拢。如果在采取行动的时候没有得到大脑感性区域的确认，通常被称做不在舒适区域之内，不过这样做是需要勇气的。

如果一名员工得到提拔，而新的工作环境不论是看起来还是感觉起来都与他之前工作的环境很相像，那么他所面临的新挑战可能就会绕过大脑理性区域，而直接进入大脑感性区域的惯性中心里面，这样他在行为上就不会做出改变了。这也就解释了为什么那些不能在层级之间实现正确过渡的员工，他们所采取的行为看上去不够理性了，因为他们并没有做自己该做的工作。他们的所作所为似乎是与之前工作的逻辑和惯常模式是一致的，而他们这么做通常是完全没有意识的。

这种情况的补救办法就是要采用一个排序的方法，来帮助个人将他们大脑中的感性区域和理性区域以一种能够促使他们在行为上发生预期改变的方式结合起来。这就意味着把人们带出他们习惯的舒适区，为他们创造一个环境，使他们有能力在行为上做出转变。在这个转变的过程中，人的大脑一共有六个主要的功能网络，或者叫转变的"需求"。如果这六项转变需求都能以正确的顺序得到解决，那么改变就发生了。但是，我们大多数人只注重于我们所能够意识到的一项或者两项转变"需求"，而使其他四项或者五项需求都得不到满足，因此我们就会被卡在转变的路上不能继续前进。这样导致的结果就是，让我们更多地从感性进行思考，以为问题就是这样，因此不再做更多的思考。虽然我们在做，但是并没有看到任何的改变，所以在内心深处，向自己发出一个强烈的疑问，为什么我要这么去做呢？如果您想了解对这一问题进行更为完整的治疗方法，请参考彼得·伯罗所著的《神经的力量》（*Neuro Power*）一书。

MEALER 模型

我和彼得共同开发了一个用于帮助员工从一个层级过渡到下一个层级的模型，该模型共包括六个阶段，其中心思想是，要根据个人需求出现的顺序，依次解决个人的需求，以使大脑的感性区域和理性区域能够在一起和谐地工作，而对于我们要求个人所应该实现的层级间的过渡，也会感觉比较舒适。通过以一种结构化的方式解决这些感性和理性的需求，我们可以使个人走上转型的旅途，从一名个人贡献者做到一名一线经理，或者是从事业部副总经理做到事业部总经理等。我们需要打破自己情绪上对这种转型的抵触。

我们的流程包括六个步骤，如图 10-1 所示。

工作意义	创造价值			实现价值	
	工作动力	行动	学习	根植	重新振作
通过对角色和新身份绝对的明确，个人获得了为企业和自己工作的意义	个人要利用自己的知识和所在职位上的权力来促进他人的工作动力，同时也要避免与员工竞争，要注意不要太以个人为中心，而是要更加注重团队的需求和愿望。在工作中，要对影响业绩表现的问题和障碍进行明确的认定，通过引导团队合作和提高团队表现的方式去解决	个人创建一个明确的行动流程，并让大家了解其用意。这时候，需要有勇气采取行动，将战略或者运营计划转变为合适的以业绩为导向的行动	个人会根据反馈回来的信息进行自我反省、思考和调整。必须要战胜对失败的恐惧感。要清楚地认识到，种计划的执行时的是相关的业务原则或个人原则、角色要求，而不是政治手腕	个人需要发现根植于业务或者组织中的成功方法、团队培训中的成功方法和对以任取得成就或改进的方法。个人要自始至终地对这些成功方法进行研究和复制	当个人不想失去他目前所拥有的东西，而且新的工作比较难以实现起来的时候，个人往往在会自满中对以成就自满醒悟过来风险。他需要警醒识别出未来的优势和劣势，找到能使自己重新振作的力量

自私　　　恐惧　　　冷漠

克服个人在过渡过程中会犯的三大主要"罪过"

图10-1　个人过渡的六个步骤

资料来源：NeuroPower and Drotter Human Resources.

1. **工作意义**（meaning）。通过对新角色和新身份的绝对明晰，个人能够找到对企业和个人的意义。业绩梯队能够帮助明确员工的角色和新身份（即不再是团队的一员，而是团队的一名领导，并且是众多团队领导者之一）需要在一开始的时候就正确过渡。新领导首先要有归属感，这是最基础的需求，在很大程度上是根据我们在哪里被接受和受到重视来发展我们身份的。这就意味着与新的层级紧密结合，对于个人成功实现过渡非常重要。如果这一点做得不好，个人会觉得自己是很独特和"很特别"（"我和他们是不一样的"），因此要求他向另一个层级实现过渡不是很适合。

2. **工作动力**（engagement）。个人要利用自己的知识和所在职位上的权力来促进他人工作的动力，同时也要避免与员工竞争。要注意到不要过于以个人为中心，而是要更加注重团队的需求和愿望。在工作中，要对影响业绩表现的问题和障碍进行明确的认定，通过引导团队合作和提高团队表现的方式去解决。在这一阶段，克服自私和自我陶醉的思想倾向是非常关键的，需要理解团队合作的优势和价值，并将这种理解充分内在化，使其成为自己的一种品质。如果没有外界的帮助，个人很少能够意识到自我意识的存在，也很少意识到要有目的地去改变。这时老板和人力资源要给予他们必要的协助，这一点是非常重要的。当然，我们也强烈建议新任领导这么做。如果这一点做不好的话，个人就会开始与自己的团队进行竞争。

3. **行动**（action）。然后个人就会创建一个明确的行动流程，并让大家了解他的用意。这时候需要勇敢地采取行动，将战略或者运营计划转变为合适的以业绩为导向的行动。作为该业绩模型的第三个步骤，行动是使得该业绩模型区别于其他业绩模型的独特之处。那些不在正确的层级上做正确事情的行动或者无法促进团队工作动力的行动，往往会使灾难提早发生。如果这一个步骤没有做到的话，新的领导者就会变得霸道而又苛刻，成为令人无法容忍的老板——使员工筋疲力尽、冒过高的风险，将自己的团队彻底拖垮。

4. **学习**（learning）。个人会根据反馈回来的信息进行自我反省、思考和调整。他必须战胜对失败的恐惧感。要清楚地认识到，驱动各种计划执行的是相关的业务原则或个人原则、角色要求，而不是政治手腕。行动能够提供很多现实的经验，个人、团队、老板以及同事都可以充分利用这些鲜活的经验进行学习。通过听取各种反馈信息，了解到哪些是可行的、哪些是不可行的，能够为个人提供强大的动力，使他们采取正确的方式向前发展，做自己应该做的正确的工作。如果这一步没有做好的话，新的领导者就会变得多疑，他不会再和团队分享信息，相反，他会开始专注于政治手段和关注与上级的关系。由于领导者过于关注政治手段，很少和团队分享信息，整个团队的业绩必然会下降。

5. **根植**（embedding）。个人需要发现根植于业务或者组织中的成功方法、团队培训中的成功方法和对以往取得成就改进的方法。个人要自始至终地对这些成功方法进行研究和复制。只有这样，生产率或者能力才能真正得到提高，这些方法才能成为惯例固化下来。如果这一步没做好的话，那复制的就是错误的模型和方法。这样，团队的工作就不是复制成功了，而是在迎合领导的自尊心，或者说领导仅仅是在重复做他喜欢做的事情。

6. **重新振作**（reinvigoration）。当个人不想失去他目前所拥有的东西，而且新的工作目标看起来比较难以实现的时候，个人往往会冒自满的风险，这些自满来自他之前实现了老板给他的目标或完成了业务发展战略的目标。现在他需要面对新的，而且是更难以实现的目标，为使工作业绩得以实现，他必须挖掘重新振作的力量，否则就有可能面临风险，使自己成为又一个不见长进的占位者。

正如你所看见的，完成层级间的过渡所需要的转变过程非常复杂，而且具有挑战性。一些人靠自己就可以完成，但是绝大多数人还是需要一个能够支持自己的老板的引导和接受过良好训练的人力资源专业人才的帮助，才能完成过渡。这种层级间的过渡不会在一周或者一个月内完成，只要新的目标还没有建立，新的结果没有实现，那么层级过渡就还得继续。幸运的是，我们有大量的证据可以证明，大脑是能够进化的，它会自动去适应情况的变化。

除此之外，还有最后一个比较复杂的情况。每一个步骤都围绕着前一个步骤，建立在前一个步骤之上，并且超越前一个步骤。这表明，工作意义这一个步骤为工作动力这一步骤奠定了基础，而工作动力步骤决定了行动和学习这两个步骤，最后决定了根植这一步骤。从这个角度上来讲，在所有的六个步骤中，工作意义这一步骤是最为关键的，但悲哀的是，这又是最容易出错的一个步骤。

常见的一个错误是只注重行动和学习两个步骤，而没有将工作意义和工作动力这两个步骤做好。这种实现层级过渡的活动是有缺陷的，会造成短期成功的假象，过渡过程很快就会无法继续进行——没有实现过渡的目标。所以，提醒各位要格外注意那些充满"行动"的过渡计划。

给老板的建议

如果老板招聘了需要过渡的领导者，那么对于该领导者的过渡，老板就要负主要责任。但是，许多领导人除了给新的领导者一堆信息和不定期地查看进展情况之外，几乎不会做其他的事情。无论他们是持有这些新人应该依靠自己完成过渡的看法，还是他们不确定该做什么才能帮助他们顺利过渡，总之他们不能履行自己的职责。为促进层级过渡的完成，可以使用业绩梯队模型和 MEALER 模型，以下是经证实有用的八个步骤：

1. **将层级过渡问题看成一个业务问题。**无论你行动与否，你都有可能正在制造管理风险。那么，好好地思考一下，花点时间在日程表上，给自己制定一个计划，让新人知道能从你那里得到什么帮助和支持。考虑一下，如果你面对一个非常重要的新客户，你会做些什么。新员工可以让你的工作生活很愉快，也可以让你感到非常的难受。

2. **将层级间的过渡作为一个机会，用于实现所需要的改变。**针对目前的小组状况，你需要告诉他们你是如何评价他们的业绩的以及他们需要做出什么改变；既要和员工单独谈，也要和小组一起谈。叫停那些不必要的工作，结束那些没有前途的工程，调整业绩不佳的员工，真正明确每个人的角色及职责。通过建立业绩梯队，来帮助你做到这一点。

3. **确保你是在正确的层级上工作。** 对自己的日程安排进行客观的检查，清楚你的时间到底都用在了哪里。将那些你喜欢做，但是不应该做的工作下放给较低的层级去做，就这个问题与你老板约谈一次，双方达成协议，确保你和老板都能在正确的层级上工作。

4. **从人力资源部门那里寻求帮助，并使用 MEALER 模型。** 人力资源应该能够参与其中很多的工作，并帮助你对新员工的工作进展做出判断。你要确保的是自己能够理解 MEALER 模型，并能够接受该模型。当你不能参与该模型执行的时候，人力资源部门应该能够替补。

5. **从新员工入职的第一分钟开始，你就应该参与其中。** 就你想要实现的预期结果以及你希望什么时候实现，与新员工进行沟通，并告诉给新员工。和新员工一起重温一遍 MEALER 模型，这样新员工就能够清楚过渡流程是如何实现的。把新员工介绍给人力资源部门，好让他们能够为新员工提供帮助。让新员工知道，他们首先必须理解工作的意义是什么，并在此基础上激发出自己的工作动力，然后再去创造业绩也不迟。

6. **处理那些反对者和其他不合作的人。** 让新员工都明白新的领导者是由你选定的，你会支持他们的工作，并且会给他们一个证明自己的机会。对于那些已经表示自己对某职位很感兴趣但是却没有被选择的员工，要和他们约谈，帮助他们分析他们未来会有什么样的机会和前景。在封闭的企业文化中，需要打破这种限制，帮助新员工以及自己团队内的其他员工，加强他们与其他组织之间的联系。

7. **创造一个社区，使个人能够在该社区内体验角色转变。** 可能在团队中还有其他的成员，他们在自己的层级上任职已经有一段时间了，但是还没有实现正确的过渡。每一位员工都需要在正确的层级上工作，这样团队的价值才会最大化。

8. **要控制住自己在新员工入职的第一天就向他们倾泻所有信息的欲望。**

仔细考虑应该如何整理、组织信息，才能使员工最容易理解。在开始下一次讨论之前，需要检查新员工是否在第一次讨论会上掌握了各项要求。

给员工个人的建议

理想的状态是，你能够与自己的老板一起合作，共同来实现角色的过渡。但是，即使你的老板做不到这一点，你也可以自己做很多事情帮助自己完成过渡。

1. **对 MEALER 模型进行学习研究，形成自己的理解，尽量按要求去做**。如果能和老板一起做，当然是最好的，但是，如果老板不在或者他不愿意的话，那么你可以找一个比较专业的朋友、顾问或者人力资源专员做你的搭档，帮助你实现各项要求。尤其要注意的是第一项，确定自己的意义，并对自己的身份进行重新定义。

2. **避免过早地去追求"大的创意"**。对于你自己计划要实现的大的改变或者业绩，不要做过多的宣布。相反，要集中精力去解决所存在的问题，清除员工发现的阻碍业务发展的障碍。通过让员工知道你真正在意他们的问题，尽快与他们建立紧密的联系。

3. **要清楚地了解自己的情绪状况**。在新的环境中，对失败产生恐惧感、对新角色自以为是、感觉自己不属于新的同事团队、有报复的欲望、冷漠或者自满都是有可能出现的情绪。要始终铭记 MEALER 模型中所定义的过渡流程，就自己在过渡过程中表现出的情绪，征求大家的看法。

4. **不要与自己的员工竞争**。作为领导，你拥有更大的权力，掌握着更多的信息，有更多的渠道，因此与自己的员工竞争本身就是一个不合理的作弊游戏。让员工做自己的工作，并鼓励他们做得更好、更优秀，他们的成功就是你的成功。

5. **针对你的工作和团队的工作，设定衡量标准，寻求大家的反馈**。从成功中学习经验，从失败中吸取教训，要尝试并创造一切可能的机会，寻找实现业绩要求的最佳办法。

6. **不要让自己陷入解决问题这一件事情上。**尽可能早一些开始解决问题的工作，当问题解决有进展的时候，就要在你所在的组织内，重复去做那些可行的做法。

7. **不要过早宣布成功。**要在一个层级上把工作做到游刃有余，还是需要一定时间的，因此要继续努力，争取做到更好；否则，你将会成为一个没有进步的占位者，活在自己过去的成功里，对新工作只是蜻蜓点水。

8. **学会从自己同事的角度去看自己所在的层级。**这些同事拥有的经历有可能正是你所欠缺的，从他们的角度来了解你的行动和行为，是对你最好的了解。因此，要亲自去了解他们目前正在努力做什么，而不能只满足于你自己观察到的或者听到的。

给人力资源部门的建议

人力资源部门是最有可能帮助层级间过渡的人，前提条件是人力资源部门需要对层级间过渡的流程有所了解，而且他们也清楚需要帮助过渡的员工的业绩是什么。以下这些步骤就能够帮助人力资源部门做到上述两点：

1. **取得 MEALER 模型认证**，你就可以通过问正确的问题，提供合理的建议，给老板和员工以正确的支持。

2. **在新员工到来之前，与老板一起工作，争取对新员工要实现的业绩有所了解。**（有可能这项工作你在选聘员工时已经做过了。）

3. **和老板一同参与到帮助新员工过渡的进程中来**，也就是说，从老板开始这个工作的那一分钟开始，你也要参与进去。惯常的做法是给新员工一些时间来适应新的工作。事实上，在他们入职的第一天，他们最愿意接受你的帮助。他们对工作的理解可能不正确或者不全面，而相对于询问老板，他们会觉得询问人力资源压力会小一些。

4. **让自己作为一个优秀的参谋或者辅导员参与到其中，如果有必要，就请老板参与进来，直到新员工取得成功，这个过程才算结束。**

尝试将所有方法放在一起

不论是对于个人,还是对整个业务而言,从一个层级过渡到另一个新的层级都是比较困难,而且是具有风险的。不能将成功过渡寄希望于机遇,相反,聘用的管理者和人力资源之间应该建立合作关系,以确保员工的过渡能够以合理的速度有序地进行。针对个人的情况,依次考虑过渡实现过程中比较困难的10个理由,然后判断哪个(或者哪些)理由是该员工面临的困难,然后从这个点开始,与员工、他的新同事、组织内其他部门一起合作,清除各种障碍,帮助员工明白需要实现什么样的业绩,并向他解释MEALER模型,最终依次完成过渡的几个步骤。要谨记,直到员工实现了第一套计划目标,并且正在进行实现另一套更有挑战性的目标的时候,才能说层级间的过渡完成了。但是,业绩要不断取得进步,不能原地踏步。

第 11 章
实施业绩梯队

贯穿本书，我详细地讲述了企业内每一层级的作用以及每一层级必须要实现的关键业绩。只须了解要实现的业绩是什么、让正确的层级上正确的人群知道企业对自己的业绩预期是什么、对那些完成或者超额完成业绩的员工给予奖励，将帮助你创建起自己的业绩梯队。但是，实际一点来说，我确实承认将纸张上的这些概念转化为实践行动是非常具有挑战性的。因此，我尽自己最大的努力提供大量的信息和各种创意，来促进这种转化的实现；同时，我也知道在现实世界中，总会遇到很多出其不意的情况，这是书本中所没有解决的。

正是基于这个原因，我将最后一章内容中集中讲解：你需要做什么，才能使得业绩梯队在实践工作中不仅有用而且有效。下面是业绩梯队实施过程中的六个关键点：

- 要有正确的业绩观；
- 定制适合本企业的业绩梯队；
- 进行能够激发员工动力的业绩讨论；
- 激发所有层级的工作动力；

- 让企业的人力资源部门理解并接受所需要实现的改变；
- 要坚持不懈地追求业绩上的提高。

要有正确的业绩观

你所建立的业绩观（即对员工的看法，对他们的工作目的、工作动力、可能取得的成功以及工作努力程度的判断）会让你以一种独特地方式去追求业绩的实现。如果你没有从团队和业务中得到你想要的业绩，那么你就需要做出改变。如果你的业绩观保持不变的话，那么你所作的改变不论在刚开始的时候效果有多好，最终都是不会持续下去。**相对于各种制度和政策来说，框架和原则要更有效，因为它们能够为员工提供做出自己选择所需要的灵活性。**进入21世纪以来，当人们知道自己是被当成知晓者对待的时候，他们在做出回应时就会表现出更大的积极性和创造性。他们知道自己和自己的员工应该努力去实现什么样的业绩，选择使用自己的方法去实现这些业绩；相反，制度和政策就会显得比较死板，它们会强迫员工去做你认为对他们来说好的事情；强迫员工去遵循业绩梯队办事，就好像业绩梯队就是"当地的法律"，而这么做的结果却事与愿违，只会迫使员工去违背这个规定。

业绩梯队这个框架是用来决定企业内每一个层级应该实现什么业绩的，只有当实施的过程中把它作为一个灵活的框架而非一个教条，它的功效才会发挥到最好。为了能够灵活地使用业绩梯队，遵循以下的原则是非常必要的。

原则1：我们大家共同努力，一起来完成工作

商业就是存在竞争的，在此时此刻，你对手的企业正在召开会议，在绞尽脑汁想办法去抢夺你的客户、挖走你的优秀员工、生产出比你的企业更好的产品。因此，要让每一位员工集中精力，参与到与竞争有关的最重

要的工作上，摆脱对高职位、大权力以及建立自己王国的幻想，把精力集中在为企业增加价值上，完成属于自己的本职工作，即实现你所在层级要求的业绩。当我们大家都集中精力，共同去完成我们所在层级上的业绩时，业绩梯队的流动就会实现最好的效果。

原则2：每一个层级的业绩（增加价值）一定不同

因为有太多的工作要做，因此要求每一位领导都掌握多种不同的技能，共同去完成同一件事情。我们需要将目前的工作与未来的工作区分开来，我们也需要将战略性工作、运营性工作以及战术性工作区分开来。通过定义业绩梯队，可以帮助理清各个层级对工作的不同要求以及哪一个层级应该做什么样的工作。因此，业绩梯队就是企业运作的指南针。

原则3：有关工作的谈话要能激发员工的积极性，而不是对员工的评判

在与老板和同事交谈之后，我们本应该以一种更加积极、感兴趣的态度对待实现业绩的工作任务。然而，大多数的业绩评估都会使员工变得消极，甚至失去工作的动力。在这样的评估体系中，我们会觉得自己被个人武断地进行评价，从而产生这样的想法："他并不知道我现在遇到了什么问题"、"他不知道我们到底做了什么"以及"他就是问题的所在"。为了激励员工，我们需要经常与员工讨论业绩问题，了解员工已经做了什么、接下来要做什么以及要做到什么程度大家才认为是最好。一味地责备工作进展太慢、将原因指向他人（"你自己没有努力"），一年内只进行一到两次的业绩全面回顾，都无法激发员工的积极性。因此，要将业绩梯队作为一个激励员工的工具，而不是一个评价工具。

原则4：奖励和认可的决定需要做客观分析与情景分析

业绩梯队是一个与背景环境相关的工具，换句话说，我们设计的业绩梯队应该适应一个既定的业务环境（而不是要求环境来适应业绩梯队）。因

此，你越是能从企业的处境和客观的立场去衡量业绩梯队，它在使用过程中就会越有效。如果你能做到这一点，我们就可以认为你已经实现了目标的90%。那么环境是什么呢？自然灾害、市场变化、金融崩溃、竞争者的创新以及其他情有可原的环境，这些环境都会有力的说明，实现目标的90%已经是一项巨大的成就了。相反，当市场上升10个百分点的时候，预算却超出了5个百分点，就不能算做优秀的业绩了。因此，在决定加薪的数额或者决定是否提拔某位员工，或者对某一位员工的工作成就（或者缺乏成就）进行评估之前，我们都要分析各种情景，尽量做到客观，不要受到关系、不重要的信息或者政治压力的影响。要多问问题，以理解他们所处的环境和所实现的业绩。盲目遵循预算（即18个月之前所做出的最好猜测）是没有帮助的，尤其是在当前高速变化的环境中。如果您正在使用业绩梯队评估每一位员工的工作业绩和效率，那么要注意，你必须将该业绩置于一个既定的层级中并有一定保留地进行考虑。在一个既定的环境中，即使某一位员工仅仅实现了3/5的业绩，他的工作可能已经达到了卓越业绩水平；但是另一位员工，即使他实现了4/5的业绩，他的工作可能只达到了称职的水平，这主要是考虑到了他们所能支配的资源的多少。在两年或者三年的时间之后，所有的业绩都应该实现。

定制适合本企业的业绩梯队

不要强迫你所在的公司或者企业去使用某个业绩梯队模型，相反，你应该认真定制一个适合自己公司的梯队模式。你的公司里可能没有我们所讨论的所有层级，因此你需要重新分配工作任务。如果你的企业里没有集团高管，那么就将这一层级上的业绩任务重新分配给首席执行官和事业部总经理；如果你的企业内只有一项业务，那么你就没有集团高管这一职务，首席执行官就身兼两职，兼任公司的事业部总经理。**只要是对企业发展有益，就可以对各个层级进行重新组织。**

定制意味着在建立业绩梯队的时候，要使用自己公司或者企业的语言和术语来进行。例如，可以将你自己的职位头衔替换掉，就像我在我的模型中所做的那样，将原来的集团高管替换为地区主管，将原来的部门总监替换为业务单元主管。为了确保真实性和关联性，主要还是要使用业绩梯队模型中业绩标准所使用的关键业务术语，这些标准一旦建立，就需要它们是可信的、可识别的。如果你想告诉自己的企业，需要看见一些改变，那么你就可以使用新的语言来帮助你。

几乎在每一套业绩标准中，都会有这一项标准，即"实现所有既定目标和预算要求"。在设计业绩梯队的时候，一定要让它和你的计划以及目标制定程序相吻合，而不是让它去代替计划和目标制定程序。要将目标、关键业绩指标、预算要求等都附在标准中，这样才能对预期业绩创建一个完整的定义。这种结合能够实现有效的职位描述，而且当计划改变的时候，结合也能得到及时的更新。

进行能够激发员工动力的业绩讨论

通过不断与员工探讨，业绩梯队价值就会不断增加，业绩梯队并不是一个神秘难懂的人力资源工具；相反，在直接下属与老板讨论预期贡献、回顾业绩状况的时候，它却是一个非常有用的工具。这样的讨论活动应该在新的业绩考核周期开始，或者在一项新工作开始的时候进行，澄清真正预期的贡献结果是什么。在最初的几轮讨论之后，还应该进行其他的讨论活动，最后还要进行衡量标准的讨论。

如果你回想一下上面刚刚讲过的第四个原则，你就会明白为什么说这些讨论活动应该是能够激励员工的。为了能够让员工完成工作任务，让正确的层级实现正确的工作业绩等，我们需要得到挑战和鼓励。而一般的下属与老板之间进行的业绩回顾讨论与这里所讲的业绩讨论活动是完全不同的，前者往往会令人感到气馁。如果老板对讨论准备不充分，在探讨中只关注自己的观点不关注事实，没有意识到环境已经发生变化，或者凭自己的主观印象指责员工，通常都不会激发员工的动力。其实有一个比较好也比较容易的办法，那就是我建议你按以下几个简单的步骤，利用好业绩梯队模型提供的开展大型讨论的机会：

1. **每个月进行一次深入的讨论**。如果你希望整项工作都能完成，你就需要经常召开讨论会，对整项工作进行讨论。项目当前所处的状况、销售完成情况、计划的完成情况以及其他许多的事情都需要进行大量的、不断进步完善的探讨——事情是变化着的，因此需要不断召开探讨会，对这些变化进行仔细研究。每月召开一次探讨会，与团队内所有成员一起回顾预算要求和工作目标上所取得的进步，这是非常必要的。在这里，我建议你更进一步，每月以同样的方式对员工个人的工作情况也回顾一次。

在业绩考核周期第一个月末讨论业绩实现情况，具有特别重要的价值，因为还有 11 个月可以用来解决问题。在第二个月末的时候，仍然还有 10 个月可以用来解决问题。你的目的是要把工作做完，年终才开展这样的讨论已经没有任何意义。

对业绩标准中的每一个项目，连同工作目标和关键业绩指标一起，都要进行深入透彻的讨论，要强调完成整项工作的重要性，而不只是就你所谈论的热点问题进行说明。这种全盘性的讨论能够教会许多年轻管理者（甚至是年长的管理者）了解发展和培养人才的价值，或者是在实现生产目标的同时也致力于未来项目的发展和建设。不论你对完成整项工作任务的看法如何，你的员工都会从你的要求中得到答案。

2. **每个月要搜集事实依据，而不是主观意见**。在每月举行的讨论会上，将已经完成的关键工作写入文件。表 11-1 就是一个例子，显示了年终的时候这份报告可能是一个什么样子。业绩标准为这一方法提供了框架，将全面业绩标准放入第一栏里面，将事实证据放入后面的栏目中。现在你就有了一份实录，在一年结束的时候，"业绩等级"就是显而易见了，除了进行一次全面的评估工作之外，就不再需要任何新的努力了。

表 11-1 一线经理的业绩梯队评估

工作重心的转变
- 从通过个人努力实现业绩转变为通过他人实现业绩
- 从重视个人成功向重视他人的成功转变

姓名：约翰娜·约翰逊　　头衔：一级经理　　日期：2009年12月15日
覆盖时段：2009年　　准备者：B. 拉米雷斯

业绩领域与标准	未达到全面绩效	全面绩效	卓越绩效	业绩等级
运营/技术业绩 • 个人/团队目标都能如期实现工作目标并达到所有质量要求 • 通过让员工采用商定的办法和措施实现可靠的业绩 • 技术上通过使用目前尖端水准的行业规则和产品生产方法实现创新 • 为团队提供运营/技术/专业意见，确保目标和业绩的实现	• 员工培训预算超支10%，大多数开支都花费在与工作不相关的课程上	• 工作小组实现了本年度所有关键业绩指标。见12月份的关键业绩指标报告 • 因为实行了优秀的管理纪律，工作小组实现了本年度的所有目标。每个月都会举办业绩探讨会	• 团队共同开发出更快的方法，完成了合规审计工作，实现了更高的效率	• 全面业绩
管理业绩 • 所属的同事目前都有明确的、可衡量的工作目的和目标 • 制定年度工作计划，确保资源合理分配，以实现既定的工作目标 • 采用控制系统，确保及时实现业绩，不出现意外情况 • 定期向直接下属进行反馈 • 让正确的人在正确的时间做正确的工作 • 对目前的业绩进行清晰的描述，并传达给小组成员① • 项目小组成员能接受业务指导和反馈①	• 由于计划不周密导致项目监督不力，要求额外的员工资源来按时完成工作任务	• 清楚地对角色和职责进行定义 • 至少每月进行一次沟通，坦诚的谈话 • 团队的业绩表现与团队目标和所完成的项目相关联，衡量业绩也是同样 • 在每周的小组会议上，针对小组的工作，提出流程改进意见，使小组寻找到方法，成本降低了10% • 所有的小组成员都能实现全面业绩		• 全面业绩

第 11 章 实施业绩梯队 233

	尚未实现全面业绩	卓越业绩	全面业绩
领导业绩 • 以身作则，遵循企业的价值观 • 培养并留任有潜力、有前途的继任者 • 对要改变的业务案例做到良好的沟通，有效的执行 • 为每一位员工制定培养发展计划，并积极地实施	• 为了完成任务，只进行了部分数据检查 • 没有培养后备力量 • 团队能力没有得到提高，选择了错误的培训措施或方案	• 每周都召开计划会议，小组成员在正确的时间得到正确的信息	
关系业绩 • 与伙伴、同事、管理者之间进行公开的交流沟通 • 通过个人的行为和措施显示出公平、表现出个人诚意并获得尊重 • 寻求充分理解客户的需求和同事的要求，并解决这些需求和要求 • 积极建立并保持内外部股东以及企业关系 • 掌握聆听他人需要、议程和优先事项的技能		• 每月至少和客户接触一次，每周和同事接触一次 • 被广泛看做可靠的供应商和合作伙伴	• 在参与员工会议和设计会议中成为榜样 • 与行业内的同行建立关系网络，采用小组学习，借鉴更有效的审计方法
创新业绩 • 和上一年相比，通过改进流程提高生产力； • 每年都有一个有用的创新		• 个人和团队都要不断地为流程改进付出努力 • 是团队同事中各类创意的源泉	

① 表示是针对项目小组中的员工而言的。

搜集和沟通业绩表现证据

对于证据这一概念，许多人都会误解或者不能完全领会其含义，或者他们不知道如何搜集与业绩相关的事实证据，如何将这些事实证据以一种能够激励员工的方式进行沟通。因此，为了能够有效地进行具有激励作用的讨论会，你首先需要学学如何利用业绩事实证据。

首先我们来看一个定义：证据是由两个因素组成的，它们分别是已经实现的业绩和业绩实现时的环境背景。例如，"收入增加了 10 个百分点"就是证据，但是，"在低迷的市场环境中，收入增加了 10 个百分点"或者"市场增长了 15 个百分点，收入增加了 10 个百分点"就是更强有力的证据。我们的工作是帮助员工了解他们是否为企业增加了一定的价值。因此，我们要不断地挖掘信息，直到我们自己也能够正确把握他们实现业绩所处的环境。

证据可能是绝对的，比如说"准时制定运营计划"，或者它可能就是相对的，就像这样的表述"运营计划比去年的要好"。在搜集证据的时候，我们应该加入足够的背景信息，以使每一位读者和听众都能对其表示信服。对于相对的证据，我们需要说明为什么今年的运营计划要比去年的好，比如说是"因为今年使用了新的市场调查结果来指导计划的制定"，否则，你所发出的改善说明只是一个主观的观点而已。

汇报证据

企业内每一个层级的工作业绩标准能够为我们提供一个非常有效的指南，帮助我们了解应该去搜集什么样的证据以及如何去对这些证据做出判断，这就是我们要建立业绩标准的主要原因。

为了简化证据的记录，我们可以依靠下面的梯队业绩评估格式（或者你根据自己的情况修改）来完成。将讨论会上收集起来的证据放入正确的栏目中，然后将这个表拿去和直接下属一起分享，这样一来，他们就可以根据该表的要求把相关的证据带到探讨会上。

梯队业绩证据

标　准	尚未实现全面业绩	全面业绩	卓越业绩
业绩达到所有目标和预算要求	虽然花费了预算，但是没有按照计划如期对电脑进行升级		

不要期望每一个标准都有相应的证据，尤其是当这些标准是新设定的时候，而且也可能是因为一项具体的工作在每一年里并不需要所有这些标准。

如果还没有实现任何真正的结果或者成就，要避免关于活动的陈述，如"访问了10个区域、分析了各种流程、以新的理念开展工作"，这些都属于活动，关键要回答的问题是，"这样的活动带来的可见的结果是什么？提高的结果是什么"。

如果具体贡献不明确，就要避免做出概括性的陈述，比如，"在流程设计中做出了个人贡献"或者"在数据分析中将新概念进行了可视化"，这些概括性的陈述无法对业绩、成就或者结果进行明确的说明。

应该对什么进行讨论

首先要对证据进行讨论，因为它能够帮助你和你的直接下属在工作的性质和状态上找到共同的立场。我们的首要目标应该是：将所有相关的标准（经常会有一项或者两项标准在此时此刻并不适用）都考虑在内，但是并不应该将所有的时间都花在这上面，而是要将会议的大多时间用来探讨即将要做的工作。更具体地说，就是要提问题，询问究竟需要做什么、怎么去做、会遇到什么样的障碍和风险、需要什么样的帮助等，将这些问题作为讨论会的催化剂。这时候，就能够得到真正的辅导和学习。通过经常性地开展诸如此类的探讨，员工就会得到不断的发展和进步，当你和员工分享关键的见解时，应该和他们讨论如何应对所遇到的障碍等，应该激励你的直接下属去放开工作——你可以为他们提供所需要的信息并回答他们的疑问，以帮助他们更好地开展工作。**要在事前深入地调查研究，而不能事后评头论足，这样才能创造更好的业绩会谈结果，并帮助员工避免代价很大的错误和重复劳动。**

得出结论

在业绩考核期结束的时候，你需要对员工的业绩表现做出结论，为了进行评估，你需要对这些问题进行回答：

- 所收集到的这些优势的证据说明了什么？还有哪些证据需要收集？
- 员工被分配到了企业内哪一层级工作？他的实际工作应该属于哪一层级？
- 员工真正做得好的地方是什么？
- 业绩标准中哪些重要的条目需要改进提高？
- 员工应该做什么，才能使自己的业绩一级一级地提升？
- 总的来说，你对某位员工的业绩整体评价是什么？是尚未实现全面业绩，还是已经实现全面业绩，还是实现了卓越的业绩？

这是整个流程中最难的一部分，所得出的结论可能在过一段时间之后会面临员工的挑战。这时候，你需要使用证据，让它成为你工作的向导，如果你觉得还需要证据的话，那么就不要拘束，回去收集更多的证据。做这样的总结不论对于你还是员工来说都是有用的。**考虑每一个季度这么做一次，将重点集中在衡量工作和业绩上，而不是对员工的评价上。**

激发所有层级的工作动力

你应该清楚地了解企业业绩梯队上每一个层级所处的状态是什么，要做到这一点，仅根据你所得到的汇报信息来判断是远远不够的。相反，你要亲自对目前的状态进行调查分析，研究现状及其成因，然后针对工作完成的进展和状况形成自己的观点。业绩梯队能够帮助你了解需要问什么问题，并为你提供了解下一步将要发生什么的路线图，因为知道要实现的业绩，你也就很容易确定员工是否在努力实现这些业绩。

当然，在一些企业里面，**要避免较高层级的管理者与较低层级的员工讨论他们的业绩情况，主要的原因是中间的管理者有可能对高层管理者这种做法感到不满**。但是，在实际工作中，你可能需要告诉你的直接下属，或者直接下属的下属对这种必要的做法能给予理解，只有这样才能了解目前的状态以及还有什么工作没有完成。要让大家明白你是不会给出工作方向或者解决问题的，只是搜集信息而已。不论你了解到了什么情况，都应该与介于中间的管理者和员工进行分享。

如果你能在正确的时间里问正确的人正确的问题，那么你就可以激发各层级人员的工作动力。作为领导者，你问的这些问题可以帮助你获得自己团队工作质量的信息、工作努力程度以及存在的问题和障碍。但是，要记住，你问这些问题的时候，一定不能以下面的方式进行，即让员工处于尴尬的地位，或者让他们评判自己的老板，因此，要让提问的口吻轻松而又中立。例如：

- 告诉我你的发展计划执行到什么程度了？

从他们的回答中，你就可以得知他们是否有发展计划，他们的发展需求是什么，他们是不是在成长进步，以及什么业绩会因为技能或者经验的不足而处于危险之中。

- 在过去的3个月、6个月或者9个月里面，你自己真正感到骄傲的事情是什么？

你可能会听到他们陈述业绩成果，或者你会听到他们陈述所从事的活动。如果他们对活动感到骄傲，那么业绩导向就没有实现到位，或者说实现得不够。你也会听他们叙述自己的工作价值。所有这些都会帮助你了解清楚他们是不是在正确的层级上做正确的工作。

- 你遇到的最大障碍是什么？如何去解决这些障碍呢？

你很可能也会听到你的层级上还没有显现出的问题——如果不是你问了这个问题，可能你就意识不到这个问题的存在。你也会从中了解到你员工的智慧、创造力以及他们解决问题的技能，或者了解到他们欠缺什么。

以上的这些问题只是你能提问（并且以自己的方式提问）的很多个问题中的 3 个。当你在制定那些能够帮助你激励所有层级员工的问题的时候，要记住，对于那些层级较低的员工来说，你是一个权力人物。你的出现可能会激发大家的积极性，但是你也可能会对他们构成威胁。因此，你要让他们感到轻松而不是拘束，不要让他们评判自己的老板，因为他们是不会这么做的。不论你通过问问题发现了什么，都要鼓励他们尽自己最大的努力去工作。

将听到的回答与你和接受访谈者之间的管理者进行确认，在计划采取任何补救措施之前，要仔细倾听这些中间管理者的意见和观点。你要做的是鼓励大家实现更优秀的业绩，而不是打消大家的动力和热情。

让人力资源理解并接受梯队模式

在每一家我曾经从事过业绩梯队工作的企业里面，人力资源从业者组成的核心小组都是此项工作的一个组成部分，同时也是热心的合作伙伴。其中一些人会持不配合、怀疑、怨恨的态度，工作上要么被动，要么太有进攻性。虽然其他的职能部门和高层管理机构已经接受了业绩梯队的方法，但是这种业绩梯队的模型还是会威胁到一些长期存在的人力资源工具或者实践方法，而这些工具和实践方法一直都是人力资源从业者的工作重点，也是为企业增加价值的方法。

因此，你可能会遇到一些来自人力资源部门的阻力，如果是这样的话，就需要和他们沟通，打消他们的疑虑，并对他们进行教育。例如，如果你使用的业绩标准中包含了工作目标，你就可以不用进行职位描述了。许多人可能觉得这样做会给他们带来很大的威胁，因为他们的工作就是职位描述。确定报酬等级和权利范围是没有必要的，因为梯队层级上每一个层级都应该有一个报酬等级，并附带广泛的权力范围。如果应用了设计严谨的业绩梯队的话，现有的报酬等级可能看起来就不那么合乎逻辑了。要使业绩梯队有效地发挥作用，就需要进行系统性的思考，人力资源从业者也需要参加培训，学习如何使用业绩梯队。因此，需要有计划地对人力资源从业人员进行业绩梯队方法培训，并让他们利用这种方法工作——如果他们头脑聪明、思维敏捷，他们就会认识到业绩梯队不仅对企业具有价值，而且对促进人力资源工作也有价值。从理想的状况来说，当你对人力资源进行业绩梯队培训时，你也需要邀请其他的职能部门参与。人力资源需要倾听其他职能部门和业务领导对业绩梯队的接受效果。单独就每一家企业来说，这种接收效果一直是积极的，它们会支持人力资源去实施业绩梯队。要召开专门的讨论会，探讨方案中的变化，以对业绩梯队提供支持。这样一来，工作定义、继任者计划、领导培养发展方案、业务辅导等等改进提高都是有可能实现的。

坚持不懈地追求业绩上的提高

当所有层级上的管理者都能够致力于提高业绩的时候，业绩梯队就会很快取得成功。即使所获支持不够，也不能阻止业绩梯队的成功。领导者必须要相信，在任何地方、任何时候、任何企业中都有可能实现伟大的业绩，其中影响最大、最具有决定性作用的是不能降低对领导者的要求。即使是几件基础性的工具，比如，采用业绩梯队模型，也可以创造出奇迹。我曾经看到过各种规模的企业，就是依靠自己领导的真正的承诺，使业绩从行业内较差地位转化为最佳地位。

不论你现在实现了哪一层级的业绩（或者在为哪一层级的业绩担心），其实这一层级的业绩都会出现波动。如果某一年实现了优秀业绩，通常接下来就会面临压倒性的竞争反应，然后你的业绩就会表现出衰退。或与这些业绩表现好的公司联盟，获取丰富的资源，你会发现你的业绩在经历平庸的一年之后，会出现反弹而复原。你不能控制那些影响业绩的外部因素，但是你可以控制自己实现业绩的方式。在充满不确定性的企业环境中，坚持不懈地追求业绩上的改进和提高是非常重要的。我们的目标并不是要事事做到完美，而是要提供比竞争者更好的产品和服务，这才是真正的目标。业绩梯队所提供的明确分工和工作重心需要得到各个层级领导的支持，这些领导每天不但要追求自己做得更好，并且还要帮助自己的下属员工能取得成功。

结论

实施业绩梯队是需要付出努力的。在我曾经工作过的所有企业中，它们都无一例外地告诉了我，使用业绩梯队实现了各种各样的收益。在他们看来，业绩梯队的建立和执行是完全值得付出努力的。

决定你想要和需要什么样的收益是非常关键的。业绩梯队只是一个框架（一个工具）它只能帮助你实现收益，使你能够保持自己的工作重心和工作动力。业绩梯队本身并不是一个结束，它只是通向结束的一个方式：实现你所期望的业绩。

企业生存环境中普遍存在的各种不确定因素，要求所有的领导者提高他们工作的有效性。业绩梯队可以为他们提供明确的工作分工和工作重心，这对他们取得成功来说非常重要。对于任何一家企业来说，当所有的领导都能有效地从一个方向努力时，它们都会从中受益；当领导者也能帮助自己下级取得成功时，每一位员工就都是赢家了。

请让我知道你是如何做的，这样你和我就都能够从你的努力中有所收获。

The Performance Pipeline

附录

工 具

工具 1
E 公司的业绩梯队实践

集团高管

工作价值观的转变
• 从关注重通过多个事业部业务实现业绩向通过增加地区能力实现业绩转变
• 从业务竞争优势向地区平衡转变
• 从股东价值向利益相关者价值转变
• 从长期战略计划向战略性框架转变
• 从重视所有职能部门向重视所有业务转变

业务/职能业绩	全面业绩	卓越业绩	技能、知识和经验
• 地区利润、经济利润 • 地区销售、数额 • 地区产品组合 • 价值主张 • 地区定位 • 经济环境	• 在不牺牲长期增长的情况下，所计划的短期地区业绩（数额、盈利、ROI）得以实现 • 在整个地区内实现可持续的竞争优势 • 在战略框架中非常明显地体现出有关经济、政治、竞争、市场和行业方面的知识 • 所有国家实现了所有关键行为指标 • 每个国家都为地区能力衡做出直接的贡献	• 地区的利润增长快于当地区收入增长 • 通过资源平衡分配实现竞争优势 • 关键行为指标成果超过了其他所有地区 • 每一个国家都实现所有的目标业绩	• 平衡风险 • 了解每一个国家所采取的决策对金融的影响 • 战略规划，深入了解每一个国家的贡献 • 跨国工作经验 • 战略性思维能力 • 领导一个国家业务的经验 • 必须要懂得如何阅读和理解地区性市场数据，能够洞察市场各种竞争性反应

工具1 E公司的业绩梯队实践

管理业绩
- 运营计划管理
- 组织结构管理
- 质量管理
- 战略性问题的解决
- 生产效率管理
- 资源权衡管理
- 组合管理

- 整个区域内产品质量一直保持或者超过标准水平
- 采取权衡决策，确保在所有国家内帮能完成计划
- 每个国家最佳实践转移方面都得到提升
- 调整产品组合，使得每个地区的竞争优势得到提升

- 组织能力优于其他地区
- 业务实践被竞争者和其他区域效仿
- 生产力得到逐年提高

- 拥有管理一个产品组合的能力
- 业务领导用经验管理方法对进行管理
- 面对众多符合条件的选择，能够做出困难抉择，并有勇气坚持到底
- 有突发事件处理经验
- 能够依靠和信任各个国家的领导实现业绩
- 要有协调资源、解决问题的能力
- 有预测和规避问题的能力

领导业绩
- 产品组合战略
- 个人领导能力
- 领导梯队建设
- 授权业务领导
- 建设业绩文化
- 战略愿景
- 社会责任
- OpCo 成功

- 通过产品组合战略实现竞争优势；员工和公司能够理解和接受这一战略
- 很明显，每一个国家和团队都实现了 "A" 类业绩
- 成为 OpCo 参与的楷模
- 在每一个层级上都有合格的继任者
- 遵循企业价值观
- 让合适的人从事合适的工作，对每一层级的业绩不良者做出快速批准处理
- 每个国家都有被批准的战略

- 在遵循企业价值观和规范今方面成为楷模
- 无论地区总监参与实现业绩与否，每个国家都能够实现业绩
- 积极利用与社区、政府之间合作的机会

- 开发组合战略
- 对公司业务领导进行辅导和指导
- 高度正直
- 具有根据业务领导战略选聘和评估业务领导的能力
- 懂得如何为公司创造一个大家都愿意加入的未来

关系业绩
- 主要客户关系
- 与下属和上级主管之间的关系
- 同事关系
- 公司代言人
- 政府关系（包括当地政府和中央政府）

- 在与用户沟通方面，有长期计划和区域性计划
- 与每位负责国家业务的经理及 OpCo 公司成员建立牢固的工作关系
- 在整个地区的各个层级和整个区域建立起支持业务的氛围
- 与政府建立良好关系（包括市场有前景的国家），得到政府的照顾，获得早期预警信息，实现业绩能够帮助其他地区取得成功

- 社区和政府领导人在推进各项计划和提建议时向其寻求想法和意见
- 被同事认为是有辅导才能和能够进行战略性思考的人

- 能够为了利益而建立关系
- 有能力理解业务领导和国家政界领导的驱动力
- 有能力识别权势和复杂的情况
- 相信自己能担任领导的角色
- 能够了解大局
- 了解所在地区政府的政治议程

（续）

业绩领域	全面业绩	卓越业绩	技能、知识和经验
增长与创新业绩 • 新市场 • 实施收购 • 新产品 • 新客户 • 采取新措施及新流程	• 不断改进业务流程，挖掘增长机会，降低成本 • 每一位负责国家业务的经理需要实施两项创新项目 • 通过收购提高产品组合的长期增长能力和潜在收益能力	• 通过行业内领先的创新产品组合管理，实现业绩突破性增长 • 圆满完成收购整合工作	• 富有营造创新氛围的经验 • 有能力、有意愿开拓新市场 • 思想开放，能够容忍不同意见 • 愿意试验，尝试新的东西 • 拥有收购该业整合企业整合的经验 • 为实现长期收益，能够承担短期风险

事业部总经理

工作重心的转变
• 从关注职能业绩实现向关注事业部业绩实现转变
• 从关注当前职能业绩向关注职能业绩竞争优势价值转变
• 从关注职能业绩优化异化向注重股东价值转变
• 从关注职能业绩规划向建立长期的战略规划转变
• 从只关注自己的职能部门向关注所有的职能部门转变

业绩领域	全面业绩	卓越业绩	技能、知识和经验
• 业务/职能业绩 • 收益、经济效益 • 销售、数额 • 竞争性分析 • 价值主张 • 资源战略 • 经济环境	• 短期业务成果（数额、利润、投资回报率）按计划得到实现，对长期增长效果没有造成影响 • 实现可持续的竞争优势 • 所制定的价值主张满足目标客户的需求和E公司的需求 • 在成战略决策中明显地考虑了经济、竞争、市场和产业相关情况 • 达到所有关键行为指标 • 每个职能部门都为竞争优势做出最直接的贡献	• 利润增长速度高于总收入增长 • 通过创新实现了竞争优势 • 关键行为指标先其他国家	• 能承担风险并对风险进行管理 • 理解决策对财务结果的影响 • 业务规划能力，对每个职能部门的贡献有很深的了解 • 拥有跨职能部门的工作经验 • 有进行战术性和可持续性盈利角度思考的能力 • 能够从可持续性盈利角度思考，而不是单纯从职能角度思考 • 懂得如何阅读和理解地区性市场数据 • 能够洞察市场各种竞争性反应

工具1 E公司的业绩梯队实践

管理业绩

- 运营规划管理
- 组织结构管理
- 质量管理
- 战略性问题的解决
- 执行战略
- 安全管理
- 组织运营有效性管理
- 生产效率管理

要点：
- 以最佳成本执行业务战略
- 激发组织运营的动力，促进了业绩的达成
- 通过运营计划将组织的各种业务活动协同在一起（无边界）
- 业务回顾（项目回顾、预算回顾、计划回顾）能够做到对具体问题进行决策，不仅仅是分享信息
- 产品质量始终保持在标准要求以上
- 企业的运营动力超过同行业竞争者
- 有能力做出困难的抉择并坚持到底
- 有制定应急计划经验
- 业务实践做法被竞争者和同行效仿
- 充分信任并依靠职能部门领导实现业绩
- 生产力逐年得到提高
- 有能力建立支持战略的组织架构
- 有能力预测和规避各种问题
- 有能力从根源上解决问题

领导业绩

- 个人领导力
- 团队优势
- 促进职能领导成功
- 业绩文化
- 战略愿景、战略
- 公司能力
- 社会责任

要点：
- 通过企业战略实现竞争优势，员工和公司能够理解和接受这一战略
- 每一位团队成员都能实现A级业绩，团队合作能力十分明显
- 与各层级员工都有私人联系
- 拥有合格的继任者，人才梯队质量逐年提升
- 在社区发挥作用，强化了企业形象
- 遵循企业价值观
- 让合适的人做合适的工作，并对业绩不良者做出快速处理
- 成为遵循企业价值观和各项规定的模范
- 无论事业部总经理参与与否，团队都能开展工作
- 积极促进与社区、政府之间合作的机会
- 对公司的领导人进行业务辅导和培训
- 拥有良好的职业操守
- 尊重他人
- 具有根据业务战略选择和评估业务领导的能力
- 懂得如何建立工作联盟来完成工作
- 有能力为公司创造一个大家都愿意加入的未来
- 是不同层级的有影响力的沟通者和好的听众

关系业绩

- 关键客户关系
- 与下属员工和上级管理者之间的关系
- 同行之间的关系
- 企业发言人
- 与社区间的关系
- 政治关系

要点：
- 在与用户沟通方面，有长期计划和每一位高层管理者建立了牢固的工作关系
- 与每一位团队成员和每一位高层管理者建立坚实稳固的工作关系
- 与整个组织的每一层级建立良好的关系氛围
- 与政府部门建立良好的关系，得到政府的照顾，获得早期预警信息
- 社区和政府领导人在推进各项提议时向其寻求想法和意见
- 被同事认为是有辅导能力和能够进行战略性思考的人
- 能够为了利益而建立关系
- 有能力理解业务领导和国家政界领导的驱动力
- 有能力识别权势和复杂的情况
- 相信自己能担任领导的角色
- 能够了解大局

业绩领域	全面业绩	卓越业绩	技能、知识和经验
增长与创新业绩 • 新市场 • 新应用 • 新产品	• 业务流程不断得到改进，挖掘增长机遇，降低成本消耗 • 在进行国际水准分析的基础上，完成收购，并实现业绩预期 • 每一位资深团队成员都实现了一项创新	• 通过采用行业内领先的战略，实现了业绩上的突破 • 收购企业能够完好地整合	• 有实施创新的经历 • 有求知的欲望 • 有能力有意愿开拓新市场 • 思想开放，能够容忍不同意见 • 愿意承担风险，并能得从错误中学习 • 愿意试验、尝试新事物 • 有收购谈判、收购整合的经验

事业部副总经理

工作重心的转变：
- 从关注子部门业绩实现向关注整个职能部门和区域团队业绩实现转变
- 从关注子部门的生产效率向关注职能、高水平业绩水平转变
- 从关注子部门的融合向关注职能部门战略计划的制定转变
- 从关注运营计划向关注制定职能战略计划转变，同时要与区域业务和企业战略相协同
- 从关注自己团队向关注整个职能部门转变
- 从关注效力的职能小组成员向关注区域和企业层级的高效力小组成员转变

业绩领域	全面业绩	卓越业绩	技能、知识和经验
业务/职能业绩 • 收益、经济利润 • 销售、数额 • 预算执行 • 成本/运营开支 • 竞争性分析 • 客户满意度指数	• 短期事业部业绩和职能业绩长期的战略定位（收益率、息税前利润、增长/数额、资产使用情况、经济利润、净资产收益率、流动资本、成本管理、业绩实现、质量） • 所有与使命相关的关键任务目标的关键行为目标都得到实现 • 事业部门为竞争优势的建立做出了直接贡献 • 客户满意度得到逐年提高	• 职能部门的业绩为事业部超额完成计划做出贡献 • 所有关键任务和关键行为目标超过既定标准 • 计划提高的目标在业务周期内得以实现 • 在区域业务中，职能部门实现行业领先的竞争优势	• 敢于承担职能部门的风险并能够对风险进行管理 • 理解各种决策对财务收入的影响 • 业务规划能力；对职能部门的贡献有深入的了解 • 进行战术性和战略性思考进行思考 • 从职能部门短期发展成功的角度进行思考 • 懂得如何阅读和理解当地市场数据 • 能够洞察市场各种竞争性反应 • 跨职能思考能力

管理业绩
- 战略执行
- 卓越执行
- 组织结构有效性管理
- 运营计划管理
- 战略问题解决
- 生产效率管理
- 合规（欧盟，《萨班斯法案》等）
- 风险管理

- 以最佳的成本执行业务和职能战略
- 通过合适的组织结构、运营流程和系统，实现职能业绩
- 在继续维持现有运营流程和体系的情况下，通过提高组织效率，促进业务的成功
- 充分利用经营管理系统和工具对跨部门合作进行管理，采用相关行为指标对结果进行衡量
- 决策时对资产及资源进行了周密思考，确保所有的职能计划得以实现
- 通过并购整合实现业务经营目标，同时也整合了所有资源（如实现成本的降低）

- 组织能力突显，优于同行业竞争者
- 所采取的职能实践被同事所模仿
- 运营规划中做到了将整体协同作用发挥到最大化

- 通过管理者进行经验管理
- 有能力设计支持业务战略的职能组织
- 有制定应急计划经验
- 有能力预测和规避各种问题
- 根源上解决问题
- 授权能力
- 对公司的领导人进行业务辅导和培训
- 高尚的职业操守
- 尊重他人
- 具有根据业务战略选择和评估业务领导的能力
- 激励下属，曾为他人的导师
- 辅导下属
- 能驱动跨部门学习

人才培养业绩
- 团队优势
- 继任者
- 梯队建设
- 人才招聘
- 以个人为导向的学习
- 业务指导和培训
- 人才发展
- 跨职能团队经验/轮岗

- 通过所有直接下属的努力，达到全面绩效
- 现有继任者能马上上任，人才梯队质量逐年提升
- 为实现职能业绩，把合适的人选放在合适的工作上
- 辅导是一项标准管理实践（每月与直接下属召开业绩讨论会，每个季度进行一次跨级别的对话）
- 所有的职能员工制定和实施了个人发展计划

- 职能团队可以独立经营，并不需要依靠事业部副总经理
- 成为输送人才的主要供应商

- 有能力根据职能战略筛选子职能部门领导人，并进行评估
- 有能力进行授权
- 对直接下属进行业务辅导，并对其他员工也进行指导
- 促进跨职能部门间相互学习

(续)

业绩领域	全面业绩	卓越业绩	技能、知识和经验
领导业绩 • 战略眼光、战略 • 领导变革 • 业绩文化 • 职能能力 • 个人业务领导力 • 业务领导力 • 员工价值主张/雇主品牌 • 敬业度 • 跨职能部门合作	• 所制定的职能战略能够充分体现出对市场定位和客户需求非常了解，能够与企业和事业部的战略相协同，通过沟通使员工能够理解和接受 • 营造能够鼓励员工进行有建设性挑战和变革的工作环境 • 反时对职能部门内业绩表现不良的员工进行处理 • 提高职能部门内各个层级上的员工之间建立了个人联系 • 遵循企业的价值观、业务操守准则和行为准则 • 能够学习和分享最佳实践方法 • 通过实施敬业度提升计划，业绩得到逐年提高	• 职能部门战略被同行和竞争者模仿 • 职能部门的运营能力处于领先水平 • 体现出非常鼓舞人心的领导力 • 成为遵循企业价值观和规章的模范 • 敬业度超过调查结果逐年提高，达到或超过调查服务供应商的数据库中的平均水平	• 有能力将业务战略转化为职能部门战略 • 有能力领导并管理变革 • 为职能业绩表现制定标准 • 相信自己能做好领导角色 • 拥有良好的职业操守 • 尊重他人，接受并适应当地文化 • 是不同层级有影响力的沟通者和好的听众 • 跨职能部门团队建设能力
关系业绩 • 关键客户关系/供应商关系 • 职能部门内所有层级的关系 • 同事关系 • 与业务集团/企业总部关系 • 行业集团/协会/贸易集团关系 • 与工会/理事会的关系 • 与社区关系 • 与政府机构的关系 • 与意见领袖和其他重要利益相关者之间的关系	• 与客户/供应商应直接接触，包括与客户或供应商联合制定长期职能部门合作愿景 • 通过与部门内所有层级长期沟通建立紧密合作关系，确保快速沟通得以实现 • 通过与每一位事业部和企业总部团队成员建立关系，获得相互支持 • 通过与政府机构和其他股东之间建立关系，确保有效的管理与合作	• 职能部门与其他事业部之间的关系是最紧密的 • 通过与其他职能部门建立关系，创造真正的团队合作 • 被同事认可为是具有辅导能力和战略性思考能力的人	• 为了工作利益能够建立相关关系的能力 • 了解其他职能部门的贡献动力方向的能力 • 对所有职能部门的贡献十分了解 • 对目前的事件了如指掌 • 能够了解大局 • 建立关系和游说的技能

部门总监

类别	描述	高级表现	行为特征
增长与创新业绩			
新市场	职能部门采取了创新行动，每一位直接下属负责实施至少一项创新项目	通过采用行业内领先的实践方法，实现突破性业绩	有好奇感
新产品	通过对职能流程不断改进，创造更多的成长机会，降低了成本，为公司带来更好的业绩	向同行学习新创意并应用到实践中	思想开放，能够容忍不同意见
新分类/新渠道			愿意试验，尝试新事物
新客户			愿意承担风险并懂得从错误中吸取教训
新应用/新流程	新应用/新流程实施（EATB，SAP 等）		掌握了运营流程改进的技能
使用新方法	主动积极实施职能最佳实践，不但提高了职能业绩，而且也消除了效率较低的做法		能够参考最佳实践
新创意			
企业倡议			
社会责任业绩			
社会责任意识/行为	根据环境、市场、社区和工作场所的指导方针，充分实施社会责任战略和方案	积极促进与社区、政府之间的合作	能够明白职能部门的决策对社会产生的影响
客户教育	倡导经常性与社区进行接触，加强了社区对公司的良好印象	所使用的社会责任方案被同行和其他竞争者效仿	对产生的影响和相关成本进行一分为二的思考
雇主名誉			
质量	能够以最低成本创造好的质量，实现质量水平始终保持达到或超过标准要求	质量得到逐年显著提高	有能力实施质量、安全和健康管理体系
安全和健康	建立了安全和健康管理体系和程序，做到使每个人都能严格遵守		
环境友好			

工作重心的转变

- 从关注个人业绩实现向关注通过管理者实现业绩转变
- 从关注个人效率向关注管理效率转变
- 从关注团队合作向关注子职能部门间合作转变
- 从关注工作计划和业绩管理向关注运营计划转变
- 从关注工作本身向关注管理转变
- 从关注跨部门影响向成为有效的职能团队成员转变

（续）

业绩领域	全面业绩	卓越业绩	技能、知识和经验
业务/财务业绩 • 利润 • 销售、数额 • 成本控制 • 达到预算要求 • 竞争性分析 • 客户满意度指数 • 定价	• 实现了所有与企业使命相关的关键指标和关键行为指标 • 客户满意度逐年上升 • 目标销售额、销售数量、成本以及项目都在既定的成本范围内完成 • 通过建立客户服务程序，促进销售收入的增长 • 定价决策反映出市场竞争现状	• 所实现子职能的业绩促使职能部门计划超标完成 • 所有关键任务指标和关键行为指标都超标完成	• 理解由于决策对财务上的影响 • 进行战术性和战略性思考的能力 • 从事业部门可持续发展的角度而非部门短期成功的角度思考的能力 • 必须懂得如何阅读和理解市场数据，能够洞察各种竞争性反应 • 跨部门思考的能力
人才培养业绩 • 培养发展一线经理 • 团队优势 • 继任者 • 人才招聘 • 个人领导力水平 • 对经理进行辅导和指导	• 所有的一线经理都能无分展示履行业绩的表现 • 有合格的继任者，领导梯队质量逐年得到提高 • 能够做到由合适的人从事合适的工作，实现相应的业绩 • 所有的员工都制定和实施了个人发展计划 • 辅导一线经理，把培养发展自己的员工作为日常工作的一部分	• 管理人才主要输送者 • 应其他职能部门的一线经理要求提供相关的辅导	• 有能力选拔一线经理并对其进行评估 • 有能力通过授权管理激励员工 • 对直接下属进行业务辅导，并指导其他员工工作 • 有能力领导团队学习
管理业绩 • 职能部门战略实施 • 卓越的运营 • 项目管理 • 运营计划管理 • 战略问题的解决 • 生产率 • 合规（欧盟、《萨班斯法案》等）	• 以最佳的成本执行职能战略 • 建立了正确的组织、运营流程和体系，完成子职能部门业绩 • 在执行运营流程和体系的情况下，加强组织效率的提升管理，促进职能部门的成功 • 充分利用业务经营管理系统和工具进行跨职能部门管理，能够做到用关键行为指标对结果决策进行衡量 • 在制定决策时确保所有的关系，确保项目的实现 • 按时完成项目，为业务带来真正的价值	• 所实施的项目管理措施被同行模仿 • 在工作计划过程中能够做到集思广益 • 通过对资源进行管理将整体业务业绩提高	• 有3~5年的管理经验 • 运营计划专业知识/经验 • 有能力预测并规避运营问题 • 有能力从根本上解决问题 • 有能力做出困难的决定，积极进行交流，并有勇气坚持到底 • 有能力管理管理者

领导业绩

• 长期思考 • 领导变革 • 业绩文化 • 子职能部门能力 • 员工价值主张/员工品牌 • 员工敬业度 • 跨职能部门团队合作	• 所有子职能部门成员都能够理解和接受职能战略 • 营造能够梯励员工提出有建设性的挑战和变化的工作环境 • 及时对所有层级上业绩表现不良的员工进行处理 • 通过提高子职能部门的运营能力（包括技术的使用）促进业务的成功 • 与职能部门内各个层级上的员工之间都建立个人联系 • 遵循企业的价值观、业务操守准则和员工行为准则	• 成为遵循企业价值观和章程的模范 • 战略沟通方法和敬业度提升措施被同行模仿 • 团队工作效率超过同事的团队	• 有能力将职能部门的战略转化为子职能部门的计划 • 有能力引领并管理变革 • 为管理绩效设置标准 • 相信自己能担当领导的角色 • 尊重他人，接受并影响有适应地地沟通 • 是不同层级有影响力的沟通者和倾听者 • 跨职能部门团队建设能力

关系业绩

• 关键客户/供应商关系 • 与职能部门内所有层级同的关系 • 跨职能部门间关系 • 业务/贸易/行业集团/协会关系 • 工会/工作理事会关系 • 社区关系 • 与意见领袖和其他重要利益相关者之间的关系	• 与客户/供应商接触和沟通，包括双赢解决方案的制定 • 与职能部门内所有层级建立紧密工作关系，确保沟通顺利 • 与老板建立良好的工作关系，确保相互的支持 • 与业绩优异的个人贡献者建立导师关系 • 通过建立跨职能部门之间的工作关系，促进业绩成果达成	• 与职能部门内建立相关关系，确保其他职能部门内的同事互合作 • 与其他职能部门内的同事建立关系，创造真正的团队合作 • 被同行邀请进行业者导和解决问题	• 建立关系，提高业绩 • 能够了解其他同事的驱动力 • 清楚了解所有职能部门做出的贡献 • 对目前的事件了如指掌 • 能够了解大局 • 有能力开发双赢的解决办法

(续)

业绩领域	全面业绩	卓越业绩	技能、知识和经验
增长与创新业绩	• 个人实施至少一项创新	• 通过向同行学习获得新的创意	• 从错误中吸取教训
• 新市场	• 流程得到持续改进，挖掘增长机会，降低成本，实现更好的业绩	• 流程和方案被其他部门广泛使用	• 有好奇心
• 新产品	• 在职能部门内采用最佳实践的做法，在促进业绩提升的同时，也消除了效率较低的实践		• 思想开放，能容忍不同意见
• 新分类、新渠道			• 愿意试验，尝试新方法
• 新客户			• 有实施创新的经历
• 新应用、新流程	• 建立和销售了新的方案，并成功地实施了新的流程		• 掌握流程改进的技能
• 新方法			
• 新创意			
社会责任业绩	• 建立了安全和健康管理体系与程序，确保管理者能够执行	• 积极促进与社区、政府之间的合作	• 制定安全和环境政策的能力
• 政策传播	• 所制定的企业社会责任战略和方案能够完全被接受，并能够按照所在企业公民标准实施	• 实施的社会责任方案被同行和其他竞争者效仿	• 对方案可能造成的影响和花费的成本做出平衡的判断
• 社会责任意识/行为			
• 客户教育	和工作所在的企业公民指导原则实施	• 质量得到逐年显著提高	• 有能力促进质量、安全和健康的改进
• 雇主声誉	• 用最佳成本达成质量结果，质量水平始终保持在标准水平或者高于标准		
• 质量			
• 安全和健康			
• 环境			

一线经理

工作重点的转变
- 从关注个人努力实现业绩向关注通过他人的努力实现业绩转变
- 从关注自己的工作效率向关注团队与个人的工作效率转变
- 从关注作为团队的一员开展工作向关注团队建设一个工作有效、成功的团队转变
- 从关注计划自己的工作向关注团队和业绩管理做计划转变
- 从关注职业标准价值向关注管理价值转变
- 从关注培养高质量的个人工作技能向关注发展管理技能转变

工具1 E公司的业绩梯队实践

专业/技术/运营业绩
- 实现关键行为指标
- 销售/数额/成本
- 预算和支出管理
- 客户满意度
- 对客户/供应商的影响和决策
- 信息分析、分享与报告
- 项目完成

- 通过团队，按照具体的要求，在预算范围内准时交付产品、服务和建议
- 所有公司使命相关的关键业绩行为指标都得以实现
- 项目的圆满完成，对职能部门战略实现作了贡献①
- 分析客户满意度调查结果，制定相关的行动计划
- 通过加强对内外部客户满意度流程管理促使目标的实现
- 就有关专业、技术、运营等先进信息进行适当的分享
- 能够选择正确的供应商，使其在合适的时间内以合适的价格提供合适的服务①
- 能够准确按时完成要求的报告

- 所有关键业务目标和关键行为指标都超额完成
- 在预算内实现新的（额外的）业绩
- 通过客户和供应商的伙伴关系实现额外价值

- 一般业务实践
- 有能力看清楚"大局"
- 有能力阅读和理解市场数据，洞察各种竞争性反应的能力
- 以结果为导向
- 理解决策对成本/收入的影响

人才培养业绩
- 团队优势
- 团队发展
- 业务指导与反馈
- 继任者培养
- 招聘
- 员工培训

- 所有的团队成员都能够掌握和使用所要求的技术
- 辅导和反馈是日常工作的一部分，在业绩评估中不会出现意外情况
- 所有员工都有一个目前的发展规划，并且都在努力实施
- 继任者的发展计划得到批准，已经开始实施
- 使用合适的人担任合适的工作，以促进业绩的达成
- 所聘用的新员工有潜力担任更大的工作

- 团队成员成为其他部门和职能部门选聘的对象
- 业绩优秀的员工希望继续在自己的团队内工作
- 应其他领域要求去做业务辅导

- 识别与选聘人才
- 辅导技能
- 营造学习环境的能力
- 讲授公司的文化要求

（续）

业绩领域	全面业绩	卓越业绩	技能、知识和经验
管理业绩 • 工作重点 • 工作计划 • 执行和流程 • 解决问题 • 生产效率 • 合规（欧盟、《萨班斯法案》、审计、地方税以及劳动立法等） • 项目管理	• 根据职能部门的目标建立自己和团队的工作重点 • 所有的员工都有明确的发展方向、职位描述，并达成一致的、可衡量的工作目标 • 通过加强控制体系的管理，及时实现业绩，避免了意外情况的发生 • 个人和团队都遵循内部的政策、流程、标准和规则 • 个人和团队持续削减那些不能增加价值的工作；生产率逐年提高	• 管理实践被同行效仿 • 在决策制定、问题解决和合规方面为团队设定了标准 • 每位个人贡献者和团队都能实现所有的目标要求	• 了解职能部门工作经历和知识 • 反馈技能 • 组织能力和时间管理技能 • 有能力预测并规避问题 • 进行逻辑思考的能力 • 做出高质量决策的能力 • 授权的能力 • 全面了解职能部门战略和文化① • 了解和掌握变革政策、流程、程序和体系的能力 • 项目管理技能 • 正确地进行判断
领导业绩 • 将集团/国家职能部门的战略指导方针转化为地方/部门的工作目的和方向 • 领导变革 • 业绩管理 • 留住员工 • 激励/认可	• 将集团/国家职能部门的战略指导方针转化为地方化的职能部门的工作目标和方向 • 与团队沟通清楚变革需要，确保团队能够接受 • 定期对员工表示认可，促进业绩提升 • 及时处理业绩不良的员工 • 遵循企业的价值观和业务操守准则（以及可适用的员工行为准则）	• 成为职能领导高业绩、多样化的一线工作团队的典范 • 团队工作效率高于同事 • 在自己的层级上成为遵循企业价值观和业务操守准程的典范	• 有能力解读职能部门战略和文化① • 有能力实施变革 • 有能力为业务设定清晰的衡量标准 • 拥有良好的职业操守 • 对领导风格适当进行调整的能力 • 有能力识别激励员工的关键因素 • 冲突解决的能力
关系业绩 • 客户、供应商、经销商之间的关系 • 职能部门利益相关者（同事、管理者、职能社区） • 意见领袖和其他重要利益相关者 • 跨职能部门团队合作	• 能够与客户/供应商/经销商进行面对面交流（包括双赢解决方法的达成） • 与同事、"管理者"之间开放和坦诚的交流能够确保"没有意外发生" • 与内部利益相关者之间建立互信关系 • 与其他部门合作，确保团队业绩的提高	• 与职能部门的关系确保了国家/业务单元业务实现了的特殊需要能得以满足 • 在制定计划和关注过程中反映出关注多个业务单元需要的思考模式	• 有能力建立能够促进业务实现的相关关系 • 有效沟通与交流的能力 • 国家业务单元业务知识 • 有能力了解和把握当前的工作重点和实践 • 了解地方的需要和思维 • 具有团队合作的思维 • 建立达成双赢解决办法的能力

个人贡献者

增长与创新业绩
- 新的技术、运营、专业建议
- 新的创造
- 技术、职能创新
- 体系、流程和标准的改进

- 对新知识感到好奇，通过应用这些知识和思路促进了业绩改进与提升，在这方面有良好的记录①
- 相关的流程和方案不断得到改进
- 业务倡议得到成功实施

- 通过发现利用职能流程/项目改进的新方法和新建议，使业绩超过团队目标
- 在团队内，"不断改进"已成为一种"生活习惯"

- 愿意试验并尝试新的想法
- 掌握流程改进技能
- 了解产品和行业知识
- 能够将职能部门内的实践和最佳实践对标

社会责任业绩
- 对政策的理解
- 健康、安全和环境
- 雇主声誉

- 能够接受社会责任成策略和方案，能够通过团队实施
- 建立起健康、安全和环境管理体系与流程，确保这些体系和流程能够得到遵循
- 所建立的工作场所环境（物理的）支持了生产效率、健康和安全相关目标的实现
- 确保企业在当地各项活动中能够强化企业的形象①
- 遵循企业公民的身份

- 积极促进与社区同合作的机会（如去教育机构的发表演讲）
- 所实施的企业社会责任方案被同行效仿
- 成为国内企业公民的模范

- 宣传并加强健康、安全和环境政策的能力
- 完全了解企业的政策

① 为一线经理预测关键的新要求。

工作价值观
- 关注通过个人努力和与其他团队合作完成业绩
- 注重个人的生产效率
- 作为团队的一员开展工作
- 计划自己的工作，以实现个人的成功
- 计划公司及专业标准，接受公司的价值观和文化
- 高质量的个人工作技能

(续)

业绩领域	全面业绩	卓越业绩	技能、知识和经验
专业/技术/运营业绩 • 实现所承担的角色业绩 • 客户服务 • 信息共享 • 报告 • 项目支持 • 关键行为指标的实现	• 根据具体的要求准时交付工作（产品、分析结果、支持、服务）和信息 • 所有关键业务目标或者关键行为指标都能实现 • 根据公司标准，服务客户 • 要求的报告能够准确按时完成	• 经常在规定期限之前超标准、超质量完成工作任务 • 所有关键业务目标或者关键行为指标都超额完成 • 实现了新的（额外的）业绩 • 工作质量上成为同行效仿的榜样	• 有快速学习、独立工作的内驱力 • 掌握基础的财务知识 • 客户服务思维模式 • 了解职能需求 • 有全局思维
人才培养业绩 • 个人发展 • 在自己的工作领域进行工作能力的培养 • 知识分享和提高	• 分享或者转移相关知识和信息，加强了团队同事的工作能力 • 乐于接受反馈信息，通过应用专业/技术或者运营能力，显示出积极的学习态度	• 同行希望能与他一起工作，向他学习 • 通过个人成长的过程，为团队设定了成长基准	• 乐于接受反馈 • 个人评估/反思 • 学习新知识，应用新知识
管理业绩 • 工作计划和重要工作的优先次序 • 组织、检查、控制 • 按公司的标准和要求实施 • 处理问题，解决问题 • 工作效率 • 项目管理	• 工作计划、项目计划和重要工作是根据部门工作目标制定的 • 通过对日常工作的检查和控制，完成工作业绩，不发生意外情况 • 充分执行公司的标准和具体要求，确保不会发生错误 • 反时应对并克服所遇到的各种障碍 • 通过工作的最佳组合，提高工作效率	• 通过对时间和工作进行管理提高了部门工作业绩 • 在问题处理、问题解决和实施公司标准及规定方面为同行设定了准则	• 关注细节 • 深入分析的技能 • 根据事物的轻重缓急程度进行计划 • 解决问题的能力 • 根据工作标准持续重复执行工作的能力
领导业绩 • 价值观/道德 • 协同工作/团队配合	• 始终如一地为创建积极的团队工作环境做出贡献 • 个人的行为符合公司的价值观和道德要求 • 为支持客户或同事，花费了许多额外的精力	• 在遵循企业价值观和章程方面成为模范 • 在同事中成为思想领袖	• 良好的职业操守 • 交流、倾听技能 • 谈判技能

关系业绩	• 客户/供应商 • 职能部门的股东（同事、管理者、职能社区） • 跨职能团队合作	• 与客户/供应商保持良好的沟通，能够加快部门目标的实现 • 与自己部门内或者其他部门的同事开展合作，确保业绩能够提高 • 与各方面保持顺畅的沟通，确保不会发生意外情况	• 在与部门内外同事建立良好、有效的工作关系方面成为学习榜样 • 在制定计划和目标方面反映出多个职能的要求	• 能够建立支持个人业绩实现的关系 • 团队骨干 • 了解其他部门的业务目标和需求 • 了解公司对本部门需求和相关实践做法
增长与创新业绩	• 新想法 • 技术/职能创新 • 服务质量提高 • 流程改进 • 内部/外部对标/最佳实践	• 对新知识感到好奇，通过应用这些知识和方法促进了业绩提升，并在这方面有良好的记录 • 每年都要开发一项创新，而且要考虑能够付诸实施 • 方法不断得到改进 • 通过调整日常工作优先次序，系统利用职能内部最佳实践，对企业创新工作给予大力的支持	• 通过发现和利用职能流程/项目改进的新方法与新建议，超标完成个人目标 • 新方法使得团队生产效率大大提高	• 有强烈的好奇心 • 愿意分享并实践自己的新想法 • 从错误中学习的能力 • 信息收集
社会责任业绩	• 政策实施 • 健康、安全和环境 • 雇主声誉	• 能够完全理解和执行社会责任战略与方案 • 遵循健康、安全与环境管理体系和程序 • 降低公司对环境造成的影响（节能无纸化办公室等） • 遵循企业的价值观	• 成为企业"公民"方面的模范 • 积极促进与社区之间的合作机会	• 对公司的政策完全了解 • 理解自己和他人的工作对环境造成的影响

工具 2
访谈问题

问题与追问	听取……
1A. 告诉我你的工作范围，例如，你所管理的人数多少，你的预算规模大小，你的工作在价值链中位于何处，等等。 追问：在哪些方面还需要明确？	• 完整性 • 复杂程度 • 亲自做出业绩还是对业绩进行管理 • 积极性程度
1B. 对过去两到三年的预期业绩进行宽泛的思考，对你所在的职位期望的最关键业绩是什么？ 追问： 思考你工作中的其他方面，比如说外部工作和软性工作（如与人有关的工作），在这些方面所期望的业绩是什么？ 你已经给了我一个业绩清单，考虑所有对业绩进行衡量的方法。 注：给他们留点时间，让他们思考。	• 按照不同业绩类型需要实现的业绩：财务/运营，管理，客户，关系，领导，社会责任 • 名词而不是动词，如计划清楚而不是策划 • 对工作的理解清楚而不是透彻 • 注重业绩而不是活动

2. 你所完成的最重要的任务是什么?
   追问:为了实现工作业绩,你实际做了什么?
   我从来没有听说与业绩 x 相关联的工作任务,请告诉所要求的工作任务是什么。
   在你的工作任务中,与风险管理相关的任务是什么?

   - 动词而不是副词
   - 与业绩相联系,例如,销售业绩的实现要求进行销售计划、拨打销售电话和上门服务

3A. 请举例说明你所做过的重大决策有哪些。
    追问:尤其是对于决策本身,你做了什么决定?
    如果被访谈者给出所做决策清单内容比较少或根本就没给出回答,那么你会给你的老板以及其他上司上什么样的建议?

    - 给出的理由与要实现的业绩相符合
    - 弄清楚他们的决策权利
    - 区分是决策还是建议

3B. 你认为在哪些情况下,你应该有更多的权力?
    追问:具体地讲,为了确保工作的成功,在这项工作中,你必须做出什么决定?
    为什么需要那种权力呢?

    - 与业绩相联系
    - 回应是否具体 vs. 不适用于行动的想法
    - 深思熟虑的程度

4. 必须要克服什么障碍,才能实现你预期的工作业绩?
   追问:资源、政治、竞争、管理、技能等。
   承担风险带来的结果或者报酬是什么?

   - 对障碍描述得否具体
   - 回应的宽度,即考虑到的障碍不止一种
   - 与业绩的关联性
   - 考虑到内部或外部风险

5. 跟我描述一下你的工作时间是如何分配的,例如,花在每一项工作活动上的总时间或者花在实现业绩上的总时间占所有工作时间的百分比应该是多少?
   追问:对于"会议":召开的目的是什么?是谁发起该会议?
   对于"客户":与客户互动的目的是什么?
   对于"与我的员工一起":具体做什么?

   - 对所有工作任务负责
   - 足够具体,能够察觉具体工作属于什么业绩种类
   - 总和为 100%

6. 为了这项工作的成功,需要什么知识、技能和经验?
   16A. 知识:技术、法律、客户基础、专业知识
   16B. 技能:领导、管理、项目、销售技能
   16C. 经验:工作、地理、业务类型、行业/员工
   追问:这些知识、技能和经验是如何帮助克服阻碍制定决策的?如何帮助制定决策的?

   - 与工作业绩、工作任务和障碍相一致
   - 细致深入的描述
   - 是做领导 vs. 管理性工作
   - 技术性工作 vs. 管理性工作

(续)

问题与追问	听取……
7. 在你准备这项工作的过程中，哪些事项对你来说做出的贡献最大？经过一次特殊的学习经历或者导师指导特别重要的工作任务。你是否接受过特别重要的工作任务，你是否接受过特殊的学习经历或者导师指导？ 追问：你为什么认为它对你有帮助？	• 与实现业绩相关联 vs. 与被选择去担任职务相关联 • 获取知识、工作技能和经验
8. 还有什么其他的准备工作也是有帮助的？ 追问：这有可能对你做出一项特殊的决定或者执行一项任务有帮助。	• 需要知识、工作技能和经验
9. 在未来 3～5 年内，你觉得你的职位会发生重大的改变吗？ 追问：你觉得（公司名称）的战略对你工作的影响是什么？	• 实现工作业绩过程中问题的严重程度 • 必须要改变什么业绩？为什么？需要什么技能？ • 受战略改变的驱动 vs. 开支降低 • 对工作内容进行修改以适应某个人
10. 为了确保成功解决这些变革中的问题，你觉得你还需要在哪些方面发展？	• 工作、项目、培训和辅导 • 知识/技能 vs. 个人素质
11. 跨部门培训（涉及运营、财务、营销、调控、公司职员等）对于你的工作开展未说是必要的吗？ 追问：还需要其他什么职能经验，这些经验能够帮助你实现什么样的业绩？	• 与业绩之间的联系 • 深思熟虑后的答案 • 不愿下意识的反应
12. 是否要鼓励跨业务线的培训？培训会带来什么好处？ 追问：哪些业务需要开展培训？	• 与业务之间的联系
13. 让我们来看一下有哪些同事会影响到你的工作。 13A. 描述一下与你最重要的工作关系，包括所有业务单元、业务部门的同事。 13B. 描述一下你与自己老板的工作关系。 追问：有哪些事项是你想从自己的老板那里得到但现在还没有得到的？	• 与知识、技能和经验之间的联系 • 支持 vs. 冲突 • 信息流动 • 信任 • 指导与辅导 • 相互尊重 • 没有满足的需求

致　　谢

在我创作这本书的过程中，有许多人以多种不同的方式对我提供了帮助。虽然我没有办法单独去答谢每一位对我的学习研究有过帮助的人，但是在这里，我还要特别感谢以下这些人，他们都对我的学习研究提供了特殊的帮助。

埃里克·德罗特不仅为我提供了深刻的见解，而且还提出了真诚的批评，正是这些见解和批评，帮助我从一开始就走上了正确的道路，并一直坚持沿着这条路走到最后。

布鲁斯·韦克斯勒在编辑方面给了我无私的支持。他在编辑过程中对本书的内容和我的写作风格都提出了挑战，同时又让本书的内容更加流畅。

彼得·伯罗扩展并丰富了我的神经科学知识库，而且在解决企业内层级间过渡问题的模型建立中，他也是一个心思缜密、考虑周到的合作伙伴。

拉姆·查兰鼓励并敦促我再写一本书，就像他参与创作《领导梯队》一书后，也创作了第二本书一样。

在我的业绩梯队实践者关系网络中，有些实践者根据他们自己建立业绩梯队的实践，提出了许多有关业绩梯队应用和使用机会的问题，这些问题激励我努力写作。此外，汤姆·弗拉纳根、巴里·文特、特里·吉列姆、彼得·伊诺万夫、戴维·伯勒尔、格雷格·沃尔德伦以及克莱格·马奇等人在推进这本书的创作上，也做出了非常关键的贡献。

对我来说，业绩梯队用户小组是我力量的源泉，我们彼此提供有益的反馈。他们之间的分享和互相讨论给彼此的学习带来了很大的价值。长期的成员有美国癌症治疗中心的马特·麦奎尔、纽蒙特矿业公司的阿比·科诺－查韦斯、承建公司 Murray & Roberts 的齐利亚·索尔斯、美国如新集团的戴维·戴恩斯和丹妮丝·艾伦、希腊可口可乐公司的莎拉·罗宾逊、阿克工程的谢蒂尔·克里斯坦森、澳大利亚昆士兰铁路公司的乔安妮·贝斯特以及萨曼塔·沃瑟曼。

一如既往地,那些邀请我帮助他们解决所面临挑战和机遇的企业,也为我提供了学习的动力。因为我需要详细地了解企业在各个层级上是如何开展工作的,以及它们需要采取什么措施才能适应不断变化的市场状况和不断改进的业务战略要求,而这项工作又是其他工作不可替代的。如果没有这些工作经历的话,我就写不出这部作品,所以说,每出现一个新的挑战,就会伴随不断的学习。最后,我想感谢芭芭拉·科斯特卡,是她日日夜夜不知疲倦地工作,甚至连周末也不休息,才将最初的手稿转化为这本可以拿得出手的作品。

作者简介

斯蒂芬·德罗特是德罗特人力资源公司（Drotter Human Resources）的首席执行官，德罗特人力资源公司是一家全球公司，专注于高管继任者规划、领导业绩管理与组织设计，在全球范围内拥有广大的客户基础。斯蒂芬曾为全球40多家企业做过企业层级上的首席执行官继任者计划，这些企业有花旗银行、固特异、万豪国际酒店、希腊的可口可乐、英格索兰、纽蒙特矿业公司、戴比尔斯集团以及美国癌症治疗中心。他还为1 400多位高级管理人员做过深度测评，为40家大型企业做过组织结构设计，这些工作经历都为本书的创作提供了大量的信息。

此外，斯蒂芬曾为全球100多家大型企业工作过，在每家公司工作时间至少为1周。因此，他在组织和管理方面有超过45年的实践经验。

作为美国通用电气公司组织和管理的实践者，斯蒂芬也是通用电气公司继任者规划体系的早期设计者和执行者之一。作为人力资源部门的负责人，斯蒂芬起初是在INA（现在的美国信诺保险公司）任职，后来在大通曼哈顿公司任职，他主要从事的是高管人员继任者规划、领导业绩管理、领导力发展以及组织设计方面的工作。此外，他也是这两家公司的政策制定委员会成员。

斯蒂芬还参与合著了《领导梯队》和《高管继任者规划手册》（*The Succession Planning Handbook for the Chief Executive*）。斯蒂芬在安玛斯特学院获得经济学学位，并从通用电气的人力资源项目中毕业。

斯蒂芬的联系方式：SJDrotter@ aol. com。

推荐阅读

OKR：源于英特尔和谷歌的目标管理利器
ISBN: 978-7-111-57287-9

OKR教练实战手册
ISBN: 978-7-111-70537-6

绩效使能：超越OKR
ISBN: 978-7-111-61897-3

真OKR
ISBN: 978-7-111-71732-4

OKR完全实践
ISBN: 978-7-111-65886-3